剥茧抽丝看历史

党争争议

严亚珍 ◎ 编著

品读史上的党派争议
感受激烈的思想交战

陕西新华出版传媒集团
三秦出版社

图书在版编目(CIP)数据

党争争议 / 严亚珍编著. -- 西安：三秦出版社，2014.5（2022.3 重印）
（剥茧抽丝看历史）
ISBN 978-7-5518-0792-0

Ⅰ.①党… Ⅱ.①严… Ⅲ.①政治斗争—中国—古代—通俗读物 Ⅳ.①D691-49

中国版本图书馆 CIP 数据核字(2014)第 103820 号

党争争议

严亚珍　编著

出版发行	陕西新华出版传媒集团　三秦出版社
社　　址	西安市雁塔区曲江新区登高路 1388 号
电　　话	（029）81205236
邮政编码	710061
印　　刷	三河市燕春印务有限公司
开　　本	710mm×1000mm　1/16
印　　张	14.5
字　　数	200 千字
版　　次	2014 年 5 月第 1 版 2022 年 3 月第 3 次印刷
印　　数	6001-11000
标准书号	ISBN 978-7-5518-0792-0
定　　价	59.80 元
网　　址	http://www.sqcbs.cn

前　言

中国是一个对历史文化的传承极其重视的国家。中国拥有五千年的历史，创造出了无比灿烂的文化。如果你想要更好地了解中国的历史，那么最好从历史上重量级人物的争议以及重要事件的争议上细细地进行观看。

皇帝是历史的缩影，从他们或悲或喜的一生中，或神奇或平淡的故事中，隐现了中国封建历史的发展轨迹。正所谓"观看君王沉浮间的经历轶闻，洞悉君王宝座中的权利奥秘"。

宰相是一人之下、万人之上的大人物，在中国古代的政治舞台上扮演着非常重要的角色。如果一朝之宰相清正刚廉、直言敢谏，那么，将会有利于社稷的安定与百姓的幸福，会流芳百世，被后人称赞；倘若一朝之宰相阿谀逢迎、卖官鬻爵，那么必将会对社会的安定与百姓的生活带来危害，会遗臭万年，遭后人唾骂。

在历史的长河中，不只有帝王将相，还有很多花容月貌的妃子。千万不要小看了这些女人，她们在很多风云大事、江山更迭中起着至关重要的作用。可以说，这些女子在潜移默化或一颦一笑间，就可以舞动政治的波澜。

宦官是世界上古代所有帝国的一个特殊的人群，在中国历史上扮演着非常重要的角色。他们或谨守本分，努力工作，为整个朝代做出了突出的贡献；或操纵天子，总揽大权，加速了朝廷的灭亡……

除了重要人物之外，几乎每个朝代都会出现几个不同的党派，他们因立场不同、观点不同，对事物的看法也不相同，为此他们常常争论不休，各自阐述自己的理由，为了战胜对方，甚至不惜使用政治手段。本套丛书再现各朝党政内幕，坐看权柄更替。

在历史的长河中，曾发生过多起叛乱，比如八王之乱、安史之乱等。他们在权力、钱财、美色或其他诱因的刺激下，对权利充满了无限的欲望，渴望通过政变获得更大的权利……

中华民族的历史是一部多灾多难的历史，几千年来出现了众多大小冤案。在这里，读者将看到最具代表的冤假奇案，探知最不为人知的隐秘故事。

本套丛书分为《皇帝争议》《宰相争议》《后妃争议》《宦官争议》《党争争议》《叛乱争议》与《冤案争议》七册，从不同的方面详细地再现了历史的真相，正所谓"抽丝剥茧看历史，清晰明了又深刻"！

目 录

第一章 吕氏专权与刘氏皇族、功臣宿将之争 1
  吕后协助刘邦翦除异姓王 2
  吕后保太子 3
  吕氏外戚和刘氏诸王之争 5
  吕氏集团强势封王 7
  功臣宿将集团粉碎吕氏外戚集团 10

第二章 东汉外戚和宦官的权力之争 15
  外戚势力逐渐崛起 16
  宦官势力壮大及外宦合作 19
  孙程与阎显的斗争 21
  梁冀专权及其集团的覆灭 23
  窦武功亏一篑 24
  何进命丧宫中 25

第三章 乱七八糟的西晋王朝 29
  白痴的皇帝 混乱的朝堂 30
  威武霸气的女强人 32
  贾后归天 司马伦作乱 35
  动荡不安的时局 37

第四章　亲兄弟间的斗争 · 45

不修边幅惹猜疑 · 46
老谋深算的杨广 · 50
争夺太子之位 · 53

第五章　李林甫和杨国忠的争斗 · 59

李林甫打击左相、迫害太子党 · 60
杨国忠与李林甫的权力之争 · 63
杨国忠和安禄山的矛盾激化 · 66

第六章　唐朝牛李党争 · 71

牛李党争的开端 · 72
长庆科举引起朋党之争 · 73
两党各自得势后的派系倾轧 · 74
两党在藩镇、科举改革和宦官专政问题上针锋相对 · 79

第七章　唐朝宦官和宰相权力之争 · 85

宦官势力日益增加 · 86
朝官和宦官的权力斗争 · 87
二王八司马事件 · 92
甘露之变 · 95
宦官的权力凌驾在皇权之上 · 99
宦官集团覆灭 · 102

第八章　北宋的新旧党争 · 107

因郭皇后的废黜引发的范吕之争 · 108

保守派和改革派的争斗 …………………………………… 110
濮议——韩琦、欧阳修和两制官员的对抗 …………… 113
王安石推行新法被保守派攻击 ………………………… 115
旧党内阁对新党的攻击 ………………………………… 117
旧党的内讧和分化 ……………………………………… 118
新党上台　旧党被贬 …………………………………… 120
新旧党争　蔡京立"党人碑" …………………………… 123

第九章　南宋的和战争论 ……………………………… 127
黄潜善、汪伯彦、李纲三人的去留 …………………… 128
赵鼎、张浚、秦桧三人的进退 ………………………… 133
岳飞含冤而亡 …………………………………………… 141
秦桧死　天下赦 ………………………………………… 143

第十章　明朝宦官与党争 ……………………………… 147
特务政治之争 …………………………………………… 148
结党营私及宦官的专权 ………………………………… 152
宦官与宫中的内争 ……………………………………… 158

第十一章　明廷东林党争案 …………………………… 163
万历中后期的派系争斗 ………………………………… 164
阉党与东林党之争 ……………………………………… 174
崇祯年间的东林党争 …………………………………… 179

第十二章　康熙朝皇子结党争储位 …………………… 181
太子两度废立　皇子结党蠢蠢欲动 …………………… 182
胤禩党对抗康熙 ………………………………………… 185
胤禵党争夺储君之位 …………………………………… 186

雍正一党暗中活动 ·········· 188
　　争议所在 ·················· 192

第十三章　年羹尧与雍正的权力抗衡 193
　　雍正登基路上的猛将 ········ 194
　　荣宠至极的年羹尧 ·········· 196
　　尾大不掉 ·················· 199
　　树敌太多　四面埋伏 ········ 200
　　君臣恩怨　过眼云烟 ········ 202

第十四章　太平天国内部权力之争 207
　　天父、天兄和天王的明争暗斗 ·· 208
　　杨秀清的阴谋 ·············· 210
　　东王、北王之间的恩怨之争 ·· 213
　　天京事变 ·················· 216
　　翼王悲剧的落幕 ············ 220

第一章 吕氏专权与刘氏皇族、功臣宿将之争

吕后协助刘邦蓟除异姓王

吕后，本名吕雉，是汉高祖刘邦的结发妻子，汉高祖六年（前201年）被封为皇后。本来吕雉就有很强的参政欲望，借着皇后的名义，吕后想尽办法插手国家大事。西汉初定，在楚汉之争中分封的异姓王拥有大片的封地，严重影响了西汉的政治稳定。有的不听从中央政府的命令；有的在地方称王称霸；有的和匈奴勾结反抗中央政府。所以，刘邦决定废除异姓王以加强中央集权。时势改变了，在楚汉之争中分封异姓王能够收买人心，而现在这些异姓王只会制造麻烦。

在这场蓟除异姓王的斗争中，吕后给刘邦出谋划策，处死了韩信和彭越，表现出了高超的政治才能。韩信为刘邦打天下立下了汗马功劳，在七个异姓王中拥有最大的封国和最多的兵力。陈平用计智擒了韩信，但刘邦并不想杀他，而是将他带回洛阳，削了他的爵位，贬为淮阴侯，有时遇到什么事还去问问他的意见。但是吕后认为韩信不死早晚是个祸害，所以趁刘邦离开长安，率兵出征征讨叛将陈豨的机会，与丞相萧何合谋杀死韩信。

吕后派一个心腹打扮成从刘邦军中回来报信的使者，说皇上打败了叛将陈豨，很快就会回朝。大臣们听到了皇上胜利凯旋的捷报，都到宫里贺喜。但是只有韩信一人推说生病，没有进宫。萧何亲自登门问候韩信，对他说："大臣们都前去贺喜，您不去，不怕人家说闲话吗？还是去吧。"韩信无奈，随着萧何进宫。哪知道这是一个陷阱，吕后早就安排好武士，韩信一到，武士拥上去将他绑了。韩信想要求助于萧何，但萧何早已避开了。吕后控诉韩信不该与陈豨勾结谋反，并叫出证人，说陈豨已经招供，然后吩咐武士们把韩信杀了。刘邦回来之后，知道吕后杀死了韩信，既感到遗憾又感到去除了一块心病。

韩信被杀后就轮到其他的异姓王，有人告发彭越谋反。当初刘邦出兵讨伐陈豨，彭越诈称有病，没有跟他一同前去攻打陈豨，已经对他有

了嫌隙。这时听到彭越谋反的消息，非常生气，就派人将彭越带回洛阳，投进了监狱。虽然是吕后先斩后奏，杀了韩信，但是毕竟影响不好，刘邦并不想被人认为是杀戮功臣的暴君，而且也没有找到彭越造反的真凭实据，杀他不能让人信服。所以就放了彭越，将他罚做平民，还叫他搬得远远的，到蜀地去。

在去蜀中的途中，彭越碰到了从长安到洛阳的吕后，就向吕后哭诉道："我实在没有罪，我对皇上一直都是忠心耿耿的。现在我什么都不要求，只希望皇上不让我到那么远的蜀地去，让我住在家乡昌邑，就是皇上和皇后对我的大恩大德。"吕后为了稳住彭越，表面上对他的遭遇表示同情，答应向刘邦说情，就将他带回了洛阳。刘邦责怪吕后不应该答应彭越的要求，将他带回来，吕后却说："彭越是个壮士，您将他送到蜀地去，就是给自己留了一个大麻烦。干脆把他杀了，不是更好吗？"刘邦一直下不定主意，吕后就在背地指使彭越的舍人诬告他又要谋反，还唆使廷尉向刘邦请奏处斩彭越，刘邦一气之下就斩杀了彭越，还灭了三族。之后，吕后残忍地命人将彭越的尸体剁成肉酱，还赐给天下诸侯享用。

虽然刘邦和吕后站在同一阵线，都是为了削弱异姓王的权力，但是刘邦还对昔日和他一起打天下的功臣较为心软。而吕后借此机会树立了个人权威，为她以后专政打下了基础。

吕后保太子

刘邦登基之后，立嫡子刘盈为太子。俗话说，虎父无犬子。但是，刘盈既不像他爸那么有魄力，也不像他妈那么有计谋，而是性格柔弱，刘邦怀疑这个儿子没有能力继承自己打下来的江山。

汉高祖十年（前197年），刘邦宠爱的戚姬生下赵王如意，刘邦非常宠爱这个儿子。刘邦去关东的时候，戚姬也跟随在刘邦身边，哭着请求刘邦立刘如意为太子。而这时刘邦和吕后长久分隔两地，两人的感情也淡了，毕竟吕后也没有年轻时那么得刘邦喜爱了。而且赵王如意聪明伶俐，所以刘邦心里想要废除吕后生的刘盈，立如意为太子。

吕后听说了这一消息后，内心非常害怕。有人说，留侯张良智谋过人，不如让他来出些主意。吕后让他的哥哥建成侯吕泽找到张良，让张良替他们出个主意保住刘盈的太子之位。然后，吕后按照张良的计谋派吕泽找到在秦朝时期隐居的四位博学之士"商山四皓"，用厚重的礼物和恳切的言辞打动了这四位不愿意做汉朝子民的隐居高人，四人愿意做刘盈的宾客。这四人在民间的名声很好，刘邦曾经都没有请动他们。

汉高祖十二年（前195年），异姓王英布谋反，当时刘邦正在生病，想让太子刘盈率领军队讨伐。"商山四皓"四人分析了当时的形势后对吕泽说："太子带兵出征，即使立了功，地位也没法提高了；如果无功而返，就要大祸临头。跟刘盈一起出征的将领都是帮助刘邦平定天下的枭将，让刘盈统率他们，这不等于让羊去率领狼吗？那些将领肯定不会为刘盈出力，刘盈肯定无功而返。现在戚夫人和赵王刘如意日夜守候在皇上身边，皇上如此宠爱刘如意，刘盈这一去，皇上肯定让刘如意取代刘盈的太子之位。你应当赶快让你妹妹去说服皇上，就说英布善于用兵，英勇无比，如果知道刘盈领兵出征，肯定会一鼓作气打到长安的。皇上如果带兵出征，将领肯定会尽心尽力，皇上虽然辛苦，但此事事关重大。"

吕泽听后立刻报告给了吕后，吕后听了之后连忙去见刘邦。将"商出四皓"的话向刘邦哭诉了一遍。刘邦本来就认为刘盈没有率兵的本领，也认为吕后说得很有道理，只好带着病上战场。这时张良提议，封刘盈为将军，刘盈掌握了关中的兵权，地位更加牢固。

在平定英布谋反时，刘邦身上中了流箭，因为是带病出征，身体很是劳累，回来后病情更加加重。这时，刘邦想要改立太子的心愿更加强烈。面对刘邦的固执，一直为吕后出谋划策的张良向刘邦谏净不可更换太子，刘邦的心意岂能随意改变。张良就托病不管事，对刘邦施加压力。有很多大臣认为太子是天下的根本，如果改立，天下都会震动，大臣叔孙通甚至以死净谏。

当时，有很多大臣都反对易立太子，但是刘邦只是口头答应，心里还没有放弃。一天，刘邦设宴，刘盈坐在刘邦的旁边侍候，吕后让"商山四皓"站在刘盈的背后，刘邦见四位白发苍苍的老人站在刘盈背后，就问他们是什么人。"商山四皓"吹捧太子说："天下的人都心甘情愿为太子卖命。"用民意来威胁刘邦，刘邦最后不得不放弃改立刘如意为太子的计划。

凭借着吕后的政治势力保住了刘盈的储位，根据"母以子贵"的封建礼制，吕后以后就是万人以上的太后。吕氏集团在一步步发展壮大。

吕氏外戚和刘氏诸王之争

刘邦在征讨英布回宫后，很快就驾崩了。同年五月，刘盈即位，称为汉惠帝。刘邦死了之后，就再也没有人能够约束吕后了。吕后认为高祖死后可趁此机会独揽朝政，迫不及待地要对功臣元勋下毒手。吕后隐瞒了高祖去世的消息，拖延了四天一直不发丧，还和心腹审食其商量说："这些功臣元老暗藏祸心，在高帝在世时，就不满足做臣下的地位，不把他们统统消灭，天下就不会安宁。"

郦商得知这一消息后，急忙去见审食其。他分析了当下的局势，指出陈平、灌婴率领十万将兵驻守荥阳，周勃在燕代统领二十万军队。一旦他们知道高帝死了，吕后将要消灭这些宿将，他们肯定会联手进攻关中。到时候，朝中不稳，大臣、将领都会反叛吕后，国家很快就会灭亡。吕后听了也大吃一惊，迫于形势，不敢随意斩杀功臣宿将，一场血腥的大屠杀得以避免。但是吕后并没有放弃专权的最终目的，现在她准备先杀那些她看不过去的人，比如戚夫人和刘如意。

没有了刘邦的保护，戚夫人被吕后百般折磨，吕后派人斩断戚夫人的双手，砍去双脚，挖去双眼，用药让她变成哑巴和聋子，扔进厕所，称为"人彘"。吕后还害死了戚夫人的儿子刘如意。

吕后为了争权夺势，接着又对刘邦的其他儿子下毒手。吕后认为刘邦的长子齐悼惠王刘肥为严重威胁，处心积虑想要除掉他。汉惠帝二年（前193年），齐王刘肥来到长安朝岁。按照常例，惠帝举行家宴招待哥哥刘肥。刘盈以兄长之礼相待，吕后非常生气。她让侍者斟了两杯毒酒，意思是让他向吕后敬酒。刘肥拿起其中一杯，没有想到刘盈也站了起来，端起另外一杯，相互说了祝酒词之后，正要喝下毒酒。吕后吓坏了，一把将刘盈手中的酒杯打在地上。

刘肥心中甚是疑惑，不敢再喝了，就佯装喝醉了，找了个理由告辞而去。后来刘肥知道杯里装的是毒酒，吕后想要杀死他，非常担心。后来有人向刘肥献计说，把城阳郡献给吕后的女儿鲁元公主，并尊鲁元公主为王太后，鲁元公主在吕后面前替刘肥说了好话，这才没有被吕后杀死。

吕后杀了赵王刘如意之后，让刘邦的另一个儿子淮南王刘友迁到刘如意曾经的封地赵国，改封刘友为赵王。吕后为了控制刘友，强迫刘友娶吕氏的女儿为王后。刘友对吕后表示不满，所以也讨厌强加给他的吕氏王后。于是，吕女就在背后诬陷刘友，说刘友曾经说过吕氏不配称王，等太后死后，他肯定会起兵将吕氏家族的人都杀死。吕后听后勃然大怒，立即召刘友入京。刘友到长安后，吕后派兵围困刘友的官邸，刘友最后竟然被活活地饿死。

吕后已经杀了刘如意、刘友两个刘氏王。刘友死后，吕后将刘邦的另一个儿子梁王刘恢封为赵王，让她的侄子吕产的女儿嫁给刘恢做王后。这个王后仗着吕氏家族的权势，行为嚣张跋扈，根本就不把自己的老公刘恢放在眼里，还监视和控制刘恢的行动，毒死刘恢的爱姬。刘恢见识到吕后的残忍，为了保全性命，敢怒不敢言，最终忍无可忍，在被改封为赵王的四个月后，在忧惧和悲愤中选择了自杀。于是，吕后废掉了刘恢子嗣的爵位，封吕禄为赵王。刘邦的儿子燕王刘建早死，淮南王刘长由吕后抚养长大，另外就只有代王刘恒没有被诛杀。

迫于吕后的权力，朝中大臣对吕后迫害刘氏诸王敢怒不敢言，这在朝中投下了很大的阴影，导致统治集团内部权力斗争的白热化，以吕后为主的吕氏集团和刘氏诸侯王、功臣元老集团渐渐演变成了势不两立的局面。

名义上刘盈是皇帝，实际上朝政大权都由吕后所把持。吕后让年少的儿子去看被她迫害成人彘的戚夫人，刘盈受到很大的惊吓。他深受折磨，在当了七年的傀儡皇帝后，郁郁而终，只活了二十三岁。

汉惠帝刚刚即位，吕后就将女儿鲁元公主的女儿张嫣立为皇后，张嫣也是惠帝的外甥女。张皇后没有子嗣，吕后就立惠帝的周美人生下的儿子为皇太子，将婴儿过继给张嫣，为了防止婴儿的生母泄露出来，将周美人杀死。惠帝死后一个月，婴儿继承皇位，称为少帝，吕后临朝称制，吕后成为西汉最高的实际掌权者。

吕氏集团强势封王

为了巩固刘氏政权，避免他人篡权，刘邦和大臣曾经"刑白马盟"。高祖十二年（前195年），刘邦预感到自己将不久于人世，于是叫人杀了一匹白马，跟几个和他一起打天下的功臣订立盟约："不是刘家的人不得封王，没有功劳的人不得封侯。谁不遵守这个盟约，天下人共同征伐他！"大臣们都共同起誓，表示遵守刘邦的规定。

刘邦临死之际，吕后守在他的身边，询问刘邦身后事。她最关心的就是刘邦安排谁来担任将相，她问："相国萧何将来死后，谁能代替他？"刘邦说："曹参可以。"吕后又问："曹参之后呢？"刘邦说："王陵可以。但王陵性格憨直，容易得罪人，可以让陈平辅助他。陈平虽然有才有智，但是却没有独当一面的才能。周勃持重敦厚，能撑得住大局面，帮助安定刘氏天下，可任命他为太尉。"萧何、曹参、王陵、陈平、周勃都是忠于刘邦的大功臣，这些人中没有吕家的人，也没有和吕后关系较好的张良。刘邦知道张良和吕后的关系密切，所以并没有安排他担任重要的职务。吕后对刘邦的安排不满意，仍想继续追问下去，刘邦拒绝再说什么。

刘邦的安排为以后平定吕氏集团叛乱，夺回刘氏天下起了关键性的作用。

吕后临朝称制后，积极地扩大吕氏外戚集团的权势。朝中忠于刘邦的文武大臣被吕后排斥，吕后大肆分封吕氏宗族。萧何死后，按照刘邦的安排，曹参为相国。他看到吕后独掌朝政，排斥异己，自己很难有所作为，于是不理朝政，每天沉醉在饮酒玩乐中。汉惠帝刘盈很看不惯曹参的行为。有一天，他下令让曹参的儿子曹窋责问曹参说："您身为相国，却日夜饮酒，什么事情都不做，这怎么能治理天下呢？"曹参听后将儿子打了二百大板，喝道："快进宫办事，你懂什么国家大事！"

后来刘盈在朝上问曹参："是我派曹窋去劝说你的，你为什么打他？"曹参连忙将帽子摘下来表示有过，请求汉惠帝的原谅。曹参回答说："汉高祖和萧何安定了天下，并制定好了法令。陛下的才能比不上高皇帝，我的才能也比不上萧何，我们只要按照他们留下来的法令去办事，不就可以了吗？"惠帝听了，一时也找不到什么话来反驳他。实际上，曹参是明智的，吕后专权，惠帝做什么也受制于吕后，曹参只要保住性命就不错了，还能有什么其他作为呢？

曹参只当了三年丞相就去世了，王陵和陈平继任右、左丞相，周勃担任太尉。虽然吕后表面上按照刘邦的意思任命这几位功臣。但是，私下里吕后费尽心机，想方设法地剥夺他们手中的权力，束缚住他们的手脚。

吕后想要立诸吕为王，询问大臣们的意思。吕后问王陵，如刘邦所说，王陵的性格憨直，公开表示反对："高祖和大臣们订过盟约'不是刘家的人不得封王，没有功劳的人不得封侯。只要谁没有遵守这个盟约，天下人就可以讨伐他'。如果分封吕家人为王，就违背盟约，我不能同意！"吕后被得罪了，她又问左丞相陈平和太尉周勃："你们说呢！"陈平和周勃虽然心里不同意，但是嘴上说："高帝平定天下，封自己的子弟为王。现在太后临朝，治理天下，封自己的子弟为王，有什么不可以呢？"太后听了很高兴。

王陵公开反对吕氏封王，吕后肯定不会放过他。吕后表面上将王陵升为少帝的太傅，实际上太傅也就是个虚职，没有实权。王陵的相权就被剥夺了，一气之下，王陵推说生病，不再上朝，这正中了吕后的下怀。吕后任命陈平为右丞相，审食其为左丞相。但是，审食其的主要职务是监管宫中事物，这些都是郎中令的工作。所以朝廷里的一切事务由陈平来决断。虽然如此，陈平也不好过。因为陈平曾经奉命逮捕过吕后的妹妹吕媭的丈夫樊哙，所以吕媭多次向吕后进谗言陷害陈平。为了躲避灾祸，陈平只好声色犬马，对朝中的大小事也不发表意见，表面上他还担任着丞相的责任，但实际上无法履行丞相的职权。

御史大夫赵尧也在朝中担任重要职务，因为为刘邦出谋划策保护赵王刘如意，被吕后所忌恨。她因此罢去了赵尧的职务。

吕后一门心思巩固吕氏专权，扶持的少帝渐渐长大，知道了自己的母亲被吕后杀死之后，说出了这样一番话："太后怎么能杀我的母亲？将来我长大了，一定要替我母亲报仇！"这话引来了杀身之祸。吕后听后，马上将少帝幽禁在宫里的监狱里，对外宣称少帝有病，然后很快就杀了他。高后四年（前184年）五月，立汉惠帝的另一个儿子恒山王刘义为帝，改名为弘。这两个少帝被称为汉前少帝和汉后少帝。

吕后控制了朝政大权，也排除了反对她的老臣。时机成熟，吕后开始封诸吕为王。吕后还是比较谨慎的，首先分封去世的父亲和兄长为王。她追封父亲吕公为宣王，长兄吕泽为悼武王。因为追封死的阻力要小一点。

接着，吕后先封刘邦的功臣冯无择为博城侯，再封吕种为沛侯、吕平为扶柳候、吕禄为胡陵侯，又封吕他为俞侯、吕更始为赘其侯、吕忿为吕城侯、吕媭为临光侯。吕媭是历史上第二位被封侯的女性。不仅封了诸吕为侯，也加封惠帝几个名义上的儿子为王侯。刘强为淮阳王，刘不疑为恒山王，刘山等三人封为侯。同时，他还派大谒者张释暗示大臣，让大臣出面请求立诸吕为王。于是，吕泽的长子吕台被封为吕王。

吕台封王几个月之后就死了，他的儿子吕嘉继承王位。高后六年（前182年），吕嘉被废，由吕产继承吕王的爵位。第二年吕产被封为梁王，吕后将他留在长安，还兼任了太傅的职务。与此同时，吕后追封吕释之为赵昭王，吕后的外孙张偃封为鲁王，吕台子吕通为燕王。高后八年（前180年），吕后又封吕通的弟弟吕庄为东平侯，吕荣为祝兹侯。吕氏家族里被立为王的有七个人，被封为诸侯的有九个人。

通过封王诸吕，吕氏外戚集团的势力发展壮大，形成了以吕后为核心的外戚集团。从此，在吕后的支持下，吕氏家族权倾天下，达到鼎盛。不过，万物盛极必衰，特别是吕后去世之后，吕氏家族迅速被拥护刘氏皇族的功臣集团消灭。

功臣宿将集团粉碎吕氏外戚集团

吕氏外戚和刘氏皇族的矛盾愈发激烈，忠心刘氏皇族的朝中老臣暗暗酝酿一场倒吕政变。朱虚侯刘章不畏吕氏的权势，斩杀了吕家的人，一场剪灭吕氏集团的斗争拉开序幕。

齐王刘肥的次子刘章在高后二年被封为朱虚侯，娶吕禄的女儿为妻，在长安担任护卫的职务。身为刘氏的子孙，刘章早就对吕后迫害、排挤刘氏子弟的行为表示不满，总想寻找机会报复吕氏。一次，刘章参加宴会，吕后让他担任酒吏。刘章对吕后说："臣下是将军的后代，请允许我以军法行酒。"

吕后同意了。吕氏有一人喝醉了，正要避酒离席，刘章毫不犹豫地追上他，拔出剑将此人斩杀。然后刘章向吕后报告说："有一人避酒逃亡，我按军法杀了他！"吕后和左右之人大惊。在吕后执掌朝政的十多年时间里，吕氏家族第一次遭遇刘氏的反抗。这标志着刘氏皇族集团和吕氏外戚集团将会有一场不可避免的斗争。

这时，朝中的功臣也在暗中活动，形成了能够与吕氏集团对垒的功臣元老集团，而将这些功臣连接在一起的就是陆贾。

刘邦去世之后，吕氏集团的行为越来越嚣张，吕后背弃了刘邦制定的白马盟约，封诸吕为王侯。陆贾在吕后的强势下，感到自己的力量太小，不能与之抗衡，就称病不去上朝，在家隐居，但是他的心里并没有真正放下。当惠帝刘盈去世，吕后立少帝，诸吕在太后的庇护下胡作非为的时候，朝中大臣感到非常忧虑，但一时都没有想到什么好的应对方案。为了保全自己，很多大臣只好装作没看见，默默地承担。

右丞相陈平对诸吕专权心怀不满，但因为个人的力量太小，公开反对的话，吕后肯定不会放过他，所以只将忧虑深深埋在心里。

一天，陆贾拜访陈平，察觉到他心情沉重，立刻感受到他内心深处的担忧，就是因为吕后称制、诸吕擅权。陆贾指出在此危难之际，将相之间的团结非常重要，并要求陈平为了大局，与太尉周勃之间一定要好好合作。

陈平认为陆贾说得很有道理，只有团结起来才能粉碎诸吕的专权。陈平在周勃生日的时候送上五百金的厚礼，两人对吕后专制都有不满，达成了共识。陈平也送给陆贾一些钱财，陆贾以此来游说汉廷公卿。陆贾擅长出谋划策，在粉碎诸吕叛乱时提出了很多有用的建议。功臣宿将渐渐形成一股能够与吕氏集团相抗衡的强大势力。

果然如刘邦所说，最后安定天下的就是周勃。周勃也是一代枭将，跟随刘邦纵横沙场，屡立战功，被封为绛侯。西汉建立后，周勃被任命为太尉，掌管军权。在吕氏专权的危急时刻，周勃为了帮助刘氏皇族夺回政权，挺身而出，成为反对诸吕的领导者。

高后八年（前180年），吕后病死了。她临终的时候让两个侄子吕禄和吕产领导长安的南北两支禁卫军，并告诫他们说："咱们吕家封王，大臣们都不赞成。我一死，皇上年纪小，大臣们可能作乱。你们必须带领士兵守卫宫殿，一定不要出来送葬，以免遭人暗算。"她还立了遗嘱：大赦天下，拜吕产为相国。

吕氏集团在吕后死后没了主心骨，他们秘密地策划一场叛乱，但是惧怕周勃、灌婴这些手握兵权的大臣，犹豫不决。恰在此时，吕禄的女儿知道父亲要谋反的消息，而她是朱虚侯刘章的妻子，害怕受到连累，就将这件事告诉了丈夫刘章。

趁着吕氏举棋不定，周勃、陈平等反吕力量抓住了有利时机，迅速出击。周勃还联络到刘氏皇族集团，支持刘章劝说他的哥哥齐王起兵讨伐吕氏。齐王刘襄发兵，向西进攻济南，还写信给各位诸侯，列举吕家人犯下的罪恶，号召大家发兵征讨。

吕氏集团听到齐王发兵的消息，陷入了恐惧中，相国吕产急忙命灌婴为大将，发兵抵挡齐军。灌婴早年也跟随刘邦打仗，被封为颍阴侯。灌婴将计就计，到了荥阳，他对手下的将士们说："吕氏带领军队占据关中，要夺取刘氏天下。现在我们去攻打齐王，这正是帮着吕氏作乱。"将士们都认为汉朝的臣下怎么能帮着吕氏去打刘氏呢？灌婴派使者向齐王表示诚意，双方的军队先驻扎下来，等到时机成熟后，再一起打到长安去。齐王认可了灌婴的计划，暂时按兵不动。

吕禄、吕产掌握着兵权，准备夺取刘氏的天下。刘氏皇族和功臣元老肯定不会将天下拱手让给吕氏，所以吕氏处于进退两难的境地。以周勃为首的功臣元老面临着一个非常艰巨的任务，形势对他们非常不利，长安城内只能智取，诸吕已经把关东地区牢牢地控制在手中，吕氏和亲吕的王公贵族把持着朝政大权，最重要的是要夺取吕禄和吕产控制的南北两支禁军的军权。

怎么才能夺取军权呢？以周勃为首的功臣宿将之间保持高度团结，一方面他们继续联络刘氏皇族，团结一切反对吕氏集团的力量，另一方面他们用计让吕氏集团内部瓦解。曲周侯郦商和吕后的心腹审食其关系很好，他的儿子郦寄又和吕禄来往密切。于是，周勃和陈平用计骗郦商到家里，将其软禁，逼郦寄去劝吕禄把兵权交出来。

郦寄劝吕禄说："吕后协助高祖平定天下，高祖封了刘氏九个王，太后封了吕氏三个王，这件事都是诸侯王和大臣同意的。现在太后死了，

皇帝年少,你不到自己的封国去,在这里当上将,掌握军权,大臣和诸王侯能不怀疑你有夺取政权的野心吗?你为什么不把将军印交出,把兵权让给太尉呢?"还让吕产也把相国印交出来,然后去自己的封地,说这样"齐王肯定会退兵,大臣也会安心,你又能高枕无忧,千里称王,这对你们世世代代都有好处"。

吕禄不知道这是周勃等人的安排,觉得郦寄说得有道理,表示愿意把将印归还,还将兵权交给周勃。他派人通知吕产和诸吕,诸吕对此没有达成统一意见,有人认为可以考虑,有人坚决不同意交出兵权,吕氏内部产生了矛盾。因为吕禄和郦寄的关系一向非常好,所以对他的话深信不疑。吕嬃见吕禄被说得要交出兵权,非常生气,大骂吕禄说:"你身为上将军而放弃兵权,吕氏就没有立足之地了!"

正在这时,吕产派到齐王处谋求罢兵的郎中令贾寿回京了,他带回来一个消息,将灌婴联合齐、楚讨伐诸吕的事告诉了吕产。现在情势危急,吕产要尽快入宫,以便控制局势。御史大夫曹窋听到了这些话,立刻将这个消息告诉了周勃和陈平。周勃认为事情已经到了决定胜负的时刻,只有快速行动,抢到先机。周勃一方面让主管军队符节的襄平侯纪通谎称少帝命令周勃率领北军,另一方面催促郦寄让吕禄快点交出兵权,郦寄对吕禄说:"皇上让太尉领北军,叫您回到赵国去。您赶快把将军的印交出去吧,要不然,大祸临头啦!"吕禄听从了郦寄的劝告,把兵权交了出来。

太尉周勃拿到了将军印,去接管北军。他对士兵们说:"现在吕氏和刘氏起纷争,你们自己可以决定到底帮谁。凡是愿意帮助吕氏的,将右边的衣袖脱去;愿意帮助刘氏的,将左边的衣袖脱去!"士兵们全都脱去左衣袖,表示愿意帮助刘氏。

北军由周勃接收了,但是吕产的手中还握有南军。周勃让刘章监督军门,再传达丞相的命令,吩咐宫殿里的卫士不准让吕产进宫。吕产此时还不知道吕禄已经将北军的军权交出去了。他带领人马,进宫收玉玺。

卫士们得到命令守住殿门，不让吕产进去。周勃派刘章带领一千士兵入宫保卫皇帝。黄昏的时候，刘章主动攻击吕产。这时，刮起了狂风，吕产大败而逃。在逃跑的过程中，吕产慌忙躲进了郎中府的厕所中，被刘章找到，吕产被刘章砍死了。周勃派人逮捕了吕氏家族的男女老少，并将他们全部斩杀。

吕氏集团的叛乱终于被支持刘氏皇族集团的功臣宿将粉碎了。功臣宿将集团支持高祖的儿子代王刘恒，刘恒登基为汉文帝。

第二章 东汉外戚和宦官的权力之争

外戚势力逐渐崛起

在封建政权中，外戚和宦官是两股特殊的政治势力，一直被看作是中国封建社会中的两大毒瘤。

外戚和宦官的危害，尤以东汉中后期最为严重。至和帝时，东汉政权发展到鼎盛时期。和帝驾崩后，还是婴孩的刘隆被邓太后抱着坐上了皇帝的宝座。从那时起，东汉政权开始了由盛到衰的进程。自安帝以后，经历了顺、冲、质以至桓、灵多位皇帝，大都是幼帝即位，导致了母后称制和外戚专权延续了一代又一代。而宦官集团也想在政治上大展拳脚，他们纷纷将朝中大臣和官场失意的士大夫拉拢过来，成立政治联盟，与外戚集团互相对立，明争暗斗，甚至进行血腥的屠杀。

窦氏家族在政坛上崭露头角要从光武帝时期的窦融开始算起。窦融是一员武将，骁勇善战，曾和刘秀一起平定天下，立下了赫赫战功，是东汉王朝的开国元勋之一。建武二十年（44年），因其劳苦功高，被封为大司空，但是窦融害怕功劳盖过皇帝，便多次请求隐退，这正符合刘秀想要收权的想法，因此战事结束后刘秀更加宠爱窦融。窦氏家族共出了一公二侯三驸马，算得上是名门望族，地位尊荣。

建初二年（77年），章帝纳窦勋（融之孙）之女为贵人。窦贵人不仅容貌倾国倾城，而且精通文史，又对章帝百依百顺，所以入宫后集万千宠爱于一身。第二年，便当上了皇后。从这以后，窦氏家族有了更加显赫的地位。

窦皇后的哥哥窦宪，得益于其妹的尊贵地位，开始在仕途上发展，很快便飞黄腾达起来，先拜侍中，很快又当上了虎贲中郎将。接着，窦宪的弟弟窦笃也做了黄门侍郎。两兄弟渐渐得到了章帝的宠幸，得到了大量的良田美宅。两人因政治上的顺心而跋扈起来，他们放纵家奴胡作非为，不守法制，甚至将沁水公主（章帝姐）的园圃强占，而公主也无可奈何。朝野上下人人畏惧，就连光武帝的阴皇后、明帝的马皇后家族也不敢招惹他们。

除窦皇后外，章帝还有几名贵人，是马太后为其选的，包括扶风宋杨（人名）的两个女儿，姐姐生了皇子刘庆，幼年时就被立为太子。另有两位梁姓贵人（也是姊妹），妹妹生了皇子刘肇。窦氏虽贵为皇后，却苦于没有生下一儿半女，于是她凭着皇后的地位，将刘肇强行收做自己的儿子。但窦皇后心里明白，刘庆是以后的皇位继承人，而刘肇又不是自己亲生的，现在还年幼无知，日后一旦真情暴露，就会威胁到自己的地位和窦家的前途。因此，她极尽所能地陷害栽赃，将宋、梁两个竞争对手除掉。

建初七年（82年），窦皇后为宋氏家人安上了携带异物进宫的罪名（实为兔子），诬陷宋贵人想施邪术谋害皇帝，是为了让刘庆尽快继位。于是章帝逐渐对宋贵人疏远了，不久又下诏说："皇太子刘庆喜怒无常，无法统治天下，现将刘庆废为清河王；皇子刘肇，谦逊恭谨，即日起立为皇太子。"并将宋氏姐妹打入冷宫，派宦官蔡伦监视她们。没过多久，姐妹两人全都服毒自尽。后来，窦宪又诬告梁贵人的父亲梁竦有意谋反，梁竦被捕后死于狱中，他的家人被流放到九真（今越南北部），两位贵人不久也愤恨而死。自此，窦氏在宫中的障碍全被扫清，为其日后干政铺平了道路。

也是在这个时候，昏庸腐朽的汉章帝由于一直沉迷于酒色，身体每况愈下，渐渐对处理政务感到吃力，急需有人辅佐。但他牢记先帝遗训，不信任朝官中的大部分人，因此便委托窦氏兄弟处理部分政事。窦氏手握大权，在朝中更加飞扬跋扈，目中无人，他们广交宾客，大力培植私人势力，对朝廷产生危害。

当时，朝中的一些有识之士开始觉醒，意识到窦氏兄弟权力过大，难以节制，势必威胁到皇权，太尉郑弘是他们中的代表人物。郑弘曾上书章帝说窦宪的宾客张林、杨光等人贪赃枉法，但杨光却拿到了此奏折。杨光立即向窦宪报告，窦宪即先发制人，诬告郑弘泄露军事机密。章帝听信谗言，不明是非，将郑弘撤职查办，从朝廷中赶出。但郑弘仍不放弃希望，在病中上书说："窦宪奸邪恶毒，天人可鉴，陛下处天子之位，而信谗佞之人，不计存世……愿陛下明察秋毫，诛灭奸臣。"章帝看后，有所觉悟，想要再起用郑弘，但为时已晚，郑弘已经病重而亡。"诛灭奸臣"的事也因此没有实施。这一事件是外戚与朝官的第一次交锋。

　　章和二年（88年）正月，章帝在三十二岁这一年驾崩，十岁的太子刘肇继位，是为和帝，窦皇后变为皇太后，临朝听政，并对外发布诏令说："皇帝年纪尚小，御体欠佳，需有人辅佐才能处理朝政，侍中窦宪，智勇双全，忠孝尤笃，深受先帝的器重，遗诏中写明他为辅佐朝政之人，但宪谦让有加，我不可夺其节，今委以两宫，宿卫左右。"从此，窦宪作为外戚，对宫廷武力挟持，同时又参与机密，上传下令，更加威风凛凛。但不久窦宪派人暗杀刘畅，导致自己的处境极为被动。正当窦宪寝食难安之际，南匈奴遣使来汉，请汉王朝出兵共同击退北匈奴，窦宪趁机力排众议，请求亲自上阵击退北匈奴以赎罪，太后允准他去。于是，窦宪作为主帅北伐匈奴。永元元年（89年）正式向漠北出兵，汉军先后在稽落山（今蒙古境内）、金微山（今蒙古境内）打败北匈奴，将单于母阏氏活捉，北匈奴向西迁移五千里，汉朝北疆界得以安定。

　　北匈奴被平定后，窦宪变得更有威望。窦氏兄弟凭借权势，把个人势力发展到顶峰，他们以耿夔、任尚为爪牙，视邓叠、郭璜为心腹，并在朝中各个角落安插亲信，其中高居侍中、将、大夫等职者就有十多个，朝中形成了以窦氏为首的庞大帮派体系。

　　和帝逐渐长大，窦宪意识到自己会受到威胁，因此便密谋将刘肇废掉，另立新帝。和帝也看出窦宪不怀好心，二人之间的矛盾越来越深。当时，宦官是和帝在宫中唯一可以依靠的力量，而绝大多数宦官投靠窦氏，只有郑众等少部分人对窦氏的专权心存不满，不怎么与窦氏集团来往。和帝趁无人之际，向郑众透露了自己的想法，郑当即表示，愿誓死效劳。但当时窦宪在外，和帝怕他带兵作乱，便没有立即采取行动。

　　没过多久，窦宪、邓叠等人回到了洛阳。和帝与原太子清河王刘庆取得联络，派郑众等人向北宫的戍卫军传达命令，并以《外戚传》（其中有文帝诛薄昭，武帝诛窦婴之事，薄、窦皆为外戚）一书做信号，等待命令行动。次日，和帝来到北宫，诏令执金吾五校卫率兵驻扎戍卫南宫和北宫，同时下令将城门紧闭，将郭璜、郭举、邓叠、邓磊等人抓捕，又派遣谒者仆射去将窦宪的大将军印绶收回，窦宪见无力回天，只能放弃抵抗。和帝考虑到窦宪是当今国舅，不好立即诛杀，便将其军权夺去，重新封他为冠军侯，并规定期限，勒令窦氏兄弟返回自己的封国。不久，就派人去逼杀他们。那些靠窦宪而当官的人，全部被罢免。永元九年（97年），窦太后去世，窦氏外戚集团彻底灰飞烟灭了。

宦官势力壮大及外宦合作

郑众因为在剿灭窦氏兄弟一事中立下大功，被任命为大长秋，即皇后近侍，并且论功行赏，有权利与和帝一起商讨政事。从此，开启了宦官干政的时代，一支新的政治势力壮大起来，并且是东汉后期党争中不可忽视的重要力量。

永元五年（93年），和帝亲政。同一年，一批女子被选入宫。其中光武帝阴皇后的哥哥阴识的曾孙女，因美貌得到了和帝的宠爱，被封为贵人。永元七年（95年）冬，和帝从如云的佳丽中意外结识了一个气质不凡的姑娘邓绥，她是邓禹的孙女，不但貌美如花，而且知书达理，气质脱俗，因此和帝对她非常喜爱，第二年就封了贵人，这让阴皇后嫉妒不已，并对邓贵人怀恨在心。永元十四年（102年），阴皇后企图用巫术伤害邓贵人，事发后，和帝大发雷霆，将皇后废除，并且打到冷宫，不久她就忧郁而死。从此，和帝便只宠幸邓贵人一人，永元十四年（102年）冬，邓贵人升为皇后，她就是东汉时期唯一比较开明的邓皇后。

元兴元年（105年）冬十二月，和帝驾崩，年仅二十七岁。邓太后膝下无子，但为了维护自己的太后之位，急着培植受自己操控的皇位继承人，明察暗访之后，终于找回了两位在乡间长大的皇子，即十岁的长子刘胜和只有三个月大的次子刘隆。邓太后考虑到刘胜年纪较大，不好控制，而刘隆还是婴儿，可以任意摆布，于是，邓后下诏说："刘胜似有顽疾，不宜奉宗庙，可封为平原王。随后，邓后认刘隆为亲生儿子，抱着他坐上了皇位，他就是历史上的殇帝。但不幸的是，这位身子骨虚弱的小皇帝，几个月后便中风并导致高烧不退，两天后便不治身亡了。邓太后的苦心付诸东流，不得不再经历一次你死我活的皇权争斗。她依靠自己的地位优势驳斥了周章等人立刘胜的主张，随即派其兄邓骘把刘庆十三岁的儿子刘祜从清河王府接进宫。到洛阳后，为了合乎旧法，刘祜先被封为长安侯。延平元年（106年），刘祜终于登上了帝位，史称安帝，年号永初，邓太后继续临朝听政，她的地位到这时才算稳定下来。

　　二十五岁的邓太后，身为女子却目光长远，她吸取窦太后专宠外戚的教训，涉及重大问题，不仅咨询邓骘的看法，也让宦官大长秋郑众、常侍蔡伦等人参与进来。为了让自己的统治基础得到扩大，对待朝中官员则是赏罚分明。如光禄勋周章，曾与邓太后就谁该做皇帝的问题发生过矛盾，但邓后不为此对周章怀恨在心，安帝即位后，又拜其为太常，不久升至司空。但周章却仍不满于外戚和宦官对朝政的干预，便与王尊、叔元茂等人密谋，并且勾结禁军，准备在宫中发起政变，企图诛杀邓骘、郑众等人，并将邓后废黜，立刘胜为帝。但不久事情败露，邓太后立即将周章的司空职务免除，周章深知邓后不会放过自己，不得已自杀了。

　　邓太后虽然宽容对待朝官，但如果有人威胁到她的政治利益，其手段会极其强硬。如郎中杜根上书太后，请太后让皇帝亲政，邓太后看后勃然大怒，即刻命人将杜根装入缣袋杖杀，杜根后来因装死才躲过一劫。

　　邓太后一面对排除异己毫不手软，另一面又严厉约束自家亲戚，以免树立太多政敌。一直到和帝驾崩，其兄邓骘才当上虎贲中郎将。她同时鼓励经济生产，提倡节俭；大力兴办教育，提升文化；军事上大胆任用虞诩，基本把羌人的叛乱平定。相比于以前的那些太后，邓后执政二十年，创造了卓越的政绩，宫内外的人都很爱戴她。她主管朝政时，基本上没有外戚严重干政。但她也让其亲戚得到了极高的权力和地位，邓骘、邓悝、邓阊皆为列侯，邓后的亲生母亲耿贵人之兄耿宝也做上了监羽林左骑,至于卿校、侍中者中的外戚更是不计其数。

安帝渐渐长大,越来越感到自己是孤身一人,于是对贴身的宦官和乳母大量提拔,如宦官江京和李闰做了列侯,中常侍樊丰、刘安、陈达及其乳母王圣等人得到重用,但邓太后同时制约着宦官和外戚,较大的冲突基本没有发生过。

永宁二年(121年)三月,邓太后因病去世,享年四十一岁。失去靠山的外戚势力立即遭到了宦官们的打击,邓骘等人先后被诛杀,其他外戚成员全都丢了官职,永不录用,邓氏集团对政治的影响基本被清除干净。

孙程与阎显的斗争

安帝皇后阎姬,是官宦之家的大小姐,元初元年(114年),因貌美被选入宫,深受安帝宠爱,但入宫两年,却没有生子。而宫人李氏生下皇子刘保,阎皇后对此感到非常不安,于是她求助其兄阎显,将李宫人杀害。由于阎后始终无子,没有选择的安帝在元初七年将刘保立为太子。没过多久,阎氏兄弟便与大长秋江京、中常侍樊丰等人勾结,诬告太子刘保对其乳母王男和厨监邴吉过分袒护,安帝知道后大怒,不顾众大臣的反对,执意废黜太子,说:"王男、邴吉犯罪,刘保身为太子,却没有大义灭亲,反而同情袒护,这么糊涂的人怎么能继承大业。"随即将刘保贬为济阴王。

阎后得宠后,阎氏家族也有了更加显赫的地位,元初三年(116年),其父阎畅被封为长水校尉,后又升至北宜春侯。第二年,阎畅死,其子阎显继承了他的官位,阎显弟景、耀、晏都是卿校,典掌禁军。延光元年(122年),阎显又被加封为长社侯,阎皇后之母被追封为为荥阳君,阎显和阎景的儿子都不过七八岁,却都做了黄门郎。延光四年(125年),安帝在南巡途中驾崩,阎氏兄妹封锁了这一消息,直到回到洛阳,才派人到郊庙社稷坛告天,并且连夜发丧。阎皇后变成了太后,阎显给自己封了个车骑将军，但是还没有皇位继承人。阎氏兄妹秘密协商后，决定让济北惠王刘寿的儿子北乡侯刘懿登基。同年十月，刚当上皇帝不久的刘懿一病不起，消息走漏以后，中常侍孙程带领的宦官集团便想将皇帝赶下台，于是就与济阴王刘保，谒者兴渠、中黄门王康等人联合起来，一支由宦官主导的政治势力由此形成。此时的外戚们也在做着准备，阎显接受了江京的建议，派人到各地寻找诸王之子，以继承皇位。这个时候，刘懿突然驾崩，宦官与外戚的矛盾已经一触即发。

阎氏没有对外宣布刘懿夭折的消息，还调兵遣将，将宫门紧闭，以寻找新的王位继承人。这时，孙程等宦官也在西钟楼聚集，秘密商讨扶汉灭阎、将济阴王立为皇帝的事。参与的宦官都裁单衣发誓，一定要打倒外戚，匡扶汉室。紧接着，他们蹑手蹑脚地进入崇德殿，没有看到阎显及其党羽，又偷偷进入章台门，来到内宫。当时的江京、刘安、陈达、李闰等人正在商讨密谋，几名宦官持刀闯入内宫，宫中人都没有防备，江、刘、陈来不及抵抗，就被杀掉了。随后，宦官们将刘保接回，李闰立刻将文武大臣召集到一起，在崇德殿连夜为刘保举行了登基仪式，刘保当上了皇帝，史称顺帝。孙程等人则调集禁军，将宫门严守，以防不测。

这时还在北宫的阎显等人得到消息后乱成一团，阎显立即以太后的名义发布诏令，让越骑校尉冯诗和虎贲中郎将阎崇将平朔门守住，以抵御企图进宫的孙程禁军。冯诗采取观望态度没有立刻出兵，这就大大削弱了外戚的军事实力。而此刻的孙程正在积极准备和阎显一较高下。孙程替皇帝起草了诏谕，下令将阎景等人捉拿归案，然后又派人将阎显兄弟数人逮捕，将皇帝的玺绶夺回。阎氏兄弟于几天后被杀，而阎景在那天逃命时就被郭镇刺死。没过多久，阎太后也被赶到离宫。永建元年（126年）春，阎太后得了一场重病，几天后就一命归西了。

这次宦官与外戚的争斗，双方分别动用了禁卫军和正规军，直接短兵相接，以阎显为首的外戚集团完全被毁灭，其党羽全部被流放或杀害。而以孙程为首的十九名宦官则护驾有功，后来全都当上了列侯，史称

"十九侯"，食邑万户，最少的也有千户，孙程还被封为骑都尉，禁军全部归他掌管。有了顺帝的提拔，宦官势力逐渐占据了朝中主位。

梁冀专权及其集团的覆灭

阳嘉元年（132年），顺帝受胡广及多个宦官的要挟劝导，让梁商之女梁贵人做了皇后。梁皇后是梁竦的曾孙女，名为梁妠。直到窦太后死后和帝刘肇才知道是梁氏生了自己，于是让梁商沿袭父亲的爵号为乘氏侯，梁商之子梁冀则被封为河南尹。梁冀生性残暴，在河南做官时，鱼肉百姓，目无章法，河南人民叫苦不堪。梁商死后，梁皇后又唆使顺帝让梁冀做了大将军，梁冀之弟梁不疑接替河南尹之职。至此，又一支外戚势力东山再起。

那时，封建集权对百姓的压榨和剥削严重，各地都有较大规模的农民起义，以建康元年（144年）农民范容、周生起义为开端，农民战争的浪潮迅速席卷全国。受到农民起义的冲击，东汉王朝越来越走向末路。

建康元年（144年）八月，顺帝驾崩于内外交困之中。他虽有众多妻妾，但只有虞美人生了皇子刘炳，梁皇后为了自身利益，怂恿顺帝将其立为太子。顺帝死后，刘炳即位，号冲帝，梁后变为太后。由于冲帝还是小孩，梁太后临朝听政，但这个两岁的孩子仅仅做了四个多月的皇帝，就夭折了，谁来继承皇位的问题又被提上日程。梁冀仔细考虑之后，又与梁太后合作把年幼的刘缵扶上了皇位，这就是质帝。

质帝虽然年纪小，但聪颖灵慧，颇懂人情，他不同意梁冀对农民起义事件的处理方式。梁冀凭借自己是国舅而独断专行，不经过商讨就以质帝的名义草拟诏书，传檄广陵（今江苏扬州市），强行让广陵太守王喜率兵讨伐九江。刘缵很不满这种做法，对大臣们说："此跋扈将军也。"从此，梁冀便一直耿耿于怀。他更是意识到，这个小皇帝并不容易被操控，另立新帝是最好的办法。本初元年（146年），梁冀在周密部署后指使一个小黄门将刘缵毒杀，质帝就这样因为一句话而命丧黄泉。质帝死后，朝臣们又为继承人的问题而激烈争论，最后梁冀强势压倒李固、胡广等人的意见，派人将十五岁的蠡吾侯刘志接来做皇帝，是为桓帝，但梁太后仍然听政，而梁冀则把持着实权。

建和元年（147年），梁冀将妹妹梁娥嫁给桓帝，刘志被迫立其为皇后。这以后，梁冀更是手握大权，在朝廷内外更加横行霸道。他们一家先后有七人封侯，三人做了皇后，六人做了贵人，卿、将、尹、校共五十七人。梁冀还在宫廷和朝野中网罗大量党羽，就连桓帝也时时被他监视。当时，他能决定朝廷中的一切事情。官员的升迁任免，都要先向他谢恩，然后才能去尚书台办手续。地方郡县每年向朝廷进献贡品，梁冀要先挑走上等的，皇帝只能得到次一等的。梁冀的所作所为过分到了顶点。

延熹二年（159年），梁皇后因长期失宠，抑郁而死。这时的桓帝已经是二十七岁的成年人了，他越来越难以容忍梁冀的独断专权。一次桓帝趁四下无人，将唐衡密诏于厕中，问他有谁不常与大将军往来，并说想杀掉专权残暴的梁冀兄弟。唐衡见桓帝下了大决心，便约同宦官单超、左悺、具瑗、徐璜向桓帝发誓，决心合力打倒梁氏势力。

梁冀也察觉到了桓帝有所行动，就派小黄门张恽进内宫打探情况。具瑗以擅闯后宫为名将张恽扣押，同时，桓帝把诸尚书召集起来开会，他派尚书令尹勋集合官员中郎以下官吏携带武器保护内宫，又派黄门令具瑗率左右御马厩的兵士、虎贲、羽林等卫士共一千余人把梁宅包围，派光禄勋袁盱持节没收梁冀的大将军印绶，并将其贬为比景都乡侯，实际是将他流放。梁冀在绝望中与妻孙寿双双自杀。其子梁胤、屯骑校尉梁让及其亲信、亲属，包括孙寿的家人全部被判处死刑，朝中官员被牵连诛杀者达几十人，三百多人被罢官。这次外宦之争是有史以来最大规模的一次，梁氏外戚势力被彻底清除。

窦武功亏一篑

桓帝把皇权夺回后，把立下大功的左、具、唐、徐、单五个宦官封为侯，史称"五侯"。桓帝在诛灭梁氏后以为天下太平，从此吃喝玩乐，不思进取，在生活中逐渐荒淫无度，根本不理朝政，"五侯"和依附他们的大臣完全掌管了政事，政权逐渐落入宦官集团手中。他们拉帮结伙，任意妄为。他们的亲属也都当上高官。单超的弟弟单安做了河东太守，侄子单匡做了济阴太守，徐璜的哥哥徐盛是河内太守，具瑗的哥哥具恭是沛阳太守，他们在朝廷中彼此照应，整个国家的政权几乎都掌握在他们手中，东汉进入了宦官当权的历史时期。

永康元年（167年），桓帝驾崩，窦太后与父亲窦武密谋把河间王刘开的儿子刘宏推向皇位，即十二岁的汉灵帝，窦太后临朝听政，陈蕃做太傅，窦武为掌握兵权的大将军，外戚势力又崭露头角，但宦官集团仍占据着位高权重的地位。建宁元年（168年）五月，窦武先采取行动，将专权最严重的中常侍管霸、苏康等人诛杀。宦官集团随即疯狂反击，一番较量之后，窦武兵败自杀，外戚势力难逃厄运，宦官集团占据了权力争斗的上风。

何进命丧宫中

窦氏外戚集团被镇压后，灵帝对宦官集团更是充分信赖。从大的人事遴选，到小的日常政务，灵帝宠信的张让、赵忠等十人几乎全部经手，称为"十常侍"。灵帝自己则整日呆在内宫，不断寻找新鲜的玩乐的东西。内宫没有驴，一个溜须拍马的小黄门精心从外地挑选了四匹驴进宫。灵帝见后非常喜欢，每天在宫内驾车游玩。刚开始还有一驭者替他驾车，几天后，他索性亲自上阵。皇上驾驴车的消息不胫而走，京城许多官僚士大夫争相仿效，把这看作时尚，民间驴价一时间飞涨。正当京城被驴车弄得烟尘滚滚时，灵帝又不喜欢驴车了。又有宦官想出一招，将狗乔装打扮，戴贤冠、穿朝服、佩绶带，摇摇摆摆进了朝堂。等到灵帝认出进来的是一只狗时，不禁开怀大笑，赞道："好一个狗官。"满朝官员虽认为深受侮辱，却也不敢说什么。宦官集团为巩固势力，还唆使灵帝明码标价的公开卖官。崔烈出身名门，花了五百万买太尉。没多久，宦官曹腾的养子曹嵩看上了太尉一职，出价一千万，灵帝就罢免了崔烈，转卖给了曹嵩。

士大夫阶层普遍对宦官集团的胡作非为感到不满。这时，又一支外戚势力开始形成，以大将军何进为首。何进是屠户出身，地位卑贱，但其妹做了皇后，他也一步登天。何氏凭美貌入宫，很快生了皇子刘辩，所以被灵帝封为皇后。但王美人更得灵帝宠爱，王美人不但貌美如花，而且能歌善舞，嘴甜如蜜。王美人入宫后生下次子刘协，从此，灵帝对何皇后便更加疏远了。何皇后也明白两位皇子不能长期共存，便留心寻找机会，想把王美人除掉。一天，她派一宫女在送给王美人的补酒中投入毒药，不一会儿工夫，王美人毒发身亡。灵帝知晓后亲自去现场查验。何皇后见事情隐瞒不了多时了，情急之下，只好重金收买宦官张让等人。张让考虑到何皇后有卑微的出身，以后很好控制，所以极力在灵帝面前保全何皇后，才使她没有被废黜。但是关于选择太子，刘协更受灵帝和董太后的喜欢，不过是考虑到何进手握兵权，始终没敢把刘协立为太子。灵帝和宦官集团为了让自己的军事实力更强大，在赵忠、张让等人的筹备下，组建了一支新军来守卫京师，称为西园新军，与何进对抗。并选出新军校尉八人，包括上军校尉宦官蹇硕、中军校尉袁绍，典军校尉曹操等人。何进认为自己力量薄弱，便把一些达官显贵拉拢过来。袁绍、曹操虽是被宦官选拔出来的，但不满于宦官专权，所以也加入了外戚集团。

正当外戚与宦官双方对峙，剑拔弩张之时，灵帝因长期沉迷酒色，于中平六年（189年）一病不起。于是，双方就开始争论将谁立为太子，蹇硕为了不让何进参与进来，采用调虎离山计，向灵帝建议派何进西征韩遂和马腾。何进察觉了蹇硕的用意，故意为拒绝出征想出各种借口。在灵帝卧床期间，只有蹇硕一人被允许进出后宫。灵帝在弥留之际向蹇硕嘱咐，一定要将九岁的刘协推上皇位，随后便驾崩了。蹇硕立即将死讯封锁，在宫中秘密布置，准备先把何进杀掉，再立刘协。

两天后，待埋伏准备好，蹇硕假借灵帝名义将何进急召进宫，准备突然袭击然后诛杀他。何进来到宫门口，见其内线潘隐在门口摇手示意，就知道情况不对，转身折回了军营。潘隐接着赶去，告诉了何进宫内情况。何进立即向大臣们宣布了灵帝的死讯，并商讨后事。这种情况下，蹇硕不得不将原计划放弃，听任何氏兄妹的安排立刘辩为帝，是为少帝。刘协被封为渤海王，后又改为陈留王。年幼的少帝时年十四岁，由何太后临朝听政，何进和太傅袁隗共同掌管朝政，这次外宦之争由外戚集团暂时胜利。

何进虽暂时大权在握，但宦官势力几乎毫发无损，何太后还是很信任他们。袁绍和曹操一直在私下劝说何进将宦官尽快诛杀，以免后患无穷。何进犹豫不决，只好入宫请示，但被何太后一口否决。何太后说："只有蹇硕一人谋反，杀了他就行了。你不要忘了全仗着他们，你我才有今日的局面，我们怎能恩将仇报呢？"（指王美人一案）何进出宫后，立即将蹇硕一家满门抄斩。蹇硕虽死，但何进仍不安于其他宦官的存在。何进清楚外戚与宦官一直冤家路窄，一旦阉党得势，自己肯定难逃厄运。何进本想清除全部宦官，但碍于何太后，不便用强。袁绍知道后，又向何进建议，让他召回正在西凉征讨韩遂、马腾的董卓，让何太后在武力的逼迫下同意诛杀宦官。何进认为这是一妙计，于是开始周密布署。一面召董卓火速回京，另一面派骑都尉鲍信到泰山招募新兵并带回京师，派武猛都尉丁原率兵放火于城外孟津，以造声势。同时袁绍被封为司隶校尉，王允为河南尹，把皇宫包围。但何进聪明反被聪明误，他万万没想到的是，这一举动竟引发了东汉末年的军阀纷争。

整个朝廷都震惊于何进的东、西、北三路军进京。各地有实力的人纷纷扬言要进京消灭阉党。宦官们得到消息后，并没有像何进料想的那样主动投降。经过张让、赵忠的策划，他们决定先采取行动，在长乐宫设下埋伏，假传何太后旨意，召何进入宫议事。何进没料到其中有诈，刚进宫门就被士兵包围，段珪以先帝的名义判给何进大逆不道的罪名，遂即将他的头砍下。然后假传圣旨，让宦官樊陵取代袁绍司隶校尉的官职，许相代王允为河南尹。尚书卢植对这份诏书起了疑，他找到袁绍，一起进宫查问，但见官门紧闭，就高喊请大将军出宫，宫中人回话称何进已因谋反被处死，还将何进血淋淋的人头扔出。袁绍见何进已死，命袁术立即包围皇宫。张让、段珪等人见其来势凶猛，南宫已被包围，忙逼迫还不知情的何太后、少帝及陈留王向北逃亡，不料途中遇到了卢植，将何太后截下。张让、段珪等人把少帝和陈留王挟持住，让他们从北宫门走小道连夜逃出城。袁绍带兵打入宫中，命令士兵们一个宦官都不留。赵忠等人没有及时逃走，被袁绍等人剁成了肉酱。卢植带人在小平津追上了张让、段珪等人。张让、段珪见没有退路，便投河自杀。宦官集团在这次斗争中遭到了毁灭性的打击，仅袁绍就杀掉了宫中千余名宦官，而何进被杀也导致了外戚集团的覆灭。

董卓进京后，不顾反对的声音，废少帝，改立刘协为献帝，他就是东汉王朝的末代皇帝。军阀割据纷争也因此而起。献帝在相当长的时间里都没有给自己找到一个立足之地，四处奔波，颠沛流离，虽贵为天子，却受控于各派军阀。建安元年（196年），曹操接他到许昌，做了其政治上的玩偶。最后被曹丕在延康元年（220年）废黜。这期间，各派的混战及皇权的削弱使汉献帝始终没有把自己的政权体系建立起来，外戚与宦官势力同归于尽，东汉时期的外宦之争也画上了句号。

第三章 乱七八糟的西晋王朝

白痴的皇帝 混乱的朝堂

在咸熙二年（265年），司马炎终于耐不住寂寞，在他那个大家族的怂恿下，将魏元帝曹奂废黜，自己登基做了皇帝。于是晋朝便这样建立了起来，这就是后来人们所说的西晋。西晋的京城位于洛阳，而司马炎也就是晋武帝。

在西晋王朝正式成立之后，由于那个时候各个士族都非常有势力，因此司马炎担心他们会图谋不轨，如果他们想要篡权夺位，就不是那么好控制的了。于是司马炎一面对这些势力进行拉拢，一面从曹家由于没有外界势力的援助而灭亡的教训当中吸取一些经验，将很多司马家的人分封成王。

在司马炎当上皇帝才过了一天，就将宗室的司马骏、司马孚、司马干、司马亮在内的27个人封成了王。过了没多久，司马炎又接连不断地将一些别的宗室子弟封成了王，然后让这些人驻守边境上的那些军事重镇。本来晋武帝司马炎是打算采用这样的办法，让宗室的人们和朝廷的大臣互相之间牵制起来，都不至于对皇权构成太大的威胁。这样一来皇帝的权威就会得到巩固与加强，司马家的天下就可以长久持续下去。然而时间一长，诸侯王们就耐不住寂寞，在那里跃跃欲试了。

到了太熙元年（290年），晋武帝司马炎生了一场大病，不久就驾崩了。于是司马衷便接下他父亲的权柄，登基做了皇帝，即晋惠帝。

晋惠帝不仅非常愚笨，而且运气还不怎么好，他刚一当上皇帝，天下就发生了一场灾荒，老百姓们没有吃的，饿死的人不计其数。大臣们心急如焚，向晋惠帝报告各地的情况，晋惠帝想了半天，才说了句："他们没有别的吃，可以煮一些肉粥喝啊，为什么要饿死？"

俗话说君昏臣佞，有这样一个傻皇帝，那些臣子不产生造反的想法才怪。更不要说手握军权的诸侯王们了，忍了这么多年，现在全都开始蠢蠢欲动。

第三章 乱七八糟的西晋王朝

第一个耐不住寂寞的是晋武帝时候一个叫做杨骏的外戚。这个人的身份地位都不低，是晋武帝司马炎后来的一个皇后杨芷的亲生父亲。其实司马炎还活着的时候，杨骏就已经非常不安分了，他仗着自己的女儿和侄女全都受到司马炎的宠幸，就和自己的弟弟杨济和杨珧对朝廷大事不停地掺和。

一直到了司马炎驾崩之后，晋惠帝当上皇帝，杨骏就更加猖狂了，因为他的女儿杨芷现在已经是皇太后了，地位更加不可动摇。于是在女儿这个太后的支持之下，杨骏将朝廷大权全都揽到自己身上。

本来那些在外地的诸侯王就不大听从皇帝的旨意，现在一听说旨意都是由杨骏这个外戚发出来的，气更是不打一处来。诸侯王可不是晋惠帝那样的傻子，手上也有军队，不是软柿子，不能由着杨骏这么瞎搞，于是他们和杨骏完全对立起来。

而杨骏这么目中无人，宫里的其他人可就看不惯了，比如说贾后。贾后的名字叫做贾南风，说起来她的出身也不低，是个名人之后，父亲贾充是晋国的一位开国元勋。在泰始八年（272年），贾南风和司马衷结婚了，这个时候司马衷还没有当上皇帝，但是地位却不比皇帝低多少，是个皇太子，也就是说前途无限光明。贾南风当上了太子妃，然后等到司马衷当皇帝的时候，就被封为了皇后。

虽然杨骏早在上一任皇帝的时候就已经大权在握，势力非常庞大，然而贾后也不是一个省油的灯。因此贾后就时刻准备着除去杨骏，给自己的发展提供更好的空间。

她对杨骏的一举一动都特别注意，随时准备抓住机会，给杨骏致命一击，让他永世不得翻身。功夫不负有心人，经过一番等待之后，贾后终于找到了一个出击的机会。由于杨骏平时对禁军的头领李肇以及孟观的态度非常不好，导致这两个人对杨骏心中怀恨。孟观和李肇就罗织了一些罪名，向贾后状告杨骏心怀不轨，想要密谋造反。

贾后知道杨骏的势力实在是太庞大了，如果没有充分的准备，就算是罪名成立，也不一定能扳倒他，一个不好还会祸及自身。于是贾后秘密命令李肇和汝南王司马亮取得联系，请求他派出军队，将杨骏这个祸国殃民的人除掉。

然而司马亮根本不敢和杨骏对抗，李肇就转到楚王司马玮那里求援。司马玮很早就已经对杨骏在朝廷上的所作所为十分反感了，立刻同意了李肇的要求。接下来司马玮就向皇帝请示，要求到京城里来参拜晋惠帝。

于是在永平元年（291年），司马玮和在扬州掌管军事的淮南王司马允一起来到了京城洛阳，参拜晋惠帝。接着，贾后把所有该注意的细节都准备好了，便让李肇和孟观这两个同伙造谣说杨骏有不臣之心，想要推翻皇帝的宝座。晋惠帝马上宣布将杨骏所有的权力都收回来，将他一切职务罢免掉，而且让东安公司马繇和司马玮一起将杨骏捉拿归案。

司马玮和司马繇率领人马将杨骏居住的公府层层包围了起来，在一场非常惨烈的激战之后，不仅杨骏自己被诛杀，一直与他狼狈为奸的弟弟杨济和杨珧，还有那些依附在他身边的同党也全都被抓住了。在贾后的怂恿下，晋惠帝将这些人的三族都灭掉了。

贾后没有了对手，操纵起自己的老公来更加得心应手了。

经过这次内部的斗争，西晋王朝所存在的危机不但没有消失掉，反而从幕后转到了台前，人们都已经看到了皇室人员的懦弱无能，除去一个大臣还需要借助外来的力量。那些本来就一直对皇权垂涎欲滴的诸侯王们更加按捺不住自己的野心了。于是时间不长，一次更大的内部斗争就产生了。这次内乱的规模之大，影响之深远，都足以让人感到吃惊。

威武霸气的女强人

贾后虽然是个厉害角色，在她的一手策划下将权倾朝野的杨骏也除掉了，但是她却知道自己还不能就这样将大权掌握在手中，不然朝廷上下的那些人们一定会议论纷纷，对自己的发展非常不利。

于是她就想找一个傀儡来操纵，这个人就是汝南王司马亮。这个司马亮在皇族的宗室里面有着非常高的地位，是一个老辈的人物。贾后让司马亮当了大官，是当朝的太宰，朝政就是司马亮和另一个有功的大臣卫瓘一起管理。

但是司马亮根本没有对贾后让自己掌管大权有什么感激之情，只对操纵时局的乐趣很是享受。于是司马亮完全忘记了身后还有一个贾后，什么事都凭着自己的意愿处置。

参与过诛杀杨骏的楚王司马玮是一个性情十分倔强的人，而且又对战争和杀戮天生就非常喜爱，因此司马亮认为他的存在会给自己的权力带来非常大的威胁。

司马亮认为先下手为强，不能等到司马玮给自己带来麻烦的时候再动手，那就迟了。因此他就先和卫瓘一起谋划，想要将司马玮手中的兵权夺下来，然后让司马玮以及别的诸侯王全都从京城离开，到他们的封地去。

不知怎么回事，这件事很快就走漏了风声，被司马玮给知道了。司马玮找到贾后求助，贾后就不让司马玮回到他的封地，还给了他一个名正言顺留在京城的理由，让他当了太子的老师。

尽管司马亮他们是贾后一手提拔上来的，但是很快贾后就发现，司马亮这个奸诈之徒，当上大官之前，对自己还是毕恭毕敬的，但是一旦掌权，就不是原来那个样子了。现在见司马玮他们要和司马亮和卫瓘作对，心里非常高兴，正好趁着这个机会将司马亮这个不听指挥的混蛋给赶下台去。因此，贾后就劝晋惠帝亲自执笔，给司马玮写了一封诏书，让他把司马亮和卫瓘的官职给免了，抓起来再听候发落。

司马玮本来脾气就暴躁，最喜欢做的事情就是领兵打仗，杀人见血。于是皇帝的诏书一下达，他就已经迫不及待了，马上将自己的那些禁军召集起来，然后将圣旨传达下去，把京城里里外外驻扎的军队全都调集起来。

司马玮便让李肇和公孙宏这两个人率领军队将司马亮住的地方层层围了起来，让清河王司马遐领着一波军队将卫瓘捉拿归案。卫瓘和司马亮这两个人一点防备也没有，最后都被司马玮杀掉了。

除去司马亮他们之后，司马玮就又成了贾后的心腹大患，因此她就采用了太子少傅张华向她献上的计策，认定司马玮犯了欺君之罪，竟然胆敢伪造皇帝的诏书、私自将国家重臣给杀死了，简直是弥天大罪，于是立马把司马玮抓起来杀了。

贾后让自己的内侄贾谧和族兄贾模管理朝政，同时为了牵制朝廷上的各部分势力，她还让王戎、裴楷、裴頠，还有一个叫做张华的名士一起对机要大事进行处理。

在贾后的幕后操持之下，朝廷呈现出一派难得的和平气象。西晋王朝的朝堂之上终于不再是混乱不堪的局面，而是出现了一个安静祥和的时期，在这七八年里都没有出现什么大的问题。

不过就算贾后再怎么努力，朝廷中的隐患一直存在着，就像是一颗毒瘤，随时都可能要人性命。就这样过了几年，这个隐匿的祸患又爆发了出来。

晋惠帝仅生下了一个儿子。晋惠帝的这个儿子是后宫谢玖产下的，取名为司马遹。等晋惠帝一当上皇帝，马上就将司马遹册立成了太子。

贾后对司马遹的防备之心一天也没有减少过，而且时间一长，由防备变成了嫉恨，想要趁早将他除掉，以绝后患。而司马遹看见贾谧仗着有贾后撑腰，卖弄自己手中的权力，经常对宫里的人特别傲慢，还作威作福，就觉得特别厌恶。

贾谧见司马遹对自己好像非常不满意，就对司马遹进行陷害，他告诉贾后："司马遹现在是太子，我们要防备他还来得及。一旦皇上驾崩，将皇帝的位子传给他，那可就了不得了，肯定会想办法将我们贾家打压下去的，就像以前杨氏家族的下场。"于是贾后和贾谧两个人就商量着怎么将司马遹杀掉。

到了元康九年（299年）十二月份，贾后以皇帝生病为借口，将皇太子司马遹叫到宫里来，让他给父皇请安。然而等司马遹进入皇宫，贾后不允许他和自己的父亲见面，却将他带到了一个旁边的屋子里面，然后让一个婢女给他带来了三升酒，说是皇上让他一定要喝光。

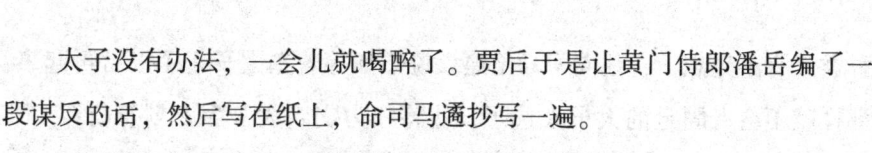

太子没有办法，一会儿就喝醉了。贾后于是让黄门侍郎潘岳编了一段谋反的话，然后写在纸上，命司马遹抄写一遍。

司马遹已经喝醉了，不知道这是在害他，便照着纸上的内容抄写起来。贾后见他写得字迹比较潦草，又在信纸上又描描画画，修饰了许久，这才将这封信交到了晋惠帝的手上。晋惠帝看了这封信以后，马上下令将这个忤逆不孝的皇太子处死。然而一些大臣却觉得这样做太草率了，因此在大臣张华的带领下，很多人反对将太子杀死。

晋惠帝一看有这么多人反对他，便采用贾后的意见，将司马遹贬成了平民百姓。这样一来，虽然司马遹没有死，但是却不会给贾后他们带来多大威胁了。

贾后归天　司马伦作乱

尽管贾后已经使用奸计将司马遹贬成了一介草民，但是朝廷上下的人心中还是为太子鸣冤叫屈，深感皇后的处事太过阴险毒辣。有一个叫做司马雅的禁军右卫督和一个叫做许超的常从督，以前在太子的手下当过差，这时候他们对太子的遭遇感到非常同情，就想着把贾后废掉。

因此这两个人就找到了殿中中郎士猗，一起商量着怎样可以把贾后给废了。经过一番谋划，他们想到了赵王司马伦现在是右军的将军，手上有兵权，是个不错的人选。

于是司马雅他们就找到了司马伦身边一个比较亲近的人，这个人叫孙秀，也是一个奸诈小人。司马雅对孙秀说道："贾后乱国，赵王不如就趁着现在手中有兵权，给他们来个猝不及防的政变。成功以后，好处自然是非常多的。"

孙秀将他们的意思告诉了司马伦。司马伦一听，认为有利可图，而且是个千载难逢的好机会，出头之日就在当下。于是，司马伦就接受了他们的请求，并做出了十分周密的安排。

一切准备就绪，只等着司马伦一声令下，就可以举行大事了，但是孙秀又有了鬼点子，他向司马伦建议说不如等着皇太子死了以后再起事，那样就不会有固定的太子人选了，比将权力交到太子手上划算得多。司马伦听从了孙秀的意见，将政变的时间向后一拖再拖。

孙秀让一些人在皇宫以及京城的大街小巷，到处散播谣言，说是宫殿的禁军想要将贾后废掉，将太子重新迎接到宫里来。

贾后很快就知道了这些谣言，觉得非常害怕。于是孙秀就与司马伦趁机向贾后身边最亲近的贾谧等人建议，说是要将太子杀死。贾后同意了他们的提议。

到了永康元年（300年）3月份，贾后让一个叫孙虑的太监去许昌将已经贬为平民百姓的太子司马遹杀害了。

在太子死后1个月，司马伦尽起手上的兵马，对外宣称要将密谋杀害皇太子的凶手贾后诛杀。司马伦还与齐王司马冏和梁王司马肜勾结起来，一起行动。

来到皇宫之后，他们谎称自己是奉旨而来，将宫门骗开，接着通过安插在皇宫当中的内应，把晋惠帝独自迎接至东堂。他们马上让晋惠帝下了一个诏书，将贾谧叫了过来，然后直接一刀杀了。然后他们就想到了贾后，让司马冏带领一队士兵到后宫里面捉拿贾后去了。

贾后只好认命了，她一点办法也没有。最后晋惠帝将贾后也像太子那样贬成平民，然后将她关进了建始殿。司马伦等人还是不肯放过她，唯恐会发生什么变故，于是没过几天就赐给贾后一杯毒酒，让她自尽了。

司马伦他们还将贾后提拔起来的那些大臣们，还有平时贾后身边的那些亲信人员全都处死了。司马伦将朝廷里贾后的势力连根拔起，理所当然就成了大权的掌控者。

司马伦野心比一般的人要大得多，现在他已经将西晋的政权掌握在了自己手中，但却还不满足，竟然想将晋惠帝赶下台，这就给自己招来了杀身之祸。永宁元年（301年），谋划已久的司马伦就将晋惠帝废掉了，自己坐上了龙椅当了皇帝。

司马伦既然走上了谋夺皇位这一步，就注定会是一个悲惨的结局。

尽管他对那些手握重兵的人们都尽量安抚，但是人家根本不买他的账，该叛乱的时候还是叛乱。

这些人当中，最对司马伦的做法不满的就是司马冏。在三月份的时候，司马冏就安排好了一切，向天下人宣布，要将犯上作乱的司马伦及其同伙一网打尽，将手下的那些军队集结起来，发兵征讨。

一开始的时候还只是几个诸侯王在那里讨伐司马伦，后来就不得了了，不管是有势力的还是没有势力的，只要是有机会，都和司马伦他们对着干起来。所有人都已经看出司马伦注定要失败，只是早晚的问题，于是司马伦手下的一个叫做王舆的部将发起了政变，领着手底下的士兵把孙秀杀死了，然后将晋惠帝接回皇宫，还让他当皇帝。

过了没多久，司马伦以及他的儿子也被杀掉了。到了永宁元年的六月，齐王司马冏带着他的军队，浩浩荡荡地来到京城。晋惠帝认为司马冏讨伐叛贼有功，于是将他封成大司马，还赐加九锡，命他帮助自己管理朝政。于是司马冏便成了又一个掌握朝廷大权的人。

动荡不安的时局

经过一番混乱不堪的政权争夺战以后，晋惠帝虽然还顽强地活着，但是他的儿子还有孙子都没有他这么强的生命力，全都一命呜呼了。

按照那时候的规矩，晋惠帝只能将皇位传给自己宗室里面的人，而有机会接过皇帝权柄的就是长沙王司马乂和成都王司马颖。然而司马冏却在太安元年（302年）五月，将清河王司马遐的儿子册封成皇太子，这个太子才只有八岁，名字叫做司马覃。

司马冏的这种做法有什么样的目的，别人怎么会看不出来？于是司马乂和司马颖全都感到非常生气，认为司马冏的这种行为明摆着是和自己作对。

司马颙便听从部下李含的建议，在十二月的时候，出兵对司马冏进行征讨。同时，司马颙还让李含负责命人将征讨司马冏的檄文给司马乂送过去，让在京城的长沙王司马乂也一起对司马冏进行讨伐。

司马冏在听说司马乂他们要征讨自己之后，立即就命令手下的人对司马乂进行剿灭，同时司马乂也行动起来，领着自己的士兵对司马冏的府第进行围攻。最后司马冏被司马乂的人打败了，在混乱当中，司马冏自己也让人将脑袋砍掉了。尽管讨伐司马冏这件事不是司马乂一个人发动的，但是因为司马颙和司马颖这两个人都不愿意从自己的封地离开，觉得到了京城以后会面临处处杀机的险境，所以最后司马乂代替了司马冏，将朝政掌握在了自己手中。

司马颖在这两次的政变过程中都有非常重要的贡献，依仗着自己的功劳，司马颖就比平常更加傲慢了，而且生活还过得非常奢侈。然而司马颖却还是没有满足，想将司马乂也杀掉。河间王司马颙也早就耐不住寂寞了，于太安二年（303 年）和成都王司马颖联合起来，对司马乂进行讨伐。

司马乂也将自己的军队调集起来，出城迎战。于是，这三方面的兵马就在洛阳附近开始了一场十分凶猛的战斗。这次战斗是八王之乱里面投入兵力最多的，也是规模最大的，总人数大概有三四十万。

司马乂的兵虽然不多，但是战斗力却很强，军队的素质比较高，很多次将司马颖和司马颙的军队打败了，俘虏和杀死的人数竟达六七万人。

这种情况让司马颖他们始料不及，感到非常担心。后来为了将败势扭转过来，司马颙的一个叫做张方的部将想出了一个主意，将京城西郊一个特别有名的千金堨大堰给掘开了。这样一来在洛阳城中用来舂米的那些水碓就都没有使用的水了，于是城里面的粮食变得非常缺乏。

尽管司马乂没有动摇打胜仗的决心，他的那些部下也都是英勇善战的将领，然而他身边的一个人却撑不住了，这个人就是东海王司马越。他和殿中禁军里面的一些头目暗中勾结在一起，联合进行了一次政变，将司马乂给活捉了，并将逮捕司马乂的事情告诉了敌军的张方。

本来张方正打算要撤退，得到这个消息以后，赶紧派出一队人马，把司马乂直接接回了自己的军营当中，然后将司马乂杀死了。最后晋惠帝将司马颖封成了丞相，还让捉拿司马乂有功的东海王司马越当了尚书令。

然而司马颖这个人比较胆小，担心自己也像前面的人一样，在京城被其他人杀死，因此就返回了自己的封地待着，只是遥控京城里面的事情。后来晋惠帝听从司马颙的建议，将原来封的那个太子废掉，将司马颖册立成皇太弟，并且负责所有的军事方面的事情，然后还将司马颙封成太宰、大都督，雍州牧。

司马颖整天过着腐化堕落的生活，而且对待别人都十分的傲慢无礼，根本就不管国家变成什么样子。其他的诸侯王见司马颖掌控着大权，心中早就不乐意了。司马越首先按捺不住了，他和一个叫做陈眕的右卫将军还有一个以前跟着司马乂的叫上官巳的将领秘密商议，要对司马颖进行征讨。

到了永兴元年的七月份，陈眕领着一队士兵从云龙门打进了皇宫里面，接着让晋惠帝下了一道圣旨，将三公以及那些大臣们全都召集起来，然后让司马越和晋惠帝一起到北边去讨伐司马颖。然而司马越不但没有成功，还让人家司马颖的一个叫做石超的部将给打败了，连跟随着他的晋惠帝也被人家生擒。司马越则逃到了他原来的封地。

一直没有参与这件事的司马颙觉得这是一个绝佳的机会，京城里面根本连一点防御的人都没有，所以趁机将京城占领了。这让司马颙捡了个大便宜，将京城掌握在自己手中，那边又发生了一件让人意想不到的事情，司马颖又多出来一个对手。

司马颖这个人由于做事太不知道尊重别人，因此树立的敌人也就越来越多，这一次的敌人是安北将军王浚。在司马冏、司马颖和司马颙勾结在一起对司马伦进行讨伐的时候，尽管王浚的手上有很多的军队，但是他谁也不帮，不仅自己不肯帮助他们，还告诫手下的那些将领们，谁也不许去这三个诸侯王那里任职。

司马颖却忍不下这口气，想要把这个王浚给宰了，便让他手下的一个叫和演的人去当幽州刺史，然后授意他想办法将王浚杀死。然而这个和演不仅没有将王浚杀掉，反而被王浚给杀死了。司马颖于是起兵对王浚进行讨伐。

王浚勾结了司马越的弟弟司马腾，另外还找了一些少数民族的人，有鲜卑人段务尘、乌桓人羯朱，他们联合起来后，实力顿时强大起来，也向司马颖宣战。而司马颖也找来了一个帮手，就是匈奴的左贤王刘渊。

到了八月，王浚的联军接连打了好几个大胜仗，将司马颖打得落荒而逃，还占领了司马颖在邺城的根据地。司马颖赶紧逃到了京城洛阳，这时候张方接纳了他们。然后张方就将朝政全都掌握在手中了。十一月，张方挟持着晋惠帝和司马颖还有司马炽回到了他们的根据地长安，和司马颙会合。

司马颙见晋惠帝已经成了自己的俘虏，没有任何的犹豫，马上就接管了朝廷上的一切权力。到了十二月，司马颙更是命令晋惠帝传下圣旨，将司马颖这个皇太弟废除，让豫章王司马炽当了皇太弟，并且还继续让司马颖当他的成都王，回到他以前那个封地去。

过了一段时间，司马颙又让晋惠帝下旨，将自己封成太宰，负责国家的一切军事行动。然后司马颙又让司马越也参与政事，接着又封了张方一个大官。然而司马越对司马颙这种趁火打劫、坐收渔翁之利的行为非常不满，于是就做了准备，又开始起兵对司马颙和张方进行讨伐。

尽管司马越以前被司马颖打了个落花流水，但是司马颖败落以后，他又迅速恢复了自己的势力，马上发兵对司马颙这个不仁不义的人进行讨伐。由于司马越宣传工作做得很到位，于是很多人纷纷响应，要征讨挟持皇帝的司马颙。

司马颙尽管手里面的军队也不少，但是却也是一个胆小怕事的人，他一听说崤山东边又有人要闹事，而且还由司马越带头，就感到非常害怕。后来司马颙将司马颖封成镇东大将军，让他全权负责河北一代的军事事宜，并且给了他一千人的士兵。

然后司马颙还派出建武将军吕朗带领着大军到以前的京城洛阳那里去镇守，并且让晋惠帝传下诏书，命令司马越他们停止动兵，回到自己的驻地去安守本分。

司马越在接到圣旨以后,不但没有让军队停下脚步,反而更加积极地投入战斗,让军队马不停蹄地行动起来,朝着西边发动攻势。

当他领着军队来到徐州西边一个叫做萧县的地方时,正好和豫州刺史刘乔碰上了,这个刘乔非常能打仗,因此司马越他们打了很久也没能将刘乔的军队打败,停在那里难以继续向前。

司马颙本来还非常害怕,但是一看这个司马越竟然如此草包,底气顿时足了起来。因此十月份的时候,司马颙将张方封成大都督,让他领着很多的将领,和刘乔一起对司马越进行镇压。司马颙又派出了司马颖,让他率领一部分将领在河桥那里驻扎,如果刘乔他们那里出现了什么变故,就要随时进行支援。

然而张方这个人自以为是、目空一切,平时又特别残暴,因此导致了很多人的不满。镇南大将军刘弘就叛变了,还将自己的那些军队都带走了,一起投靠了司马越。这个时候,幽州刺史王浚也派出人手来对司马越进行支援,而且这些支援的部队还非常不一般,是王浚手下那些最精锐的部队,清一色的骑兵。

司马越接着打了好几场胜仗,最后刘乔不得不在考城那里往回退却。然而还没等刘乔退出去多远,就遭到了司马越军队的顽强截击,全军都被打散了。将抵抗的军队全都消灭以后,司马越马上下令大军前进,进驻阳武。

司马颙本来还等着张方他们胜利的消息,然而等来的却是一场惨败。司马颙认为现在自己的处境十分危险,就决定和司马越和谈。他先将一直不同意和司马越和谈的张方给砍了头,然后将他的人头包起来送到司马越那里,和司马越讲和。然而司马越拒绝和司马颙和谈。

到了光熙元年(306年)四月份,司马越命令祁弘等一些将领,带着手下的鲜卑兵作为先锋部队,向着西边长驱直入。司马颙没有办法,只好迎战,让自己的军队进行阻击。司马越的军队越战越勇,在湖县和霸水两个地方,司马越的军队取得了重大的胜利,司马颙从此再也无力和司马越抗衡。

到了六月份，祁弘将晋惠帝接到了以前的京城洛阳。八月份，在司马越的操控下，晋惠帝又开始任命大官了，将司马越封成太傅、录尚书事；又将范阳王司马虓封成司空，在邺城那里驻守；将平昌公司马模封成镇东大将军，在许昌那里驻守；将王浚封成骠骑大将军，负责东夷以及河北的所有军事事宜，还兼职当了幽州刺史。从此以后，朝廷的大权又被司马越掌握了。

尽管朝政大权最后落到了司马越的手中，然而司马越却一点儿也不敢放松警惕，因为司马颖和司马颙这两个人都没有死，说不定哪天就会东山再起。为了免除后患，司马越传下命令，让南中郎将刘陶将躲在他那里的司马颖捉拿归案。

司马颖得到了消息，赶紧又仓皇朝着北边逃跑了，然而没多久，就让顿丘太守冯嵩给捉住了。十月份，司马颖就让长史刘舆给杀死了。

司马颖一死，司马越顿时觉得压力减轻不少，但是还有一个司马颙逃亡在外。由于捉拿司马颙的工作并不是那么容易进行，所以司马越就想了一个引蛇出洞的办法，下诏将司马颙封成司徒。司马颙本来正在心惊胆战地逃命中，忽然听说司马越不但不杀他了，反而还让他当官，感到非常惊喜，马上就同意了。然而当司马颙毫无防备地来到京城西边新安那里的时候，就被司马模派出的杀手杀害了，而且他死的时候非常凄惨，是被杀手直接掐死的。

所有对自己有威胁的人都已经死了，因此司马越就可以安安稳稳的操纵天下，不用担心会出现什么意外了。这个时候晋惠帝的存在已经毫无意义，于是在十一月份，司马越就把晋惠帝毒死，让晋惠帝的弟弟司马炽当了皇帝，也就是后来的晋怀帝。

到晋怀帝当上皇帝为止，一直纷乱不堪的时局才出现了稳定的局面，著名的"八王之乱"正式宣告结束。

如果认真计算一下，自贾后和她的族人同外戚杨骏对皇权进行争夺的时候算起，一直到司马越将大权全部握在手中，杀死晋惠帝，拥立晋怀帝，这个动荡不堪的时期竟然有 16 年之久。"八王之乱"有这么长的时间，在这段漫长的时间里一直不停地打仗，给整个国家带来了严重的危害，让老百姓们苦不堪言。不少城市被军队反复打砸抢烧，已经几乎成为废墟，数量众多的老百姓被屠杀，也给社会生产力带来了非常重大的破坏。

经过皇室成员们这种连年不断的战火，让国家的统治力降低到了极点，老百姓们已经对皇帝不抱任何希望，因此西晋的政权时间不长就土崩瓦解了。可以说这些年的战乱是他们皇室成员在自己惩罚自己，加速了他们的灭亡。到了建兴四年（316 年）的时候，西晋王朝就覆没了。在中国古代所有的朝代当中，这个王朝是存在时间很短的一个。

第四章 亲兄弟间的斗争

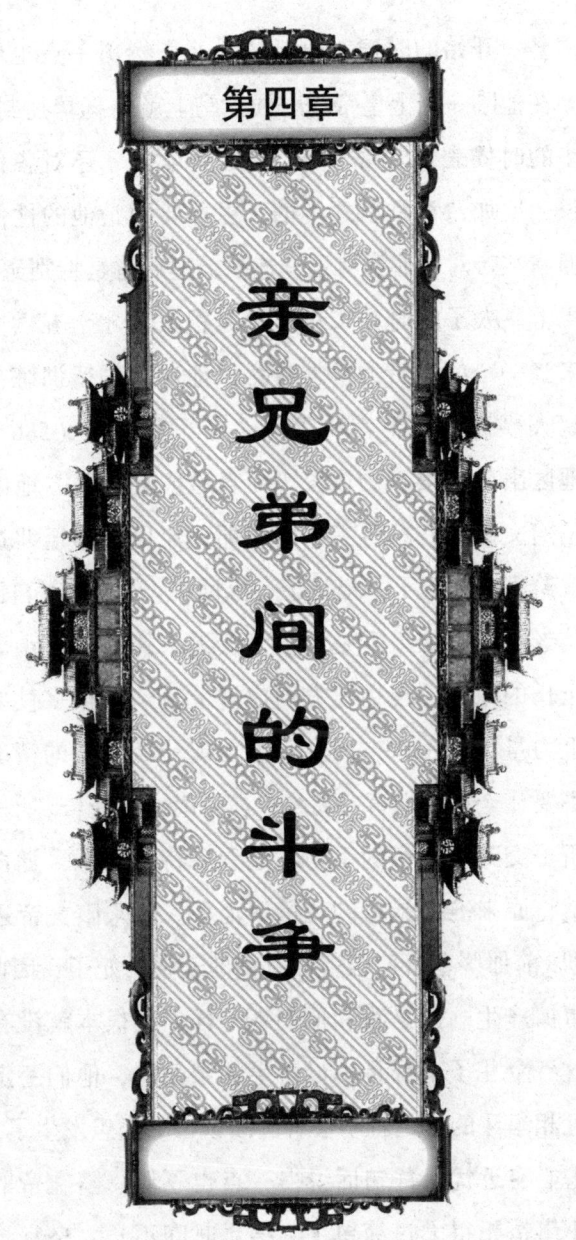

不修边幅惹猜疑

隋文帝杨坚一开始的时候对自己的大儿子杨勇一点也不讨厌，相反还非常喜爱，在他刚一当上皇帝的时候，马上就将杨勇册封成了皇太子。而且杨勇在小的时候表现非常不错，不仅爱学习，还对各种各样的文艺事情非常擅长，比如诗词歌赋之类的，更重要的是他的性情特别宽厚温和，因此不但隋文帝对他非常喜爱，连独孤皇后也是特别宠爱他。

杨勇在当上皇太子的时候年纪还不是很大，才十五六岁，杨坚为了能够让他将来当一个好皇帝，常常有意识地对他进行训练，比如给他机会让他对国家大事进行一下裁决等等。在开皇六年（586年）的春天，山东那一带地区出现了很多的流民，而且边境上的北方地区还有很多战乱出现，于是隋文帝便打算将一些山东那里流民迁移至北边去。杨勇听到这件事，就给隋文帝上了一道折子，里面说："人们对自己的故乡都是非常留恋的，老百姓们如果不是到了万般无奈的情况下，谁都不愿意离开自己土生土长的地方。现在北方的边境上虽然有很多仗要打，但是如果我们将防卫力量加强一些，一定不会出现什么严重的情况。因此我认为最好还是不要让老百姓们背井离乡，在流离之中受苦。"

杨勇的折子交到隋文帝的手中，他看后特别欣慰，觉得杨勇说的十分有道理，就将原来准备施行的政策取消了。后来隋文帝还特别得意地告诉百官："以前那些皇帝们很多都有别的宠幸的妃子，因此经常会有将太子废黜的事情产生。但是我和他们不一样，我根本就没有其他宠幸的姬妾，我的这五个儿子全都是一母所生的亲兄弟，他们一定不会像别的皇子们那样互相争斗的，也就不会有国破家亡的祸患发生了。"

人无远虑必有近忧，这句话说得一点也不假，隋文帝的观点实在是有点天真，把事情想得太过简单了。结果时间不长，皇宫当中的党争就开始了，而且还非常激烈，到处都涌动着暗流。

杨勇这个人是个爽快的汉子，由于他是皇太子，又经常听自己的父

皇说不会废黜太子的话，他就在生活上不知道注意一下自己的行为了，做起事来不注意细节，不修边幅，最终引来了隋文帝的猜疑。有一回，杨勇的朋友送了他一副铠甲，这副铠甲是蜀地生产的，特别漂亮，杨勇特别喜欢，因此在空闲的时候，他就经常把这副铠甲拿出来，自己动手在上面刻一些图案和花纹之类的东西来玩。后来隋文帝知道了这件事，特别不高兴，认为这是一种十分奢靡的行为。

在日常的生活当中，隋文帝和他的皇后都是特别知道节约的人，平时所乘坐的专车非常简陋，而且如果有了什么破损也不会更换，而是补一补接着用，衣服也是补丁摞补丁，吃饭的时候肉都少见，全是素的，有的时候也会来一个荤菜，就算是大餐了。由于他们夫妻两个都这么简朴，又是皇帝和皇后，别人看在眼里只好也纷纷效仿他们的行为，于是后宫里面的人也都故意不穿好衣服，以赢得皇帝和皇后的欢心。天下的老百姓们见皇宫里面的人们比叫花子也好不了多少，都感到非常欣慰，活得更有滋味了。

然而杨勇这个人虽然不笨，就是在别人的喜恶方面太不敏感了，仗着自己是皇太子，就以为有什么了不起了，完全不知道太子既然可以立，当然也就是可以废的。他也不想想，后宫里的那些人那个不是会打小算盘的主子，人家都知道装出一副节俭的样子来，他可倒好，不节俭也就算了，就是普通一点也行啊，偏要搞得那么有奢靡的倾向。

隋文帝这个人非常敏感，太子的一点小动作他也能给上纲上线，这样父子两个只要轻易一碰，就可以擦出火花来。隋文帝见太子整天拿着这些乱七八糟的东西刻来刻去，很容易玩物丧志，而且这样下去说不定就会变成一个贪婪的人，因此就把太子叫到跟前，训斥说："从古到今，都没有见过哪个国家的皇帝能够通过奢靡的生活让国家变得富强的，你现在是皇太子，以后就是天下的主宰了，更应该做出表率，像我和你母后一样，凡事都注意勤俭节约。你这样整天只知道整这些没用的东西，让天下人知道以后怎么想，文武百官会怎么看你？你将来怎么能治理好国家？"

将这些道理讲明白以后，隋文帝还将以前自己的一把刀给了太子，也不知道他到底是怎么想的，也许是想让太子看到这把刀，想起战场上杀敌的惨烈景象，心中有点惊悚，或者是感觉的刀身上散发出来的寒气，冷静一点吧。总之皇帝的心思你永远也不要去猜，因为你猜不透，太子杨勇显然就没有猜透。不过虽然这把刀的意思猜不出来，但是隋文帝显然也不想让杨勇太费神，于是还给了他一盆咸菜，这种意思再明显不过了：你老子我以前是吃咸菜长大的，你这么坐享荣华富贵难道不感到羞愧吗？也吃点咸菜，知道一下创业的艰辛。

隋文帝本来是打算让太子明白幸福生活的不容易，要懂得珍惜，在富有的时候要知道节制，不要等到贫穷的时候再去叹息悔恨。然而杨勇心中只以为自己的太子之位相当稳固，根本不会有什么动摇，过不了几年，自己就是皇帝了，这些话听与不听也没关系，完全看自己的喜好。刚开始的时候他还稍微收敛了一下，毕竟和皇帝对着干不是很明智的一件事，然而没过几天，太子就把隋文帝的这些话忘得一干二净了，依旧我行我素，不知道收敛。

当然，冰冻三尺非一日之寒，千里之堤虽然可以溃于蚁穴，但也并非短时间的事情，太子杨勇从被隋文帝喜欢到厌恶再到废黜，是经过了很多事件后的结果。有一回冬至的时候，天上飘着鹅毛大雪，太子杨勇兴致非常高，在自己住的地方欣赏天地间这壮观的景象，一时间心中思绪连篇，被大自然的美深深震撼着。正当他看得出神，突然有人过来告诉他说："太子爷，今天是冬至，满朝文武都来朝见您了。"

太子一听这句话，赶紧将心绪从神游物外中收回来，进屋去将正式的礼服换上，并且让东宫的那些乐师们弹奏音乐来迎接这些大臣们。于是，文武百官就在一片和谐的音乐声中对太子进行了参拜。

后来这件事便传到了隋文帝的耳朵里，于是他就问那些大臣们："我听人说在冬至的那一天，满朝文武都去太子那里朝见他，我们国家什么时候有这样的规矩了，这是什么情况？"听到皇帝的提问，太常寺少卿辛亶就说："官员们到太子那里去只是祝贺太子，不能叫做朝见。"隋文帝

很不高兴，说道："只不过是节气的变化而已，用得着这么兴师动众吗？就算是称贺没有什么不合适的，你们这么多人一起去了，太子却更衣奏乐，这就不符合国家的规矩了吧。"因此隋文帝就传下圣旨说："礼节是分等级的，而且君主与臣子一定要有区别才行，尽管太子是将来要当皇帝的人，然而从国家的法律上来说他还是一个臣子，不能坏了当臣子的规矩。太子应该谨守本分，不能让百官朝拜，如果以后再发生官员朝拜太子的事情，一定要从重处理。"

隋文帝这个人的性格非常多疑，对谁都存在猜疑的心理，经过这件事以后，他就觉得杨勇这个太子心思有点不对头。于是渐渐的，隋文帝就更是疏远太子了，甚至还对太子有了防备之心。

而在这个时候，又发生了一件事情。隋文帝传下旨意，将守卫东宫的人挑出来一些，补充到自己的警卫里面去。然而这个圣旨刚刚下达，高颎马上就给隋文帝上了一道折子，表示这件事还需要斟酌，他说："假如皇上现在把守卫东宫的那些得力的卫士全都调走，一旦发生什么事情，东宫的防御力量不就太弱了吗，太子的安全就得不到保障了。"

隋文帝看了他的这道折子，感到非常生气，立刻就变了脸色。他马上将高颎叫过来说："你知道什么，我作为皇帝，经常需要到外面去巡视天下，因此那些守卫们一定要是精兵强将才行。但是太子需要干什么，他只要在京城里面好好待着就行了，根本不需要到外面去。在京城里面这么安全，能遇到什么样的危险，他手底下的那些人足够保护他了。我又不是傻子，知道自己在做什么，用不着你来操心，更何况你说的一点道理也没有。我听说朝廷里面有的人勾结朋党、狼狈为奸，着实可恨，希望你不是那样的人，否则后果会很严重的。"

经过这次的事件，隋文帝更加怀疑太子有夺权的心思了，认为他是个不肖之子。为什么高颎所说的话会对太子有这么大的影响呢？因为太子的女儿和高颎的儿子结了婚，是儿女亲家。从这件事可以看出，找个好一点的亲家是多么的重要，像高颎这种猜不透皇帝心思的人，只能是越帮越忙，给太子添加更多的麻烦。

就这样，太子自己不知道检点，找了个亲家又如此不给力，最后雪上加霜，一步步走向了被废的深渊。

老谋深算的杨广

太子杨勇有一个非常厉害的弟弟，就是晋王杨广，这是一个老谋深算的家伙，简直比狐狸还狡猾，有着不合年龄的老成。在太子逐渐被隋文帝所遗弃的时候，晋王杨广却逐渐登上了历史的舞台，活跃在政治权力的中心。

在隋文帝刚当上皇帝的时候，将杨勇册立为太子，而杨广则封成了晋王，还让他当了并州的总管。晋阳在并州的管理之下，在几年之前这个地方是一个经常打仗之处，北齐和北周经常在这个兵家必争之地大打出手，而且战况之惨烈让人难以想象。这个地方还可以用来对北方那些野蛮的突厥人进行防御，是一个非常重要的坚固堡垒，经常驻扎着重兵。因此隋文帝就让杨广到这里去守卫，还让朝廷里面一些有才能的大臣们在杨广的身边帮助他。

杨广身边有这么多有才能的人，这比太子要好得多了，而且杨广还表现得非常谦逊，在这些大臣面前一点架子也没有，这就得到了那些大臣们的拥护。杨广这个人不仅很有心机，而且还是一个知道实干的人，他表面做足了功夫之后并不满足，还非常好学，积累了不少在争斗中有用的知识。

太子杨勇那里是越来越得不到皇帝的赏识，而杨广这边却积极培养着自己的势力，此消彼长之下，太子的处境相当不妙。又一次隋文帝私底下找来了一个很有名的专门看人脸相的先生，这个人的名字叫做来和，但是他不仅没有带来和平，还对这场勾心斗角的宫廷党派斗争起了推波助澜的作用。这个来和也不知道是接受了杨广的贿赂，还是受到了什么威胁，反正从杨广老谋深算的性格来看，他一定是用了什么阴谋诡计。因此那个来和一见隋文帝的这些儿子，就告诉隋文帝说："您的这些儿子

里面，最有福气的是晋王。您看晋王的长相，眉上面的双骨高高隆起，简直是大福大贵的象征啊！"也不知道来和是收了杨广多少银子，竟然将他说的这么好，明摆着就是不把皇太子放在眼里。但是隋文帝这个人却根本不管那些，认为远来的和尚会念经，这个自己请来的算卦的是世外高人，一定不会骗自己的，因此对杨广就更加器重了。

在杨广到了十六岁的时候，隋文帝夫妇二人给他精心挑选了一个妻子萧妃，也就是后来杨广当上皇帝以后的那个萧皇后。萧妃这个人非常的乖巧聪明，懂得如何去讨别人的欢心，然后在萧妃的帮助之下，本来就很有心机的杨广，就更是变成了一个八面玲珑的人，将上下的关系都打点得非常好，在父母面前也得到宠爱。

那个时候杨广在外地，离隋文帝他们很远，有的时候也会克制不住自己的奢靡本性。然而由于身边有萧妃这个贤惠的妻子，在她的时常提醒之下，杨广基本上没有什么行为出错。渐渐的，杨广就在大臣们心中留下了一个非常好的印象，不仅在声誉上比太子杨勇要高得多，而且在政治的势力上也强大不少。到后来太子杨勇被废黜，杨广最终成功当上皇帝，这些都和萧妃的帮助分不开。

杨广笼络人心和提高自己声誉的手段非常多。有一回，他领着身边的人到外面去打猎，在半路上突然下起了雨，于是身边的那些人马上将雨衣拿过来披在了杨广的身上。然而杨广的做法却让所有人都感到惊讶，他说："你们都已经被雨水淋得湿透了，我有什么特殊的呢，就非要穿这件雨衣？不穿也罢！"因此就把雨衣又脱了。这件事很快就被隋文帝知道了，便夸奖杨广有仁慈之心。

杨广不仅在这些小事上面有表现自己的办法，更重要的是他还有施展自己本事的机会。在开皇八年（588年）的三月份，隋文帝传下圣旨，要对陈国进行讨伐，让杨广做随军的最高将领，全权负责这场战事。由于身边有很多能征善战的将领辅佐，又有很多谋士相助，杨广的这场仗打得非常轻松，在第二年就获得了完全的胜利。

当杨广率领着他的大军回到朝廷的时候，隋文帝简直高兴得乐开了花，他没想到自己的儿子有这么大的本事，在短短的时间内就将陈国灭掉了。于是隋文帝亲自出迎，而且一直迎接到骊山那里去了。这时候得胜而回的隋朝军队雄赳赳气昂昂地来到隋文帝的面前，杨广本来长得就比较英俊，再加上现在人逢喜事精神爽，骑着骏马，身上还披着金光闪闪的铠甲，显得威风八面，像是天神下凡一样。隋文帝于是觉得杨广似乎是下一个真龙天子。

后来隋文帝不仅将杨广封成太尉，还赏了他很多东西，这样杨广在朝廷上下都风风光光的。也正是这一次的战争，让杨广有机会在众人面前好好展示一下自己的才华。

开皇十年（590年）的时候，以前陈国的一些地方产生了叛乱，于是隋文帝让杨广当了扬州总管，在杨素的辅佐下去进行镇压。很快杨广又将这次叛乱镇压了下去，这样一来他在隋文帝心中的形象更好了。开皇二十年（600年），隋朝的边疆受到突厥的攻击，又是杨广领着军队去抵抗，还取得了胜利。种种表现的机会，让杨广在朝廷上下威望都非常高，比别的兄弟更得人心。

经过这些年的成长，杨广的野心越来越大，开始想办法将太子扳倒了。和太子杨勇比起来，杨广有着非常好的资本，一方面他受到母亲更多的宠爱，另一方面还获得了杨素为首的那些人的支持，而反观杨勇，则显得势单力薄。

杨广对各种事情观察得都非常细致，有什么风吹草动都能觉察出来。他见隋文帝和母后都对太子心怀不满，于是就更是想办法表现自己。首先他在母亲那里下功夫。由于独孤皇后最讨厌的就是男人有很多女人，所以杨广就一直和自己的原配萧妃特别好，其他的姬妾们根本连理都不理。这样一来独孤皇后就对杨广特别喜爱，觉得他是个有德行的人。

而太子杨勇在这方面就表现得非常不好了，他不但有很多姬妾，还对隋文帝和皇后给他指定的那个原配妻子元氏爱答不理的。杨勇的儿子有10个之多，但是却没有一个是元氏生的。独孤皇后对杨勇的这种做法非常不满，说他生了一窝猪狗一样的小崽子。有一回独孤皇后还把杨勇叫过去，对他说元氏特别贤惠，不要冷落了她。杨勇感到非常不耐烦，什么也没说，直接就回到自己住的地方去了。然而过了一天，元氏突然就去世了。独孤皇后就认为杨勇是听了自己的话以后，将元氏害死了。独孤皇后怒不可遏，却又没有确凿的证据，就让人到太子那里收集他所犯的过错，一旦发现就转述给隋文帝。

杨广在对待妻子方面已经胜过太子一筹，而且他还非常注意勾结朋党，凡是那些权力比较大的官员，杨广都会极力和他们交朋友。对于隋文帝和独孤皇后身边的人，杨广也极力巴结讨好。这样皇帝和皇后无论见到了谁，都听见他们说杨广是个有才有德的人。于是，隋文帝越来越欣赏杨广，对于太子却根本没有什么感情了。

有一次隋文帝向韦鼎询问道："你觉得我的这几个儿子，哪一个做皇帝会比较好呢？"韦鼎说："皇上您与皇后心中肯定已有定数了，臣不敢多言。"隋文帝就笑着说："你这是不愿意明白说出来啊。"这个时候隋文帝就已经有了废黜太子的想法了。

争夺太子之位

独孤皇后对太子杨勇非常不满，而对自己的二儿子杨广却非常宠爱，于是就想要将太子拉下台，让杨广当太子。首先皇后想到的是要把太子的党羽除掉，而和太子关系最好的就是他的亲家高颎。

一开始的时候皇后与高颎的关系还是不错的，由于皇后的父亲在世之时高颎经常到他们家做客，所以在心里皇后还是十分尊重高颎的。但是后来发生的一件事情，让独孤皇后改变对高颎的看法。

独孤皇后的心眼非常小，所以宫里面的那些嫔妃全都不敢接受皇帝的宠幸，担心独孤皇后对自己不满。有一回隋文帝无意中看见了一个美貌的女子，她是以前北周尉迟迥的孙女，隋文帝不由得怦然心动，就对她特别宠幸。

这样一来就犯了独孤皇后的大忌，她就趁着皇帝不在的时候，找人将这个姬妾杀死了。隋文帝知道以后感到非常生气，于是就自己骑着马从皇宫里面跑了出去，然后不管不顾地在一个山里面跑了很久。大臣们担心皇上自己在外面发生什么意外，于是就赶紧去追，最后终于把他找到了。

这时候隋文帝还在生独孤皇后的气，说什么也不肯回宫。高颎就劝他道："皇上是万民之主，怎么可以和一个妇人一般见识呢？"最后隋文帝消了气，晚上很晚才回到皇宫里面去了。独孤皇后听说高颎将自己称为一个妇人，心中顿时大怒，从此以后就对高颎心怀恨意。

由于隋文帝早就对太子失去信心了，觉得他的德行不适合当皇帝，心中有了将他废黜的想法，有一次便问高颎："朕听说晋王的妃子接到了神的通告，说将来这个天下是晋王的，但是太子现在是杨勇，朕该怎么做呢？"但是高颎坚决反对将太子废黜，说自古以来都是年长的做太子，废黜太子会引起天下的震动。

后来高颎的夫人死掉了，隋文帝想要让他再娶一个，但是高颎不同意。然而过了没多久，高颎的小妾就给他生了孩子。于是独孤皇后就对隋文帝说："高颎一直在骗你啊，他说不愿意再娶老婆，是因为心里面装着他的小妾呢，你还能再相信他吗？"隋文帝于是就不再信任高颎了。

后来高颎奉命对突厥发动战争，趁着他不在朝廷，有人便诬陷他想要造反，还收了别人的贿赂，于是隋文帝就除去了高颎的职务，让他在家里待着。时间不长，高颎的国令就让人收买了，向隋文帝告密，说高颎称自己是司马懿。这就是说高颎有造反的心思，隋文帝就将高颎贬成庶民。

高颎被贬，太子仅有的一个党羽也被拔除了，更是无力与杨广相抗衡。杨广就将废掉太子的事情提上了日程。

一开始给杨广出主意要将太子之位夺过来的是扬州总管司马张衡和寿州刺史宇文述。那时候杨广找到他们两个，希望他们可以帮帮自己，宇文述就告诉杨广说："皇上不喜欢太子不是一天两天的事情了，而且天下人对太子是一个什么样的人并没有太多印象。您现在才是声望最高的人，

无论从德行和功劳方面来说都是数一数二的，更重要的是皇上和皇后对您十分宠爱。然而想要将太子废黜，不是一件容易的事，恐怕能让皇上下定决心的只有杨素。杨素平常有什么事情的时候就会和他的弟弟杨约商议一番。我对杨约比较了解，可以和他见一次面，争取达到好的效果。"

杨广觉得他的这个计策特别好，所以就让宇文述携带很多金银珠宝去找杨约。见到杨约以后，宇文述对他说："杨素和你在朝廷中掌管了这么多年的大权，仇人一定结下了不少吧？现在你们身后有皇上撑腰，但是一旦皇上驾崩，你们打算怎么办呢？不如拥立晋王当太子，那样以后晋王当了皇帝，你们也会有无尽的好处。"杨约觉得宇文述的话非常有道理，就将这个想法转告给杨素。杨素本来就和太子的关系不是很好，所以就准备和晋王合作。

杨素对隋文帝非常了解，明白他向来都是听皇后的话办事，所以他就找到独孤皇后，说："晋王的德行很好，与皇上有点像。"独孤皇后对杨素的说法非常认同，还说了很多晋王的好，又数落太子的不是。杨素就懂得了独孤皇后的心思，也在一旁说太子杨勇的坏话。临走的时候，独孤皇后还给了杨素很多钱财，希望他可以鼓动隋文帝将太子废掉。

太子杨勇也知道杨广他们在密谋将他废掉，所以非常不安。太子的行为异常，隋文帝就叫杨素去看一看太子在干什么。杨素到了太子那里，却不肯进去，在外面徘徊了很长时间，想要让太子生气。太子知道杨素要来，就穿上正式的衣服，在家里面等着他的到来，但是等了很长时间也不见杨素进来，就觉得非常气愤，脸色也不太好。因此杨素就对隋文帝说："臣见太子的脸色不太好，似乎非常生气，说不定会发生什么变故，希望皇上多加小心。"

杨素和独孤皇后不停地在隋文帝面前说杨勇的坏话，于是杨勇就对杨勇更加有戒心了，让人时刻监视杨勇的行为。这时候太史令袁充就告诉隋文帝："臣晚上看天上的星星，发现天象上说太子要被废掉。"隋文帝道："早就有这样的迹象了，但是那些大臣们都不敢说而已。"

在杨广的策划之下，朝廷上下全都是非议太子的声音。到了开皇二十年（600年）的时候，隋文帝向那些大臣们询问意见，意思很明显是想知道太子有什么样的过错。一见隋文帝发话了，杨素马上站出来，说了很多太子的过失。然后一个叫姬威的官吏也证明说："每当太子对自己的手下说话的时候，总是用一种十分骄横的口气，还经常表示对不服从他的人要严惩不贷，那些敢说他坏话的人更是不会有好果子吃。太子不知道节俭，建造很多奢华的宫殿。而且太子经常找人算卦，有一次他算到了皇上的忌日是在哪一年，而且说到了那时候皇帝一死，他就是新皇帝了。"

这个姬威本来是太子手下的一个很受宠的人，现在已经被杨广收买，所以他说出来的话非常有影响力。隋文帝听了他的话，感到非常伤心，哭着说："想不到太子竟然这样狠毒。"所以隋文帝就下定了废黜太子的决心，他对群臣道："很早的时候我就已经觉得太子的行为不端，不是很合适的皇位继承人，皇后也总是劝我将他废掉。我觉得他是我一无所有之时生下的儿子，还是我的大儿子，所以就盼望着他可以改邪归正，因此一直隐忍到现在。我现在已经看清楚了他，绝对不能将皇位传给这样一个无德之人。我现在简直就像是防备敌人一样防备着他，这样的日子不能再继续下去了，我要将他废黜，让天下恢复安定。"

这时候左卫大将军元旻就对大臣们的一致攻击表示了反对的意见，他说："废黜太子对于国家来说是一件意义重大的事情，等到圣旨一下，再要挽回就来不及了。臣以为谗言不能够轻易就相信，皇上应该对这些事情进行详细地调查，然后再做出决定也不迟。"

但是隋文帝已经下定了决心，不再听从任何人的意见，传下旨意，将杨勇以及他的那些儿子们全都关押起来，还把他的一些朋党抓捕入狱。这时候杨素就编了一些谎言，为关押杨勇提供了一些罪名。

后来姬威说太子私底下养了战马一千匹，想要用这些战马来武装自己的侍卫，到时候就可以谋反了。于是杨素就对杨勇进行盘问，杨勇对这件事感到特别不公平，十分生气地说："我听人说你的家里养的马多达几万匹，而且你只不过是一个大臣。我堂堂太子，才养了一千匹马就说我是想造反？"杨素说不过太子，就将太子那里的一些衣服、器皿等东西

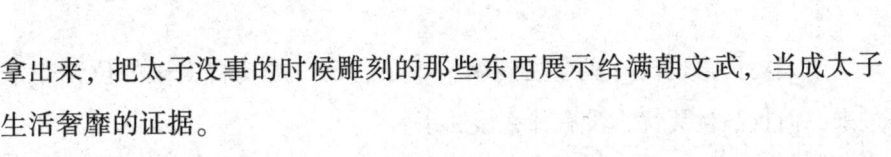

拿出来，把太子没事的时候雕刻的那些东西展示给满朝文武，当成太子生活奢靡的证据。

隋文帝和皇后都多次让人当面去斥责杨勇的行为，但是杨勇因为心中不服，表现得非常顽劣，于是隋文帝废黜他的想法就更加坚定了。

到开皇二十年（600年）的十月份的一天，隋文帝命人将太子杨勇带至武德殿。这时候的隋文帝身上穿着打仗时的盔甲，左右两边站的都是武士，满朝文武都在大殿的东边站定，皇室人员则在大殿的西边站着。隋文帝就让内史侍郎薛道衡念一下圣旨，把杨勇以及他的子女们全都废黜为平民百姓。

一开始杨勇看到这样的阵仗，还以为隋文帝痛下狠心，要将他杀掉，但是等宣读完圣旨，才发现还留下了一条命。于是杨勇赶紧跪在地上，大哭着说："我以为自己的罪行非常大，应该被斩首示众，让后人都记住我的这个教训，幸亏皇上您可怜我，我才能够活下来，皇上的大恩大德，永世不忘。"等跪拜完之后，杨勇十分凄惨地走了。

太子杨勇刚被废黜，十一月，杨广就被隋文帝册立成了新的皇太子。

在将杨勇废掉以后，文林郎杨孝政曾经给隋文帝上折子说："皇太子一开始的时候品行非常好，都是身边的那些小人将他教坏了，对于这种情况，臣以为不应该将他废掉，只是加强一下教育就可以了。"太子洗马李纲也替杨勇说话，他鲜明地指出："太子的周围全是一些阴险的小人，这哪里是太子自己的过错啊，全都是皇上您一手造成的。现在如果找一些正直的大臣来教育，太子还是能够接下江山社稷的重担的。"

尽管杨勇已经不是太子了，而是一介草民，但是隋文帝还是让他住在原来的东宫，并命太子杨广来管束他。后来杨勇觉察到自己是被人陷害的，总是想着找个机会向隋文帝说明情况，但是却没有机会。于是他就爬到一棵大树上面，向隋文帝住的那里大喊大叫。隋文帝有一次还真听到杨勇的声音了，就将杨素叫过来，问他这是什么情况。杨素骗他说杨勇自从被关在东宫以后精神就有点错乱，行为失常，好像已经疯了。隋文帝对杨素的话非常相信，就没有将杨勇召到跟前询问。

于是杨勇再也没有机会见到隋文帝了，杨广成功将太子的位置夺了过来，而且高枕无忧，没有什么威胁了。

直到仁寿四年（604年）的时候，隋文帝得了一场大病，眼看就要去世了，这才知道杨广原来是一个十分虚伪的人，还说他错怪了自己的好儿子杨勇，后悔当初听了妇人的言论，认为都是独孤皇后这个女人坏了他的大事。

在临死的时候，隋文帝想要将杨勇重新再册立成太子，然而这时候朝廷当中已经全都是杨广的人了，他再也无力回天。隋文帝驾崩以后，杨广立即于仁寿宫登上皇位，接着就让杨约到长安去，谎称是接受了隋文帝的圣旨，将废太子杨勇赐死，然后把他杨勇勒死了。

本来杨广他们是兄弟5人，大哥杨勇现在已经死了。杨广的三弟秦王杨俊，小的时候十分仁慈，对佛教特别喜爱，但是长大以后生活就开始腐化堕落了，经常不遵守法律制度，将自己的王府修建得非常豪华。开皇二十（600年）年的时候就生病去世了。

杨广的四弟是蜀王杨秀，他见大臣们都冤枉大哥杨勇，隋文帝又不辨是非，将杨勇废掉了，心里面觉得特别不公平，憋着一股气。杨广对各种事情都非常注意了解，因此知道这个杨秀对自己不满，如果让他活着，不知道会有什么样的麻烦，所以就让杨素找一点杨秀所犯的过错，这样就能够在隋文帝面前告他的状了。到了仁寿二年（602年）的时候，杨广偷偷弄了一些玩偶，然后将玩偶的手脚全都捆绑起来，还用很多针将玩偶的心脏插成了刺猬一样，再给这些玩偶装上枷锁，还在玩偶上写满了隋文帝和汉王杨谅的名字。做完了这些以后，杨广将玩偶埋到了华山下面。

过了一阵子，杨广让杨素领着人将这些玩偶挖了出来，报告给了隋文帝。隋文帝大发雷霆，把杨秀也贬成了平民，并且将他关押于内侍省，囚禁一辈子，再也不能和妻子儿女见上一面。

这样杨广的兄弟还有自由的就只剩下了杨谅，但是在杨广当上皇帝以后很快就将他抓起来，并且囚禁到死。经过一番斗争，杨广终于将所有的敌人都肃清了，坐稳了他的龙椅。

第五章

李林甫和杨国忠的争斗

李林甫打击左相、迫害太子党

李林甫是唐朝时期著名的奸臣，他暗地里勾结宦官、嫔妃，所以能够得到唐玄宗的第一手资料，掌握了唐玄宗的心意，主动迎合玄宗的意旨，所以获得玄宗的宠信。李林甫当上宰相之后，将有才能、声望的重臣排挤出朝廷，对那些受到皇上器重，威胁到自己地位的人则进谗言，使玄宗与之疏远。

天宝初年，李林甫为右相，担任左相的为李适之。李适之性情坦率，公私分明，待人随和。他在与李林甫共同为相的过程中，一直坚守原则，没有妥协，遭到李林甫的嫉恨。有一次，李林甫对李适之说："华山发现金矿，假如开采，能够为国家增加税收，皇上还不知道这件事。"几天之后，李适之在向玄宗报告政事的时候，提到李林甫和他说到的这件事。随后，玄宗询问李林甫的意见，李林甫说："华山蕴藏金矿这事我很早就知道了，但华山聚集了陛下的王气，不应该开凿，所以没有提出。"

因为此事，玄宗认为李林甫比李适之忠心多了，对李适之的态度则渐渐变得冷淡，还嘱咐李适之说："以后在报告事情之前，最好先和李林甫商议一下，不要随便说话。"李适之也不再说什么。李适之喜好宴请宾客喝酒论诗，与同朝为官的韦坚交好，后来韦坚被李林甫诬陷获罪。面对居心叵测的李林甫，李适之渐渐有了畏惧之心，为了保全自己不被李林甫陷害，就主动提出担任闲职，被玄宗任命为太子少保。罢相后，在李林甫的推荐下，陈希烈拜为左相。

陈希烈在经籍方面的学术修养非常高，特别是玄学方面令人叹服。他入宫讲解《老子》《庄子》，玄宗皇帝很赏识他，由此步入仕途。陈希烈虽然名字中有一个烈字，实际上他的性格温柔，容易被李林甫控制。陈希烈的左相就是一个摆设，经常枯坐在职位上喝茶，没有官员理会他。李林甫一个人决定了所有的政务，陈希烈只要点点头表示同意即可。在与李林甫的权力争斗中，张九龄、李适之等人都以被降职、贬官为终，所以陈希烈干脆独善其身，专注于学问。

李林甫擅权专政，有谏官曾经上书言事，第二天就被降职，贬谪到地方。李林甫为了防止谏官向皇上进谏，威胁他们说："各位见过立仗马吧！它吃的马料虽然享受了三品官的待遇，如果叫了一声就会被人赶走，到时候想后悔也来不及了。"将各位谏官比作立仗马。朝廷大小官员不管出于真心还是假意，都纷纷依附他。只要谁不附和他，就会遭到陷害，轻则贬官，重则恐怕性命不保。虽然他表面上带着微笑，嘴上说得很好听，一点儿没有害人的意思，但是背地里这些不听他话的人都被陷害。所以人们说他"口有蜜，腹有剑"，口蜜腹剑就是这样得来的。

太子李亨，也就是后来登基的唐肃宗。李林甫当初并没有支持太子的册封，担心有朝一日李亨当上皇帝会对自己不利，所以他想要凭借着手中的权力废黜太子。当时，刑部尚书韦坚是太子李亨的舅舅，陇右节度使皇甫惟明和朔方节度使王忠嗣两人曾经担任过太子的咨询官，平常与太子往来频繁，关系很好，被称为太子党。

皇甫惟明在击破吐蕃的军队后，进京向皇上报捷，得知李林甫在朝中胡作非为，心里非常气愤。趁着觐见皇帝报捷的机会，皇甫惟明提醒玄宗要提防李林甫。正月十五晚上，李亨跟舅舅韦坚见面，韦坚又外出和皇甫惟明会面。于是，李林甫借这件事弹劾韦坚和皇甫惟明两人私下商量，打算拥护李亨登基。李隆基非常愤怒，将两人贬谪到外地。太子李亨也差点获罪，在宦官高力士的保护下才得以保全。

朔方节度使王忠嗣立下了卓越的战功，李林甫害怕王忠嗣回朝担任宰相，威胁到自己的地位，于是想方设法陷害他。王忠嗣手下有两员大将，李光弼和哥舒翰，二人奋勇杀敌，战功显著。王忠嗣很是器重他们。两人都发现了李林甫迫害王忠嗣的意思，劝王忠嗣万事都要小心，千万不要让李林甫找到把柄。

王忠嗣一身正气，对李林甫的迫害毫不畏惧。李林甫对他的嫉恨更深一层，向玄宗报告说："王忠嗣自称从小就在皇宫长大，和皇太子的关系极好，企图发动兵变，拥护太子登基。"玄宗听了，也不分辨真假，立刻下令三法司将王忠嗣捉拿回去审讯。在李林甫的授意下，三法司判他死刑。曾经受到王忠嗣器重的哥舒翰因战功得到玄宗皇帝的宠信，他竭尽全力请求玄宗皇帝，王忠嗣才免于一死，被贬到汉阳（湖北汉阳县）。

对于有德有才之人，李林甫对他们还有嫉妒之意，生怕别人抢了他的位置。天宝六年（747年），玄宗让各地推荐人才到长安参加考试。李林甫没有录取一个人，对玄宗说："举人的才能都很平常，没有贤能之人。"诗人杜甫参加了考试，没有被录取。在李林甫为相的时代，杜甫是没有办法实现平生的抱负的。

李林甫为保住相位，置国家的利益于不顾，很多贤能的大臣都遭到他恶意的打击和蓄意谋害。李林甫连太子都陷害，何况其他的官员。在李林甫担任宰相的十几年，朝廷黑暗，阶级矛盾加深，终于酿成了苦果，安史之乱就要来了，而玄宗竟然一点也没有意识到，还沉醉在开元盛世中。

自从唐王朝建立以来，边防军的将领都是德高望重的高官，这些高官在边境全权负责，但是任期比较短，中央的高官也不对边防将领遥相指挥。如果建立了很高的功勋，这些高官就会被调往中央担任宰相。唐朝建立百年后，经济、军事发展到高峰期，综合国力也增长得很快，唐朝则有了征服四方的雄心壮志。担任边防军的高官将领十余年的时间都不更换，宰相则在京城开始兼任边防军的统帅，唐朝的权力集中在宰相手中。

李林甫对这些建立了军功的边防军将领很是嫉恨，深怕他们会调到中央担任宰相，于是向玄宗提议任用蛮族将领担任边防军的统帅，因为蛮族将领虽然打仗很在行，但是文墨不通，有的甚至连字都不认识，所以就不可能入朝为相，担任宰相的职务。李林甫曾经向唐玄宗说："文官不适合担任统帅的职务，面对战场上的血腥局面，都很惧怕。不如重用由贫寒农家出身的蛮族将领，他们英勇果敢，在战场上敢于舍命冲杀。因为他们出身贫寒，没有强大的势力，更不会结成党派，陛下只要对他们诚心诚意，赐予他们恩德，他们肯定愿意为陛下效忠。"玄宗听信了李林甫的话，蛮族将领得到重用。二十年后，各节度使差不多都由蛮族将领担任，比如安禄山、哥舒翰、高仙芝等人。他们率领着唐帝国的精锐部队，最终导致手握重兵的安禄山发生叛变。

天宝八年（749年），李林甫的权势无人能及。十二月二十五日，玄宗皇帝下令让文武百官到尚书省检查核对四面八方进贡的物品，随后将这些贡品全部运到李林甫家。可以看出，玄宗有多么重视李林甫。玄宗不上早朝的时候，就会将要办的事交待给李林甫。李林甫在家里办公，文武百官就全部集合在他家门外，等待着他的指示。李林甫为了防备结怨的人派刺客来行刺他，设立一支庞大的宰相卫队。因为，唐朝的宰相向来都是能者居之，不仅有才还有德，从来不摆宰相的架子，所以保护宰相的卫士只有几个人，即使在路上走，也没有要求行人回避。而李林甫在路上走的时候，三公和各部官员都要为他让出道来。

不过，李林甫能够独揽朝政达十六年之久，也不是光靠谄媚不办事的。他处理起官场上的事情得心应手，十分精明，遵守法纪，按照常规办事，并没有胡作非为，扰乱朝政，所以天宝年间还维持着稳定繁荣的局面。

杨国忠与李林甫的权力之争

李林甫一人独大的场面没有持续太久，出现了另外一位著名的奸臣——杨国忠。杨国忠是杨贵妃的族兄，因为杨贵妃备受玄宗的宠爱，贵妃的三个姐姐都受到了册封，分别被封为韩国夫人、虢国夫人、秦国夫人，在贵妃的推荐下，杨国忠也受到重用。

杨国忠在家乡被人瞧不起，他喜欢喝酒赌博，不学无术，混得穷困潦倒。走投无路的时候，到巴蜀从军，剑南节度使章仇兼琼看他仪表堂堂，口齿伶俐，就收了他。当时章仇兼琼很受皇上器重，但是宫里没有靠山，害怕被李林甫陷害，所以想找一个人到长安结交杨贵妃。所以章仇兼琼就让杨国忠到朝廷做内援。

杨国忠欣然领命，来到长安，他找到了几位堂妹，当时的二堂妹，也就是虢国夫人刚刚死了丈夫，杨国忠就住在她家，就和这位堂妹好上了。在杨氏姐妹的帮助下，杨国忠见到了玄宗。在玄宗和贵妃姐妹赌博取乐时，杨国忠在旁边为他们算赌账，又快又准，所以玄宗很喜欢他，称赞他是一个好度支郎。天宝七年（748年），因为杨国忠会算账，所以玄宗任命他当了管理财政的度支郎。

杨国忠也像李林甫一样，能够准确揣摩到玄宗的心意，对皇帝的好恶了如指掌，很会迎合皇上的心意。玄宗自然很是喜欢这位善解人意的姻亲，玄宗想要什么，杨国忠总是想办法将东西弄到手。他想方设法把玄宗哄得高兴，所以官路上青云直上。

杨国忠刚刚当官的时候，也算是李林甫的党羽，曾经参与李林甫陷害太子李亨一事。随着势力的发展，杨国忠已经威胁到李林甫了，权力的天平偏向了杨国忠。天宝九年（750年），御史大夫宋浑贪污受贿了一亿钱，败露之后，被朝廷判以流刑。宋浑原来是李林甫的亲信，所以这件事情发生之后，玄宗对李林甫的态度冷淡了些。这时曾经效忠李林甫的酷吏吉温见风使舵，见杨国忠备受玄宗的宠信，于是背叛了李林甫转向讨好杨国忠。吉温的上司萧炅也是李林甫的亲信党羽。吉温想要除去萧炅，在杨国忠的支持下，萧炅被贬谪到地方去。而杨国忠的宠信日盛，李林甫的话玄宗未必肯听，也不能营救亲信萧炅。

天宝十一年（752年），发生了邢縡事件，借此机会，李林甫在杨国忠的打击下受到了重创。当时杨国忠和王鉷担任御史中丞，而王鉷却依附李林甫，杨国忠对此很不高兴。王銲（王鉷的兄弟）的亲信邢縡认为李林甫、杨国忠等人祸国殃民，策划杀害他们，没有想到，还没有行动，这件事就泄露出去了，邢縡被处死。杨国忠把这件谋杀大臣未遂的案件向玄宗皇帝报告时说："王鉷肯定也参与了这次阴谋。"因为王鉷是李林甫的亲信，所以李林甫在玄宗面前极力为王鉷辩护。玄宗听信了李林甫的话，准备赦免王鉷和王銲。

李林甫才松了一口气，没有料到，这时左相陈希烈站出来咬定王鉷

第五章 李林甫和杨国忠的争斗

也参与了这场阴谋。本来陈希烈是靠李林甫的推荐才当上左相的，什么事都听李林甫的，在这么关键的时候投靠了杨国忠。王氏兄弟最后难逃一死。这件事后，杨国忠加授御史大夫、京畿巡察特使等职。而李林甫被玄宗疏远，杨国忠的势力越来越大。

同年，南方边境受到南诏五国的攻击，剑南节度使奏请皇上让杨国忠亲自上前线督战。右相李林甫认为这是一个离间玄宗和杨国忠关系的好机会，所以在玄宗面前也一直请求玄宗尽快派杨国忠前去南方。在各方压力下，玄宗派杨国忠前往，杨国忠在向玄宗辞别的时候，流了眼泪，还说自己在不久的将来就会被李林甫害死，恳求皇上不要让他去蜀地。玄宗安慰他当他回来的时候就任用他为宰相。

这时，李林甫已经年老，患了重病，躺在床上起不了身。杨国忠刚刚到达蜀郡，玄宗就派宦官召他回京，杨国忠去拜见病重的李林甫，在李林甫的床前跪下。李林甫知道大限将近，他已经把杨国忠看成是自己的接班人，对杨国忠说："我在人世的时间不多了，你一定要出任宰相，朝廷的事，以后就全部拜托你了。"李林甫说出这么贴心的话，杨国忠担心的只是李林甫病好之后会加害他，连连说自己无才无能怎么敢担当这么大的责任呢？不久之后，李林甫病逝。

李林甫病逝之后，朝中再无人能与杨国忠相抗衡。随后，杨国忠接替李林甫的位置担任右相，他还兼任着其他四十多个职位。杨国忠擅长演讲，不是以事实说理，而是擅长讲歪理，能把人绕到坑里去，真正的饱学之士不屑于和这种无赖论辩。他为人轻狂，办事浮躁，有一种天真的想当然，不按常理出牌。

他出任宰相的高位后，把处理政事看得太过轻易，就像随意处理家事一样，遇到机要大事，他没有什么经验，也不听从有经验的大臣的意见，就独自做决定。天宝十二年（753年），杨国忠邀请左相陈希烈等人在尚书省里会合，向他们宣布人事命令，只用了一天的时间就全部办完了。因为处理得过快，中间难免出些差错，比如弄错了官员的资历，但是也没有人提出异议。从此，门下省官员省事了，他们没有了决定人事行政的权力了，只要在考试文件上签名表示同意就行了。门下侍郎也成为了一个闲职，可见杨国忠拥有多么大的权力。

杨国忠步入仕途之后，终于摆脱了穷困潦倒的生活，现在他的生活淫靡腐化。他与虢国夫人相好，当上宰相之后，就把住宅搬到了虢国夫人家旁边，两人从不避讳。当上高官的杨国忠对玄宗和杨贵妃更加体贴周到，玄宗要前往华清宫，在杨国忠的府门前出发，杨国忠为玄宗准备了豪华的排场，数不清的车辆马匹，奴仆婢女，把附近的大街小巷都挤满了。他还献上不可计数的锦绣绫罗和金银珍宝。

杨国忠奉行及时行乐的原则，作为一名宰相，行为实在是过分。不过，杨国忠没有李林甫那么嫉贤妒能，也曾推荐过贤能之人治理国家，但是这也不能阻止朝政腐败，玄宗年老昏庸，每天沉溺女色，饮酒作乐，不理朝政。杨国忠徇私舞弊、擅权误国，安史之乱最终爆发。

杨国忠和安禄山的矛盾激化

在李林甫的建议下，玄宗重用蛮族将领。天宝元年（742年），安禄山被任命为平卢节度使，天宝三年（744年），玄宗将范阳节度使裴宽调到中央担任户部尚书，让安禄山兼任范阳节度使。玄宗对安禄山很是宠信，天宝六年（747年），任命安禄山兼任御史大夫，安禄山被调往中央任职。

安禄山不是一般的肥胖，他有一个很大的肚子，外表看上去老实，实际上内心十分奸诈。因为他在玄宗面前表现得很忠诚，又特别会说话，所以玄宗对安禄山也很宠信。玄宗曾经指着他的大肚子说："这胡人的肚子里有什么这么大？"安禄山幽默地回答说："这里面没有其他的东西，只有忠于陛下的一颗红心。"玄宗听了很高兴。玄宗向安禄山介绍太子李亨，安禄山没有立即下拜，而是拱手站在一边说："我是胡人，不懂得朝廷的礼仪，不知太子是什么官？"玄宗说："太子是皇帝的继承人，我死了之后他就接替我当皇帝，统治你们。"安禄山说："我很愚蠢，从前只

第五章 李林甫和杨国忠的争斗

知道陛下一人，不知道陛下还有皇帝继承人。"说完才向太子跪拜叩头。玄宗认为安禄山说的是真话，对他更加宠爱。

玄宗在勤政殿设宴邀请文武百官，其他的官员都在楼下就坐，玄宗只安排安禄山坐在上面和皇帝一起饮酒，这是为了表示对安禄山的宠信。玄宗命杨贵妃的三个姐姐和安禄山结拜为兄弟姐妹。安禄山从此能够自由出入宫廷，他知道玄宗宠爱杨贵妃，就请求做杨贵妃的养子。

安禄山的地位得到这么快的提升，都是拜李林甫所赐。李林甫在世的时候，对这些胡人将领恩威并施，安禄山等人惧怕李林甫，不敢有谋反之意。李林甫死后，安禄山在朝中再也没有惧怕的人，手握重兵，边境和内陆的形势失去了平衡，最终导致了安禄山之流的叛乱。

杨国忠对安禄山得宠之事很不高兴，杨国忠仗着自己是皇亲国戚，对胡人本来就轻慢的他怎么能容忍胡人抢去皇上的宠爱呢！而安禄山根本就没有将杨国忠放在眼里，两人经常互相攻击。

安禄山日渐骄横，不过念在玄宗对自己不错的份上，暂时还没有谋反意思，但是已经在暗中做准备。安禄山本来想在玄宗去世之后再谋反，因为他和太子李亨结过仇怨，与杨国忠的矛盾也日益加深，而唐朝的防御也很松弛，谋反的念头就经常浮现在心中。

杨国忠暗地里和安禄山争宠，但他在表面上至少没有表现出来，甚至很有风度。安禄山入宫的时候上下台阶，杨国忠还经常去搀扶他。毕竟安禄山手握重兵，对自己的地位有着极大的威胁，所以杨国忠想方设法地联络其他的节度使，以对抗安禄山，保住自己的相位。

唐朝的名将哥舒翰与安禄山向来不和，杨国忠就与之结成联盟，两人的共同目标就是扳倒安禄山。玄宗也知道哥舒翰和安禄山不和，还亲自劝两人和解，让他们结拜为兄弟。天宝十一年（752年）冬天，两人一起前来拜见皇上，玄宗命宦官高力士在城东设宴请他们两人喝酒。安禄山拉拢哥舒翰说："我的父亲是胡人，母亲是突厥人，你的父亲是突厥人，母亲是胡人，族类相同，我们为什么不亲近呢？"安禄山的意思很明显了，哥舒翰则说："狐狸向着自己的洞穴嗥叫被认为是不祥之兆，因为它忘本了。哥哥既然亲近我，我为什么不诚心对你呢。"安禄山听出他讥讽自己有谋反的意思，顿时大怒，大骂哥舒翰说："你这个突厥人怎么敢在我面前如此放肆！"哥舒翰本来想和他吵起来，奉皇上之命请两人喝酒的宦官高力士连忙用眼睛示意哥舒翰要忍耐，哥舒翰才没有说什么了，假装喝醉了，两人各自回府，但是也结下了更深的仇怨。

朝廷很多大臣，包括太子也都察觉到了安禄山将会起兵谋反之意。杨国忠肯定也知道安禄山有朝一日会谋反，他不像李林甫一样对他恩威并施，而是与之争锋相对，争权夺利，促进了安禄山反叛的步伐。但是，玄宗已经被安禄山的"忠心"迷惑，又深居后宫多年，大臣都很少见到玄宗。玄宗不了解外面发生的事情，也听不进去忠告。太子和杨国忠都禀告过安禄山肯定会谋反的事情，但玄宗一直都不相信，还想加封安禄山为宰相。玄宗已经命令近臣起草任命安禄山为宰相的诏书，杨国忠知道后急忙进谏说："安禄山虽然功勋卓著，但他不识字，怎能任宰相？如果颁下任命的诏书，恐怕天下都会轻视朝廷任用一个大字不识的人担任宰相。"玄宗听了认为有道理，只好放弃了任用安禄山为宰相的念头。

安禄山在朝廷与杨国忠、哥舒翰等人的仇怨已经无法化解，他已经无所顾忌了，反叛之心也越来越强烈。回到范阳后，朝廷每次派使者拜见安禄山，安禄山都以生病为由不见。杨国忠则在暗地里一直搜集安禄山意欲谋反的证据，他搜查了安禄山在长安的住宅，还逮捕了安禄山的门客。安禄山的儿子安庆宗在长安任职，私下里向安禄山报告了这件事，安禄山大怒。六月，安禄山的儿子在长安结婚，玄宗亲自写诏书，召他来观礼，安禄山还是以生病的理由，违反了玄宗的旨意。

杨国忠认为既然玄宗不相信安禄山会谋反，为了证明安禄山谋反这件事确实会发生，杨国忠屡次寻衅滋事，激怒了安禄山。安禄山已经等不及玄宗驾崩再谋反了，而是加快了谋反的脚步。天宝十四年（755年）八月以来，安禄山大动作犒劳将士，打磨了大量兵器，还伪造玄宗的诏书，为谋反正名，诏书上声称玄宗秘密让他率兵入朝，讨伐杨国忠。十一月，安禄山在范阳率领二十万大军向西南方向行进，安禄山率领大军

谋反的消息迅速传遍了全国，百姓已经多年没有经历过战争了，听到安禄山谋反的消息，都很惊讶。叛兵来势凶猛，惊醒了纵情享乐的玄宗。

从这时起，唐朝开始衰弱。玄宗始终不敢相信自己的耳朵，直到确认无误之后，才召集宰相大臣一起商量应对政策。杨国忠此时还没有认识到问题的严重性，反而为自己的话应验了而得意，他说："如今反叛的只有安禄山而已，壮士都不愿意背叛朝廷。不到十天的时候，一定把安禄山的头送给陛下。"玄宗也认为他说得有道理，但大臣们都知道安禄山的反叛是蓄谋已久的，并不是能够轻易就能镇压下去的。

短时间内，安禄山的军队已经占领了唐朝众多的郡县。唐朝根本就没有一点儿准备，老年的玄宗昏庸无能。玄宗急忙命令高仙芝、封常清等大将出战。不久，玄宗听信了谗言，冤杀了这两位大将。随后，玄宗任命哥舒翰担任主帅，率领军队讨伐安禄山的叛军，并让郭子仪、李光弼等人辅佐哥舒翰。天宝十五年（756年），安禄山称帝，为大燕皇帝。

当时，朝廷内外对右相杨国忠集聚的不满全部爆发，正是杨国忠的放纵、骄横、专权才逼得安禄山叛乱。而安禄山聪明地以"诛杀杨国忠"作为领兵的号召。唐政府东征兵总指挥官王思礼借此机会向哥舒翰秘密建议，劝他立刻取杨国忠的首级。哥舒翰没有同意。王思礼又主动请缨要求率三十个骑兵把杨国忠绑架到潼关，然后再杀了他。哥舒翰则说："如果这样，那就是我叛变，而不是安禄山叛变了。"

哥舒翰对朝廷的忠心可见一斑，他与杨国忠虽然也有过联盟，但是之间也结下了很深的仇怨。杨国忠也和李林甫一样，为了一己之私，陷害忠良，特别是功勋卓著的各个节度使。哥舒翰的名声要比杨国忠大得多。杨国忠害怕手握重兵的哥舒翰也会威胁到自己的地位。这时，杨国忠考虑如果哥舒翰将矛头指向自己，那么岂不是很危险。

这时，有人向玄宗报告说："叛军崔乾祐部不满四千人，而且都是老弱兵，没有戒备。"玄宗认为这是绝好的反攻机会，极力催促哥舒翰出潼关收复陕郡（河南省陕县）和洛阳。哥舒翰分析了当下的局势，回奏说：不能小看安禄山，安禄山对军事非常熟悉，在叛乱之前已经做过充分的准备。这次他想用老弱残兵引诱我们出击。如果真的出击，肯定会中他们布下的圈套，所以不适合出战。"

而杨国忠怀疑哥舒翰是为了谋害自己才不愿意出兵，对玄宗说："叛军这时正在懈怠，对我们没有戒备，这个机会千载难逢，错过机会，那就难说了。"玄宗听信了杨国忠的话，不停地下令催促哥舒翰出关迎战。如哥舒翰所料，这是一个陷阱，哥舒翰兵败被俘。

六月十一日，杨国忠奉命召集文武百官，询问御敌的对策，大臣们早已吓得六神无主，哪里能想出什么办法。因为安禄山的军队快要逼近长安，玄宗带着杨贵妃、杨国忠和众大臣等从长安出逃，一路上他们不敢多做停留。众人逃到马嵬驿后，诛杀杨国忠的呼声越来越高。这时，吐蕃五国的使节总共二十多个人挡住杨国忠的坐骑向他讨要粮食，有人高喊："杨国忠和吐蕃人要叛变啦！"在玄宗不知情的情况下，憎恨他的人立刻砍死了他，同时他的儿子及韩国、虢国、秦国夫人也难逃一死。

侍从向玄宗报告说："杨国忠要叛乱，众将领把他杀死了。"龙武大将军陈玄礼对玄宗说："杨国忠叛变，贵妃不适合再留在陛下身边，请陛下割爱。"高力士也说："贵妃虽然没有参与叛乱之事，可是将士们已经杀死了杨国忠，贵妃仍然留在陛下身边，他们心里不能安定，也就不能忠于陛下，请陛下三思。只有将士安定，陛下的安全才有保障。"所有人的愤怒都直指杨贵妃，玄宗不得不下令缢死心爱的杨贵妃。

安禄山很快就占领了长安，玄宗往四川方向逃去，太子李亨在灵武即皇帝位，为唐肃宗。安史之乱的直接原因是天宝党争，李林甫、杨国忠、安禄山等人争权夺利导致。党争的后果是导致唐朝安史之乱后的衰败，可见党争对国家的危害之深。

第六章 唐朝牛李党争

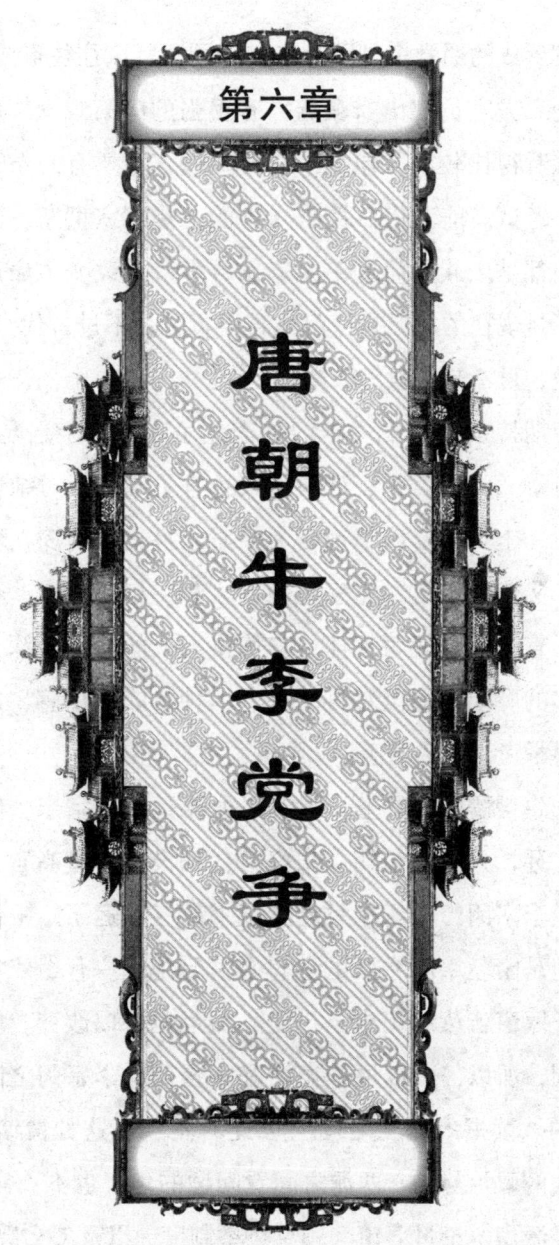

牛李党争的开端

朝廷官员形成的朋党多是因为出身不同,所以往往形成对立的党派。唐朝之前,士大夫官员都出身豪族,有很强的门第观念。唐朝时期,人们把门第观念看得比较淡。但是,在唐朝做官主要有两条途径,一是祖荫,二是科举考试。前者依靠祖荫当官的都是官宦世家,而后者则没有祖宗的庇护,都是庶族寒门子弟,依靠科举考试改变了命运,有点像现在的高考,不过现在的情况是寒门也难出贵子。不过古代只要中了进士,就踏上了仕途,可不是一般的荣耀。

唐朝中后期持续了四十多年的牛李党争在历史上还是相当有名的,为后世皇帝所警觉,所以明、清两朝禁止官员结党,对结党的官员处罚的力度也很大。李党主要以李德裕为中心,祖父李栖筠在唐代宗时期担任御史大夫,父亲李吉甫在宪宗时两次入相,权势颇盛。李德裕不必经过科举考试,直接能够凭荫入仕。李德裕本人的才学颇深,认为科举考试存在着很多的弊端,所以对科举制有一种本能的反感,这种反感也影射到了参加科举考试的人身上。

李宗闵、牛僧孺出生进士。李宗闵也算是皇室宗亲,他是高祖的儿子李元懿的玄孙,只不过长期以来好几代都没有出过高官,祖父就没有祖荫了。到了李宗闵,一切就只能靠读书改变命运了。牛僧孺的祖上也曾是高官,他是隋朝宰相牛弘的七世孙,到他这一代,家境普通,可谓是出身寒门,寒窗苦读终于中了进士,命运也得以改变。因为他们的出生、境遇不同,所以,可以说李德裕和牛僧孺、李宗闵之间是无法真正理解和沟通的。读书人相互之间会彼此看不起,这种情绪带到官场上,面对很多重大的政治问题,两派之间看问题的角度也不一样,分歧颇多。比如两党曾经激烈争论过藩镇问题、科举制度,以及怎么看待宦官问题。

构成朋党的基础是出身和政见不同,开始两派之间的矛盾并不明显,随后李德裕的父亲李吉甫激发了两派之间的矛盾。元和三年(808年)

四月，宪宗委托官员策试"贤良方正科"，这种考试是制举考试的一种，让官员自由发表对国家的大政方针、时事政策的意见和看法，如果回答得好，就能受到朝廷的重用。

当时李宗闵已经中了进士，牛僧孺还是一个县尉。他们两人都参加了贤良方正科的考试，希望借此机会能够得到考官和皇上的赏识，加官晋级。在考试中，他们和另外一个县尉皇甫湜都抨击时政弊端，毫不避讳地指出了宦官问题，还攻击了朝廷在边疆、藩镇的用兵问题。他们达到了预想的效果，三人回答的对策都得到了考策官杨于陵和韦贯之的称赞，将他们的考卷评为上第等级。而且皇上也认为他们回答得不错，看来很快就能得到升迁。

谁知道宰相李吉甫阻止了他们的仕途，李吉甫认为他们血气方刚，说话没遮拦，凭着满腔热情就能改变长久以来存在的弊端吗？他对他们的言论深感厌恶，并没有直接提出，而是对唐宪宗说："万岁。您可知道皇甫湜是王涯的外甥，作为策试复核官员的王涯却事先没有提到，要求避嫌。现在皇甫湜的试卷又被评为上第等，难道其中没有王涯的故意包庇吗？"

皇上听了之后，也不知道怎么办，只得要求重新评判。后来，考官王涯、韦贯之、杨于陵等人被贬谪，牛僧孺、李宗闵的升迁本来是铁板钉钉的事，谁知道竟然成了水中的泡影，肯定非常郁闷。他们感到不服，打听之下，知道是李吉甫在其中作梗，凭一己之私就把他们的升迁路给断了，李吉甫自然成为他们的敌人。后来，李吉甫的儿子李德裕与牛僧孺、李宗闵同朝为官，李德裕与牛僧孺自然将仇恨转化到李德裕的头上。

长庆科举引起朋党之争

长庆元年（821年），李德裕与李宗闵也是因为试举考试发生了矛盾。这时，李德裕的父亲早已经去世。这次试举考试是两派之间争斗的导火索。

这一年，礼部执掌了常科考试（唐朝考试制度分"常科"与"制举"两种）。西川节度使段文昌和翰林学士李绅因为利益和人情的关系，分别推荐士人杨深之和周汉宾。这次考试的主考官是右补阙杨汝士和礼部侍郎钱徽。所以段文昌和李绅两人都写信给钱徽，要求他们关照推荐的这两个人。

谁知道，到了揭榜之日，杨深之和周汉宾竟然没有上榜，而上榜的人是郑覃的弟弟郑朗，裴度的儿子裴撰，李宗闵的女婿苏巢，以及杨汝士的弟弟杨殷士。这些人和主考官的关系密切，相互之间不是亲戚就是朋友。李绅和段文昌两人觉得丢了很大的面子，非常生气。两人商量之后，决定向唐穆宗告状。段文昌对皇上说："今年的考试，礼部主持的十分不公平，录取的士人都是他们的亲戚朋友的子弟，这些大族子弟不学无术，都是靠打通主考官的关节才中举的，请万岁明察。"

段文昌难道忘了自己也曾想打通主考官了吗？如果被皇上知道了也一定会降罪，不过，他也顾不得了。穆宗听了之后问道："竟然有这种事？李爱卿、元爱卿，这事是真的吗？"李德裕知道李宗闵和父亲结过仇，元稹也和李宗闵在仕途升迁上发生过矛盾，这次中第的人中有李宗闵的女婿苏巢，他们两人答道："文昌说的都是实话。"皇上得到了确证，马上命令中书舍人王起让这些人重新参加考试，复试的结果证明这些中第的人虚有其表。

穆宗很生气，不仅将这些靠关系中第者的进士之名免去，还下诏贬谪钱徽为江州刺史，杨汝士为开江县令，李宗闵也被贬为剑州刺史。当然李宗闵没有反省自己靠关系让女婿中第，而是又和李德裕结下了仇怨，李宗闵暗暗发誓要治治李德裕。从此，两人之间各树朋党，相互之间攻击、倾轧，牛李党争是不可能再避免了。

两党各自得势后的派系倾轧

两派之间的矛盾激化后，斗争日趋激烈，两方在朝廷上竭力培植党

羽,树立了各自的朋党集团。长庆三年(823年),走宦官门路担任宰相的李逢吉与牛僧孺、李宗闵的政见相近,平时往来也比较密切。在李逢吉的支持下,牛僧孺入相。牛僧孺又提携被贬谪在剑州担任刺史的李宗闵,李宗闵升为中书舍人。他们联合起来排斥李德裕。李德裕担任浙西观察使八年,久久没有升迁。在牛党执政下,许多李党人员不仅没有升迁的机会,还被排挤出中央机构。

两年后,牛僧孺的宰相职位被罢免。唐文宗当政时期,太和三年(829年),李宗闵靠着宦官的势力入相。这时,李德裕也被召回朝廷,在裴度的推荐下,李德裕即将入相。如果李德裕担任了宰相职务,肯定会对李宗闵等人打击报复。所以李宗闵想尽办法防止李德裕入相,他拉拢牛僧孺再度为相。两人合作,联手把李德裕一党排挤出去。

在牛党的破坏下,李德裕没能入相,而是被改派到遥远的西川担任节度使,支持李德裕的裴度也被排挤出朝廷,担任节度使。朝廷变成了李、牛两人的天下,他们提携同年、同学,而同年、同学又有很多老乡、朋友,所以形成了以李、牛为首的关系网,这个关系网盘根错节,朝廷中的所有机构都有牛党的人。牛党的势力如日中天,长安城里有"门生故吏,不牛则李"的说法。

不过这种好日子也没有持续太长时间,"风水轮流转,明年到我家"。李德裕没有等太久,就被召回朝廷。太和六年(832年),牛僧孺再一次被罢相,文宗对李德裕还是很看重的,想要委以重任。李宗闵知道文宗的心思后,惊慌失措,不知如何是好。这时,牛党的重要成员京兆尹杜惊看到李宗闵为此事忧心着急的情形,就为李宗闵献上了一条对付李德裕的计策:"其实想要阻止李德裕入相也没有什么困难的,李德裕虽然认为自己很有才华,但并不是科举出身,只是依靠祖荫,他对科举的心情比较复杂,如果推荐他担任知举(主持进士考试的主试),他肯定会满意,同时他入相的仕途就被堵塞了。如果您认为知举的职位举足轻重,不适合让他来做的话,就让他担任御史大夫,您认为如何呢?"李宗闵听了之后认为很有道理,当即表示赞同:"嗯,就这么办吧。"果然,李德裕表示欣然接受知举的职务，了却了心愿。但是，他最终还是没能当成科举考试的最高主持者，因为牛党的另一位重要成员杨虞卿坚决阻挠李德裕担任这一职务。

太和七年（833年），李德裕终于担任了宰相。他深受牛党的倾轧，现在终于掌握了朝廷大权，绝对不会放过牛党的人。他上任之后的第一件事就是着手清除牛党人员，他把牛党的重要成员三杨，即杨虞卿、杨汝士、杨汉公全部贬谪到地方。李宗闵也被罢相，被贬为山南西道节度使。李德裕提升了被李、牛所罢免的郑覃担任御史大夫。

不过，李德裕的相位还没有坐稳，就被再次为相的李宗闵给赶下去了。太和八年（834年），李训、郑注在皇上面前得宠，对李德裕很是憎恶，于是他们帮助李宗闵再次担任宰相的职务，李德裕被排挤出京城，担任镇海节度使。李党成员也纷纷被排挤、被贬谪。不过李宗闵也没有稳坐宰相的位置，因为牛党成员杨虞卿被郑注、李训诬陷下狱，宗闵和支持他为相的郑注等人矛盾加深，很快李宗闵被贬为明州刺史，接着，又被贬为潮州司户。

这时的朝廷，牛、李两党成员都遭到贬谪，两党之间的斗争也消停了很长时间。直到"甘露之变"爆发，郑注、李训被杀死，李宗闵迁为衡州司马，牛、李两党死灰复燃，相互之间的倾轧又愈演愈烈。宰相更换频繁，李党的李石、郑覃、陈夷行相继担任宰相，但时间都不长。他们上任之后打压牛党。接着，李石辞职之后，牛党的杨嗣复、李珏又相继入主相位，打压李党。特别是李宗闵的入京问题，双方爆发了一场激烈的矛盾。

李党的郑覃等人激烈阻挠，杨嗣复在准备将李宗闵调回朝廷的时候，已经做好了万全的准备。他结交宦官，让宦官在皇上身边说李宗闵的好话。文宗在召开宰相会议时主动提出调李宗闵回京任职。文宗的话还没说完，郑覃就马上跪下，坚决地说："万岁，如果您只是怜悯他远离京城为官，只要把他调得离京城近些即可，此人是万万不能重用的。如果万岁想要重新重用他，臣先请退位。"陈夷行也马上附和郑覃说："李宗闵公开结党为私，扰乱朝政，圣上为什么要重用这等小人？"

杨嗣复对郑、陈两人的阻挠非常生气，气愤地说："两位宰相怎么能说出这么不负责任的话来呢？办事情要讲究公正，以事实说话，千万不要凭借爱憎喜好一意孤行。"李珏也立刻为杨嗣复补充发言。在皇上面前，两派之间你来我往，相互指责。文宗被吵得头痛，无奈地说："给他个州刺史，这总行了吧？"郑覃丝毫也不让步，说："州刺史的位置对他而言还是太优厚了，只可以让他担任洪州司马。"杨嗣复不肯善罢甘休，两派之间又发起了新一轮的争辩。文宗最后做出了一个折中的决定：调任李宗闵担任杭州刺史。

两党的争吵扰得朝廷不得安宁，文宗比较偏向牛党。开成五年（840年）正月，文宗皇帝去世。以仇士良为首的宦官拥立颍王李瀍为帝，即是唐武宗。而杨嗣复、李珏等人支持陈王。武宗继位以后，杨嗣复、李珏也就被免除了宰相的职位。八月，李德裕回朝，九月，第二次担任宰相。始终受到牛党压制的李德裕，这次毫不手软地打击牛党成员，而且不留一点儿余地。

牛党的成员李宗闵，担任给事中的职位。宦官仇士良权势冲天，想荫泽他的儿子担任开府之职。谁知道李宗闵竟然说了让仇士良下不来台的话，把这个当权宦官给深深得罪了。李宗闵毫不客气地说："按照规定，开府之职的确能够荫泽子孙。但是，我不明白，你从哪里冒出来这么一个儿子呢？"这句话让仇士良非常窘迫，一时间什么话也说不出来。仇士良从此就和李宗闵结下了仇怨。而李德裕也对李宗闵颇为疾恶。不久之后，李宗闵就被贬为婺州刺史。

太子少傅白居易，进士出身，拥有很高的品德和才学，写出了广为传唱的《长恨歌》，在民间的名声也颇大。会昌二年（842年）武宗想让白居易担任宰相，询问了李德裕的意见。因为白居易和李宗闵有亲戚关系，而且与牛僧孺的关系也很好。李德裕表示反对，理由是白居易年老体弱，而且多病。李德裕为了不让武宗生气，虽然拒绝了白居易为相，但是推荐了白居易的族弟白敏中任翰林学士。

李德裕又再次逮到机会，狠狠地惩治了李宗闵和牛僧孺。会昌元年（841年），汉水暴涨，发了洪水，导致百姓的住房坍塌。这件事被李德裕上报给了皇上，皇上贬谪了牛僧孺。这时，昭义节度使刘从谏去世，他的侄子刘稹隐瞒了消息，迟迟没有发丧。因为他想要继承节度使的职位。

唐武宗对刘稹的行为非常愤怒，立刻下令要求刘稹护送刘从谏的灵柩归东部。刘稹不从，李德裕向皇上主张以武力解决。此时，李宗闵在东都洛阳做官，是太子的宾客。他曾经和刘从谏交好，现在又处于对唐朝而言地理位置很重要的洛阳。如果他反叛了，局面肯定很难收拾。借这个机会，李德裕跟武宗说要把李宗闵远调到湖州担任湖州刺史。不过，李德裕还是没有放过李宗闵。

会昌四年（844年），刘稹被打败后，李德裕又向武宗进言说："在李宗闵、牛僧孺担任宰相时，刘从谏曾经入朝为官，而做宰相的李宗闵和牛僧孺都没有将刘从谏扣留在朝廷，才导致了今天的昭义之祸。虽然灾祸已经平定了，但朝廷付出了惨重的代价，这一切都是因为李宗闵、牛僧孺对刘从谏的纵容姑息导致的，所以应该将两人治罪，请万岁定夺。"其实刘从谏已经去世，反叛的是他的侄子，与他无关，更与李宗闵和牛僧孺也没有什么关系，谁能预料到今日发生的灾祸呢！

武宗派人调查此事，并没有查到李宗闵和刘从谏的通信，李德裕见查不到证据，就指使同党，同党声称："刘从谏肯定早就烧毁了他们往来的书信，当然不可复得。"正好河南少尹吕述这时给李德裕写信，信上说牛僧孺在听到刘稹被打败的消息的时候，牛僧孺竟然发出了叹息。李德裕看过这封信后，马上将此信拿给皇上看。武宗看后，不能抑制自己的愤怒说道："原来朕还对此事颇有踌躇，恐怕会冤枉李宗闵、僧孺，不相信他们是会为了私情而背叛国家的人，但是事实却真是如此！可恨，可恨！"

凭借一声叹息，牛僧孺就再次遭到了贬谪，担任了太子少保、分司，李宗闵也被贬为漳州刺史。过了几天，又再次贬谪两人，牛僧孺为汀州刺史，李宗闵为漳州长史。十一月，唐武宗还没有消气，一怒之下，牛僧儒贬为循州长史，李宗闵为长流封州。

在武宗时期，担任宰相的李德裕一方面驱逐牛党，一方面在中央安插重用亲信。会昌二年（842年），曾经遭到李逢吉排挤的李绅回京，在李德裕的支持下入相。七月，陈夷行罢为左仆射，尚书右丞李让夷被拜入相。李让夷和郑覃平时关系密切，李德裕也比较赏识他的才学。当然李德裕没有不辨是非，绝对的扶李倒牛，而是办事有轻重缓急，比如提拔柳仲郢为京兆尹，也曾经和牛僧儒的关系很好。

牛党在李德裕的打击下一蹶不振，李党的地位在武宗时期有所巩固，李德裕没有后顾之忧，在朝廷上大施拳脚，宦官的权力也被削弱，回鹘、吐蕃等边境问题也得到妥善处理等等。但因为李德裕专权的时间很久，树了很多的敌人，朝中大臣、宦官对他多有不满，甚至皇上用人也受到李德裕的挟制，对他很不满。

会昌六年（846年），唐武宗驾崩，唐宣宗即位，他明显对左右人表示了对李德裕的不满，说："刚才是不是李太尉靠近我身边了？他每次看我的时候，我紧张得毛发耸立。"也就是说李德裕的眼光看起来吓到了皇上，宣宗对李德裕的反感赤裸裸地表露出来了，看来李德裕的地位不保。

果然，没过几天，李德裕宰相的职务被罢免，贬为荆南节度使，而且还一贬再贬，分别担任过太子少保、分司，潮州司马，崖州司户。除此之外，李党的其他成员也被贬谪出朝廷重要的职位。而牛党等来了转运的时刻，牛僧儒、李宗闵、崔珙、杨嗣复和李珏等人都一一升官，只是李宗闵还没到任就在路上去世了。牛李党争也体现了一朝天子一朝臣的特点，有时君主的喜好决定了哪个党派的得势。

两党在藩镇、科举改革和宦官专权问题上针锋相对

无论哪一党掌权，都要在职能部门的关键位置上安排同党，除了排斥敌党外，还要让自己主张的政令能够下达下去，并得以贯彻实施。因

为牛、李两党的境遇不同，出身不同，个人思考问题的角度不同，还混合着个人恩怨，所以双方在重大政治问题上有着很大的分歧。比如藩镇割据问题、边疆问题、科举制度改革和对待宦官的态度上两党的差异很大，所以两党之间经常发生争执，打了很多口水仗，对局势的发展有很大的影响。

唐朝中后期最大的政治问题就是藩镇割据问题和宦官专权问题。藩镇割据是历史遗留问题，边疆问题因为唐王朝的实力削弱之后，周边的国家对唐朝不像过去那么惧怕，经常侵扰边境。到底是和平安抚还是用战争手段降服藩镇和边境问题，牛、李两党各执己见，谁也不让谁。牛党认为应该采取招抚政策，而李党的态度强硬，主张用武力讨伐。其实到底是安抚，还是征讨，需要根据具体情况而定，没有对错可言。

在元和三年（808年）举行的制举试的策文中，李宗闵和牛僧孺的答卷都认为对待藩镇要笼络、安抚，而不应该使用武力。太和五年（831年），牛僧孺担任宰相职务时，对杨志诚驱逐幽州节度使李载义的事件不仅没有追究他的责任，牛僧孺还反过来抚慰他，建议皇上封杨志诚为卢龙留后。在太和八年（834年），幽州军将杨志诚被打败后，牛僧孺又承认了史元忠为留后的既定事实。武宗时期，面对回鹘入侵、昭义镇刘稹的反叛，牛僧孺仍然一直坚持着安抚的政策，对李德裕提出的讨伐政策一直表示反对。

李德裕继承了父亲李吉甫的政治思想，在宪宗朝，李吉甫就提出抑制藩镇势力，特别在他担任宰相时，剑南节度使刘辟、镇海节度使李锜发动叛乱，李吉甫主张用兵将他们镇压下去。在魏博镇的内乱发生时，是否用兵，李吉甫还和李绛有过激烈的讨论。太和五年（831年）九月，发生了"维州事件"。吐蕃维州副使悉怛谋率领着依附他的部众出走到成都，向唐军投降，当时李德裕的职务是西川节度使，他很想借此机会将维州收复回来，于是派行维州刺史虞藏俭带兵入城，同时他将这件事的始末详细地上报给了文宗皇帝，奏章还表明他想带兵收复维州，洗刷德宗时的韦康之耻，韦康多次派兵攻打维州，都以惨败收场。

大多数官员对李德裕的建议表示支持,但牛僧孺长久以来一直坚持他的招抚政策,所以毫无疑问地表示反对李德裕收复维州,他对文宗说:"万岁,您知道,吐蕃的疆土广阔,失去一个小小的维州,并没有多大的损害。这几年,我朝和吐蕃的关系一直很好,两方约定罢兵,对戎狄之邦,各个朝代都是很讲信用的。如果让李德裕挑起战事,抛弃信义,肯定会被周边的国家所耻笑。吐蕃肯定也会以此为借口侵扰我大唐边境,即使得到了一百个维州又有什么用呢?所以,即使是匹夫也不愿意这么做,万岁,您不会也有此心吧。"

牛僧孺的这番话也不是没有道理的,但是要看从哪方面来进行考量了,他注重国家之间的信义,而李德裕强调的是国家的利益,两人看问题的角度不同,所以也没有对错之分。而对立双方碰巧是牛、李两党的领袖,所以两党的矛盾必然会激化。文宗最终采纳了牛僧孺的意见,李德裕不情愿地将维州还给了吐蕃,为了表示诚意,前来投降的悉怛谋等人也被遣送回吐蕃。而吐蕃人在边境上,放肆地屠杀了悉怛谋等人,一点儿也不避讳,就是让唐人看看的架势。唐朝的信义是国与国之间的,悉怛谋等人本来想谋求唐人的庇护,却遭到了背叛。

不过,这事事关重大,并没有这么快就结束。过了很长时间,牛僧孺还为此事感到不安,李德裕更是一直记在心中,怎么也放不下。十多年过去了,直到会昌三年(843)"维州事件"的责任到底该谁来负责还在追究。如果对待藩镇,两党态度的差别实在很大,武帝时李德裕担任宰相,用积极的态度收复了昭义镇,解决了回鹘、吐蕃问题。

关于科举制度的改革问题,前面已经提过牛党的成员大部分是进士出身,李党的成员大多受祖荫做官。家世背景不同,对科举考试的看法也不同。李宗闵和牛僧孺同为进士,相互看重,他们继承了通过"座主""门生"的关系形成由科举为官者组成的党派。而李德裕、郑覃都是以祖荫入官,他们受到家庭的熏陶,对科举考试出身的官员看不上,其他的公卿子弟以他们为核心自觉地形成了对抗进士出身官员的牛党。两党之间互相攻击。其实两党的成员并不是绝对的,在李党中也有反对李德裕政见的公卿者，牛党里也有反对李宗闵和牛僧孺的进士者。两党对待科举制度的态度也是不同的，牛党认为现在的科举制就很好，而李党认为需要对现行的科举制中的进士科考进行改革。

唐朝科举制考试分"常科"和"制举"两种，每年都举行六科"常科"，其中"进士"一科尤为重要，如果榜上有名，那么从此以后就是做官的出身，有条件参加科举试，只要考中了就能封官。"进士"科考试的科目为诗赋，"制举"试则是对时事发表看法。当然，如果出身官僚家庭，有祖荫可恃的公卿子弟就不需通过考试就能做官。李德裕既没有参加过科举考试，似乎也不屑于参加，他对武宗说："公卿子弟从小耳濡目染，对朝廷的礼节、规章制度都比较熟悉，而且也具备了处理政事的能力，做官时能够脚踏实地地办事。而寒门子弟中第，也只会写些脱离现实的浮华诗文，所以朝廷选官应该多选公卿子弟。"

李德裕第一次担任宰相的职务时，就曾经利用手中的相权试图改革进士科，第一项改革是进士改试论议，不再考诗赋；第二项改革是废除宰相阅榜，目的是防止宰相作弊，在发榜前更换名单。但这次改革的时间并不长，李德裕被罢相后改革就中断了。等到李德裕第二次担任宰相的时候，立志干一番事业的李德裕又对进士制进行了改革。第一项改革是阻止座主和门生的关系，进士不能再称知贡举者为"座主"，及第之后不能再和知贡者往来频繁，举行宴会。因为及第的门生将主试看成是改变他命运的再生父母，即使过去很久，及第的门生和主试之间也维持着很好的关系，这充分体现了古代唯有读书高，读书改变命运的观点。如果每个人都有一条正常的上升途径，而不仅仅是当官，依靠制度维系，而不是人情，那么主试对及第者而言也就不是这么重要。

为了防止同门师生结成朋党，李德裕提出禁止"曲江宴会"。这是及第后的新进士之间联络感情，相互熟悉的各种宴会之一，场面特别热闹，宴会在长安城东南的曲江池举行，故称为"曲江宴会"。大家在江上喝酒划船，还有舞女助兴，舞女轻歌曼舞，好不热闹。同年进士在这种活动中感情增进，结成朋党。不过，宣宗继位之后，进士的"曲江宴会"得以恢复。

关于如何对待宦官，两党对宦官的胡作非为深感不满，但是在争权夺势的同时又要借助宦官的力量。唐朝的权势宦官甚至能够操纵皇帝，因为靠祖荫入仕的李党更容易进入中央机构任职，而进士出身的牛党成员只能从地方官员做起，需要熬很多年，资历、能力得到认可才有可能进入中央为官。为了更快速的进入中央机构，牛党与宦官走得比较近。牛党的李逢吉和牛僧孺就是借助宦官的势力才入相。而且在和李党的权力斗争中，多次得到了宦官的支持。

李德裕对宦官有着本能上的厌恶，但是也知道必须要依靠宦官才能入相。不过，想要有所作为，就要在一定程度上打击宦官的势力。在李德裕担任淮南节度使时和监军宦官杨钦义的关系很好，在杨钦义担任枢密使后，推荐李德裕入相，所以李德裕才有机会大展宏图，在武宗朝创造了很好的政绩。当然，如果不是李德裕压制宦官的势力，也不能取得这些成绩。所以，李德裕对待宦官的态度是既拉拢又排挤，才能既保住了他的地位，也能借此成就一番事业。

很多时候，两党之间可以说是意气用事，两败俱伤。郑注和李训两人结党得势，利用牛李两党的相互攻击，将两方的成员都清除出了重要的中央机构。牛李两党的斗争浪费了人力、财力，很多时候只能说是得不偿失，也被宦官所利用。大中三年（849年），牛党的党魁牛僧孺和李德裕去世，牛李党争渐渐告一段落。

第七章 唐朝宦官和宰相权力之争

宦官势力日益增加

唐代的宦官和宰相之争也被称为"南衙北司之争",因为以宰相为首的政府机构设置在京城长安宫城之南,所以通称为"南衙";由宦官组成的,皇宫以北的内侍省,主要负责皇宫内部事务,设置在皇宫的北边,因此被称为"北司"。南衙北司之争从唐肃宗时期开始,直到唐王朝灭亡结束。这场斗争中双方的矛盾一直激化,越来越尖锐,残酷而又血腥,甚至在矛盾无法调和之际,双方发生了一场腥风血雨的武力争斗。

从武则天时期开始,唐中宗、唐睿宗时期,中央政权的内部都发生了激烈的斗争。皇族、外戚、后妃、大臣各自组成小的政治集团,争权夺利,相互倾轧,政局非常混乱。皇帝的权力深受威胁,对于人人都想分一杯羹的权力,皇帝很难相信大臣、后妃对他是忠诚的,身边除了宦官没有什么人可用。所以皇帝就起用宦官对付复杂的政治斗争。

中宗时期,宫内的宦官明显增加,宦官的地位也明显提高。在皇帝的默许下,少数大宦官替皇上办事,开始干预朝政。因为宦官经常在皇帝身边伺候,所以能摸透皇帝的心思,对于各个政治派系来说,宦官可是皇上身边的人,所以对宦官特别重视,就连最大的宰相也不得不笼络宦官,好让他们在皇帝面前为自己说好话。中宗时期有一个大臣叫窦怀贞,他特别敬畏宦官的权势,如果有没有胡子的人拜会他,他就误认为这人是宦官,接待的时候不敢有丝毫懈怠。

唐朝的功臣宿将是很强势的,他们相互之间结党争夺权势,导致政局动荡,对皇权有着很大的威胁。唐玄宗对功臣宿将一直怀着戒备心理,为了防止大臣、将领的权力膨胀,他大力提拔身边的宦官,任用亲信宦官参政领军。宦官杨思勖率领军队专门负责讨伐事宜,黎敬仁、林招隐负责宣诏唐玄宗的命令,其他的像牛仙童、朱光辉等人有的担当外交使节,有的在殿内值班,保护唐玄宗的安全,还有的充任监军,监督边防重镇的将领。

他们拥有很大的权力,所以肆意妄为,勒索节度使,节度使还不敢说什么。唐玄宗最重视的宦官是杨思勖和高力士。杨思勖多次出征、凯旋归来，受封为虢国公，当上了从一品的骠骑将军。高力士曾经告诉唐玄宗太平公主谋位之事，在争夺皇位的斗争中立过大功。平时，他还亲自伺侍李隆基的生活起居，所以深得唐玄宗的宠信，担任了内侍省的"知内侍省事"，这是内侍省最大官，所有的宦官都在他的管辖之下。高力士在玄宗面前说话很有分量，他曾经推荐过朝廷中的宰相，比如李林甫、安禄山、杨国忠等人。

唐玄宗时期宦官的人数达到三千多人，其中大部分还能当官，五品以上的就有一千多人，受到唐玄宗宠信的宦官甚至能当上三品以上的高官，穿三品以上朝官才能穿的紫色衣服，宦官的权力不断扩大，但是现在的宦官羽翼还不丰满，因为所有的权力都是皇帝给的，皇帝能够随时收回来。

唐玄宗还是会控制宦官对朝政的干涉，即使是他最信任的宦官高力士，高力士曾经劝玄宗，要限制李林甫的权力，不能将处理政事的大权全部交给李林甫，这是忠言，但是却遭到了玄宗的训斥。这个时候，宦官和朝官虽然有一点儿小的矛盾，但是双方并没有敌对和仇视，因为皇帝还能控制他们。但是随着宦官权力的增加，双方展开了一场权力拉锯战。

朝官和宦官的权力斗争

在安史之乱爆发后，唐玄宗带着太子等家人出逃，来到马嵬时，服侍太子李亨的宦官李辅国暗地里策动禁军杀死杨国忠，逼迫唐玄宗缢杀了宠爱的杨贵妃。李辅国建议太子带领军队直奔灵武。不久，李辅国劝太子登基，收拢人心。至德元年（756年），李亨即皇帝位，就是唐肃宗。

李林甫、杨国忠都曾经诬陷太子，想将唐肃宗赶下太子之位，双方的矛盾很尖锐。当时朝廷的大多数官员都是李林甫和杨国忠的亲信，所以，肃宗并不信任这些宰相、大臣。而太监李辅国在自己登基的时候立了大功，还替自己除去了杨国忠，于是唐肃宗提拔、重用自己的随从，李辅国立了大功，被破格提拔为太子家令、判元帅府行军司马。他主要

第七章　唐朝宦官和宰相权力之争

管理各地的奏章，皇帝的符印，权力很大。在长安被收复之后，肃宗回朝，李辅国还专管皇帝禁军，拥有了兵权，李辅国等宦官借此机会从大臣手中抢夺更多的权力。

宦官实际上是皇上的家奴，从小接受的教育也是怎么把主人伺候得更好。这时候，李辅国等大宦官仗着拥立皇上的功劳，参与朝政。李辅国已经成为内侍省最大的宦官，他还担任兵部尚书、中书令、司空、判元帅府行军司马等政府职务，权力比玄宗时的高力士要大。在唐肃宗和唐代宗时，大宦官李辅国、程元振和鱼朝恩还掌握着军兵权，宦官还拥有各地藩镇军队的监视权。唐代宗时期的宦官董秀担任枢密使，帮助皇上处理朝政大事，掌握着国家机密，替皇上宣布诏令，实际权力已经超过宰相。宦官干预朝廷官员的选拔、任用。大臣们要想快速得以升迁，投靠宦官是最便捷的方法。权力重心向宦官一方倾斜，宦官还在各地安插耳目来监视官员，官吏只要有一点儿小过失，就会受到审讯、拷问，朝官的人身安全都没法得到保证。

李辅国就经常到翰林院所在的银台门处理政事，宰相和各部尚书有什么事要向皇上请示，他一定要先知道，之后才能向皇帝上报。文武百官如果有什么紧急的事想要在朝见时间之外禀告皇帝，须要先经过他的同意。他没有什么法律知识，随意判决地方和中央的案件。因为肃宗和玄宗之间有矛盾，李辅国就造假圣旨将唐玄宗幽禁在大明宫内，不允许他出宫。在李辅国的支持下，代宗才能顺利即位，所以李辅国自认为自己是大功臣，甚至不把代宗放到眼里，变得更加专横。他直接对唐代宗说："大家（对皇帝的称呼）只管在宫里坐着，老奴我来处理外面的事情。"

李辅国连皇上都敢欺负，至于朝官，他更加不放在眼里，因为宰相李麟、苗晋卿没有讨好他，所以被罢免。李岘、李揆担任宰相时，见到他要给他行弟子的礼节，还要叫一声"五父"，表示对他的尊重。大宦官鱼朝恩每次向皇上奏事，对皇上的态度很是强硬，必须要按照他的意见来，否则就会发怒："天底下的事有不由我的吗？"鱼朝恩略通文墨，但他认为自己学问很高，附庸风雅，还要求到国子监，也就是当时的皇家大学里担任主事，代宗不得已任命他为知国子监事。

北司宦官夺取了宰相和百官的权力，百官自然不服。百官的出身比宦官高，从小就接受正统的儒家教育，精通儒家学说，看过很多治国方面的典籍，当官之后又增加了很多实际经验。他们希望用自己的知识和才能为国家做贡献，通过科举考试的选拔，进入国家政府机构工作，一步步的升迁，升级到高级官员。但就是因为宦官专权，他们中大部分人的仕途都发生了改变，出人头地的机会也渐渐减少。

乾元二年（759年），李辅国对肃宗说京城长安的强盗很多，为了保护皇上的安全，要求唐肃宗批准他选拔五百名羽林骑兵在城中巡逻。关于京城的安保问题，唐朝规定，主要是交给金吾大将军手下的金吾士兵来执行，由南衙管理。而北司则掌管着皇帝的禁军羽林军，主要负责皇宫的安全。这两支军队相互制约，任何一支军队发生叛乱，另一支军队则成为镇压叛乱的力量。李辅国这是在公开地夺取南衙的权力，如果将保护京城的任务交给羽林军，南衙肯定不会同意。于是宰相李揆给皇帝上书说："我朝设置南衙、北司，目的就是为了相互监督。现在用羽林军代替金吾军巡夜，如果发生了叛乱或政变，用什么来压制呢？"肃宗考虑到自己的安全，就没有同意李辅国的要求。

宰相李岘在朝堂上详细列出李辅国擅权专政的罪行，皇帝听取了李岘的汇报。李岘说按照规定，皇帝的诏书应当由中书省起草、发出，但是李辅国以军国大事繁多为借口，经常直接向大臣们口传诏命，没有经过中书省，所以李辅国经常假传皇上的圣旨。李岘跪在肃宗面前，请求他收回李辅国口传圣旨的权力，把起草、发布圣旨的权力交还给中书省。肃宗认为李岘说得有道理，就下令停止了李辅国口传圣旨的权力，并且还下令让李辅国将断案审判权交还给南衙各部门，撤销了他监督官员的察事厅。在南衙官员的支持下，李辅国的威权受到大大的打击。从此以后，李辅国对李岘很是忌恨，终于找到借口指责李岘结党，李岘被贬出了京城。

上元二年（761年），李辅国当上了兵部尚书。李辅国大大地庆祝了一番，邀请了宰相和百官，让御厨为他们设宴，请太常乐队来演奏，热闹非凡。李辅国非常高兴，对兵部尚书还是不满足，竟然和唐肃宗说想当宰相。唐肃宗没有想到李辅国当官的欲望怎么都填不满，但是又不好

第七章 唐朝宦官和宰相权力之争

直接拒绝他，对李辅国说："以你的功劳，当什么官都可以，只是不知道你在南衙朝官中的威望怎么样！"

于是，李辅国就在仆射裴冕等人面前表示让他们推荐自己当宰相的想法，李辅国是这样想的：自己在皇帝面前是红人，还掌握着军权，应该没有什么人敢反对自己吧！但是，令李辅国没有想到的是，很多南衙官员的最高梦想就是当宰相，怎么可能容忍一个宦官来领导他们呢？而且这也是最大的侮辱。肃宗也认为李辅国实在太得寸进尺了。但是如果群臣害怕李辅国，而向自己推荐让他当宰相的话，又不能拒绝他。那么该怎么办呢？唐肃宗想了一个主意，私下里对大臣萧华说："李辅国向我要宰相当，如果你们大家都推荐他当，我就不得不让他当了。"萧华懂得了皇上的意思，对裴冕等人说："即使将我的胳膊砍断，李辅国也不能当宰相！"萧华的反对得到了大家的共鸣，在百官的压力下，李辅国最终没有当上宰相。

唐代宗登基之后，意识到对自己权力威胁最大的就是李辅国，就设法削弱李辅国的势力。他提拔了另外一名宦官程元振与李辅国相对抗，首先将程元振提高到与李辅国相当的位置，然后撤销了李辅国担任的兵部尚书、中书令和判元帅府行军司马。宝应元年（762年）十月十八日的夜里，李辅国家里闯进了强盗，李辅国被杀死，这件事据说是代宗派人干的。

谁知道程元振比李辅国还要骄横，他掌握着禁军，权力很大。在讨论政事时，宰相裴冕不同意程元振的意见，被贬为施州刺史。宰相来瑱曾经在襄阳担任山南东道节度使，程元振有事求于他，但是来瑱没有理睬他的请求，程元振对此一直怀恨在心。来瑱来到京城当上宰相之后，就遭到程元振的打击报复。在代宗面前，程元振诬陷来瑱对皇帝不敬，背地里联系反叛的藩镇意图谋反，结果代宗免去了来瑱的一切职务，还将他流放到播州。在路上，来瑱被赐死。程元振对裴冕、来瑱的打击迫害，让大臣和地方节度使都很愤恨。

广德元年（763年），吐蕃大举入侵唐朝，边境告急，程元振竟然隐瞒了军情，代宗什么都不知道。直到吐蕃逼近长安，唐代宗仓促之下逃到了陕州。他下诏书命令各地节度使出兵抵御吐蕃，保卫皇帝的安全。

因为程元振擅权误国，加害名将来瑱，李光弼等大将对他恨之入骨，结果没有一支军队听从代宗的命令护驾。太常博士柳伉借此机会对代宗说："如果陛下您想要保存祖先的宗庙社稷，就杀掉让天下人仇恨的程元振；还要把所有的宦官都交给州郡管理；把神策禁军的指挥权交给朝廷大臣。"

这番话言词恳切，也是绝大多数朝官的心里话。代宗将程元振贬为平民，赶回了老家三原。程元振并不甘心就此失败，当他知道吐蕃已经退出长安，代宗又回宫的消息后，就悄悄地穿上女人衣服，化妆之后潜入长安进宫见代宗，没想到京兆府的官吏认出了他，并将他抓获，最后被流放。

这一时期大宦官鱼朝恩也很受宠信，他被任命为天下观军容宣慰处置使，与史思明作战的九支节度使部队就由他来指挥，而且神策军也在他的领导之下。神策军原本是节度使的军队，鱼朝恩将这支军队的指挥权从陕西节度使手中夺来，在改造之后，就成为了属于北司的强大禁军力量，也巩固了鱼朝恩的地位。鱼朝恩手握重兵，就不把大臣放在眼里，飞扬跋扈，干涉朝政，仗着皇上的宠信，还总是训斥官员。

有一次，鱼朝恩给大臣们开会，给宰相挑刺说："宰相责任重大，应当调和阴阳、安抚百姓。可是现在天下不是出现旱灾就是发洪水，京城的驻军连给养都无法供应，皇上为此非常焦虑。你们宰相是怎么为皇上分忧的呢？还不快给贤德之人让位！"宰相元载畏惧鱼朝恩的权势，没有与之争辩，受到如此呵斥也不敢吱声。这时，户部郎中相里造站起来慢慢地说："阴阳失调，五谷涨价，祸根就是你观军容使。数万的军队驻扎在京城而不回到自己的防地，你又调来十万名神策军，这才导致军粮供给不上，这都是你一手造成的。宰相做错了什么呢？"这番话言之有理，鱼朝恩被反驳得张口结舌。

因为李辅国的支持，元载才当上宰相，李辅国死后，他又投靠了担任枢密使的宦官董秀，所以和鱼朝恩的矛盾很大，双方既有南衙北司之争，又有派系斗争。鱼朝恩经常在公开场合对元载说些难听的话，虽然元载表面工夫做得很好，并没有流露出不满的神色，就像鱼朝恩说的是别人，实际上心里对鱼朝恩的这种挖苦非常忌恨。他派人暗中监视鱼朝

第七章 唐朝宦官和宰相权力之争

恩，将鱼朝恩的骄横告诉唐代宗。大将郭子仪参加平定安史之乱、击退吐蕃，立下了大功，鱼朝恩多次在代宗面前说郭子仪的坏话。郭子仪也认为鱼朝恩一直掌管着神策禁军，时间长了，肯定会出大乱子。元载和郭子仪一拍即合，向唐代宗报告说要除掉鱼朝恩。

唐代宗也认为鱼朝恩长期手握重兵对自己不利，就认可了元载的计划。他吩咐元载说："一定要妥善处理，不要反过来被鱼朝恩伤害。"大历五年（770年）三月寒食节，唐代宗在宫中请百官吃饭。宴会之后，唐代宗留下鱼朝恩，说有要事和他商量，唐代宗指责鱼朝恩意图谋反。鱼朝恩焦急地为自己辩护，言词非常粗鲁。这时，宫中的卫士合力抓住鱼朝恩，鱼朝恩被缢杀了。

这时候，宦官的权力还是皇上赐予的，禁军也没有被宦官完全地控制，所以宦官还没有形成不依赖于皇权而形成的独立势力。如果宦官的权力威胁到了皇权，皇帝可以及时收回权力。鱼朝恩死后，皇上就没有再让宦官掌握兵权。这一时期南衙和北司的斗争，双方有胜有负，南衙稍微占了上风。

二王八司马事件

永贞元年（805年），唐德宗去世。按理说太子李诵要立刻继位，但是他身患重病，卧床不起。德宗在位时期，重用宦官，而李诵则不喜欢宦官。宦官们知道只要李诵继位，肯定对他们不利。正当宦官为太子继位之事犹豫的时候，翰林学士卫次公等奉召来到金銮殿，和宦官们商议起草遗书宣布太子登基的大事。宦官们还不敢公开地反对太子即位，在卫次公等人的支持下，按照遗诏，太子李诵继位，局势稳定下来。李诵即位，为唐顺宗。

唐顺宗即位后首先要改革德宗时期的弊端，其中一项就是禁止宦官把持官市。他的改革主要是由翰林学士王伾、王叔文团结一批反对宦官的朝臣如刘禹锡、柳宗元等人进行的。宦官俱文珍、刘光琦和神策军护军中尉本来就反对顺宗即位。而王叔文等人的改革损害了宦官的利益，俱文珍等人肯定不会束手待毙，而是找机会和王叔文等人作对。王叔文意识到只有夺回兵权,才能让改革顺利进行。

顺宗对他们想要夺回兵权的想法很是支持,于是任命老将范希朝为神策军京西诸城镇行营节度使,又派韩泰担任范希朝的副手,目的是夺回北司的神策军指挥权。神策军将领肯定不会痛快地交出兵权,就给护军中尉写信询问发生了什么。宦官们恍然大悟:这是要夺我的军权啊!他们勃然大怒:"如果听从二王的安排,我们一定会死在他们手里。"于是,护军中尉密令神策军将领不要把兵交给别人。

当范希朝和韩泰赶到奉天(今陕西乾县)准备接收兵权时,竟然没有人听从皇上的诏令交出兵权,集体违反皇命。俱文珍等人在宫中抓紧活动,设法将王叔文翰林学士的职务削去,让他不能进宫议事。接着俱文珍等人策划发动宫廷政变,顺宗被这些宦官废掉。

南衙内部也并不团结,王伾、王叔文等人出身寒微,依靠科举考试进入仕途,没有什么靠山,还和掌权的宦官对着干,在南衙中受到不公平对待。那些出身门阀大族的朝官自恃出身高贵,不屑与出身庶族的王叔文等人合作,有些官员已经完全投靠宦官,成为他们的走狗,与王叔文等人的改革作对。所以南衙内部的派系斗争也毁掉了消灭宦官的计划。

这年七月,顺宗被俱文珍、刘光琦等宦官强迫让位。八月,太子李纯即位,为唐宪宗。随后,王伾被贬为开州司马,王叔文被贬为渝州司户。第二年,王叔文被赐自尽。刘禹锡、柳宗元等八人被贬到地方担任司马,这次的事件被称为"二王八司马事件"。这一事件体现了宦官的权力之大,连皇帝都无法制衡了。

在宦官的支持下,唐宪宗登上皇位,所以对宦官更加宠信。这时的宦官势力如日中天,而且已经不是只有一二名大宦官,而是北司的权力大大增加,凌驾在南衙之上。著名的诗人元稹担任监察御史,因事由东都洛阳返回长安,来到敷水驿暂时休息。正当他准备住下,宦官刘士元带领一批随从闯进驿站,直接叫骂让元稹让出住处。虽然监察御史的官职较低,只是个八品官,但是却能够监督官员,弹劾官吏的违法行为,一直受到其他官员的尊重。

而一个不知名的宦官竟然如此嚣张,让监察御史让出住房,元稹的气不打一处来,上前去和刘士元争论,没想到刘士元根本不讲理,还让随从用马鞭抽打元稹，可怜的元稹被打得一头一脸的伤，都没法见人了。回到长安，刘士元恶人先告状，在宪宗面前诬告元稹对宦官无礼，宪宗直接就把元稹贬为了江陵士曹。翰林学士李绛、崔群、白居易都替元稹抱不平，宪宗却置之不理。

宦官的权势过大，南衙的朝臣则明显分成两派。一派为了升官发财甘愿为北司服务，极力奉承巴结他们。当时最受皇上宠信的宦官是吐突承璀，担任神策军左护军中尉。元义方和吐突承璀的关系好，宰相李吉甫为了巩固自己的宰相地位，巴结吐突承璀，就提拔元义方为京兆尹，正直人士对他的行为充满了鄙视。还有一派朝臣则对宦官敬而远之，经常对抗北司。

元和四年（809年），河北藩镇王承宗叛乱。左神策中尉吐突承璀主动向宪宗要求出兵征讨，来树立自己的军威。十月，宪宗任命吐突承璀为左右神策、河中、河阳、浙西、宣歙等道行营兵马使、招讨处置等使，讨伐王承宗。唐朝的军队编制，如果出兵作战时没有设置行营节度使，直接的统帅就是兵马使，负责指挥作战的将领、军队。

肃宗、代宗时鱼朝恩虽然担任观军容使，实质上负责指挥各地将领，也就是监督各地将领的，按规定不能直接指挥军事作战。因为皇帝重用他，所以诸将才请示他，不敢专断。现在吐突承璀却被任命为兵马使，南衙朝臣马上表示反对。翰林学士白居易上书说："陛下以吐突承璀为制将、都统。天下人听了恐怕都要鄙笑朝廷。难道陛下真的忍心破坏祖宗制度，让后人嘲笑吗！"但是宪宗丝毫不理会这些反对的声音。几天后，朝臣汇集在延英殿商讨国事。度支使李元素、盐铁使李廓、京兆尹许孟容、给事中吕元膺、右补阙独孤郁等人再次极力反对对吐突承璀的任命，在重压之下，宪宗只好改任他担任宣慰使。

吐突承璀的征讨失败了，百官上奏弹劾他，翰林学士、司勋郎中李绛在宪宗面前激烈抨击吐突承璀专横，还有宦官侵害朝政，诬陷忠臣良将。他言辞恳切地对宪宗说："宦官大部分都不懂礼义，不分辨是非，唯利是图，召权纳赂，他们还插手朝廷大事，自古以来宦官专权导致国破家亡的事，史书中有很多记载，陛下难道就不防备他们吗？"宪宗听了觉得有理，就罢免了吐突承璀的护军中尉职务，降职为军器使。

到了元和七年（812年），李绛担任宰相，他给宪宗建议说："长安的西面、北面驻扎着神策军兵营，他们负责抵抗吐蕃入侵，但是各将领作战时首先要先禀明护军中尉，然后才能和当地节度使军队一同出兵。因为节度使没有权力指挥神策军，往往最好的作战时机被贻误了，即使神策军的战斗力很强，也抵御不了外寇的入侵。陛下最好让当地节度使指挥神策军兵营的人马、衣服粮食、刀枪器械，这样的话容易指挥作战。这样，抵御吐蕃的入侵就能收到效果。"

宪宗认可了李绛的提议，宦官掌握兵权也威胁到了皇帝的权力，所以准备按照李绛的建议施行这一方案。如果让北司交出兵马武备，肯定大大削弱了宦官的实力，宦官集团肯定无法同意。宦官私下活动，准备阻止皇帝的夺权行为，他们让神策军将领上书给皇帝表示不同意神策军以后由地方节度使领导，同时也在宫中暗中活动，向宪宗施加压力，宪宗最后没有实行这一计划。

李绛多次打击宦官的行为都失败了，宦官们对他很是忌恨，在宪宗面前进谗言，李绛最终被罢免。吐突承璀也最终得以回到长安，担任了左神策中尉的职务。南衙与北司之间的权力斗争越来越激烈，南衙失败，北司胜出。

甘露之变

元和十五年（820年），宪宗突然去世，据说他去世前身体很好，谣传是内常侍宦官陈弘志给毒死的。随后宦官梁守谦、王守澄拥立太子李恒即位，为唐穆宗。但是穆宗在位没多久，就得了风病去世了。官方说法是穆宗与宦官打球，谁知一名宦官从马背上坠落，穆宗受到了惊吓，从此就卧床不起了，两年后死去。到底是不是真的，没有人知道。唐敬宗继位，但是两年后被刘克明等宦官杀死。这个时候，宦官的势力已经连皇帝都无法制衡，如果皇帝不听宦官的指挥，连性命都不保。

宦官内部也是一片混乱，拥立的皇子也不同。太和元年（827年），宦官王守澄发动宫廷政变，杀死了宦官刘克明和他拥立的敬宗。他扶持唐文宗登基。虽然唐文宗是宦官拥立的，但是他心里一直都想有所作为，毕竟自己的祖父宪宗、哥哥敬宗都是死在宦官的手中，他也只是傀儡罢了，所以他决心清除宦官势力，夺回皇权。这时，朝廷内部有牛李党争，他们的势力此消彼长，依靠宦官进行朋党斗争，相互排挤。文宗也不信任他们，暗地里选择忠于自己的帮手。

太和二年（828年），进士刘蕡在应制举贤良方正中敢于直言说出朝廷的弊端，引起了宫廷的震动。翰林学士宋申锡请文宗一定要制定完整的计划，寻找机会将王守澄除去，最终消灭宦官专权。文宗看重宋申锡的忠心，决定重用他铲除宦官。文宗让宋申锡担任宰相，宋申锡引用吏部尚书王璠为京兆尹，传达皇帝的密旨。没想到王璠将密旨的消息透露了出去，宦官知道了这件事。王守澄立即对宋申锡打击迫害，让人诬告宋申锡背地里谋反，准备拥立漳王李凑作皇帝，还准备派二百名骑兵将宋申锡全家人都杀死。幸运的是，另一个还算正直的宦官马存亮劝说王守澄，王守澄才放过宋申锡的家人。

王守澄派人把宰相们都叫到中书省的东门，进入延英殿和皇帝商议政事，宋申锡想要进殿，被阻止了，宋申锡只好退回。另外几位宰相听说了宋申锡谋反的事情之后，都表示很意外，但是其他宰相畏惧王守澄的权势，并没有替宋申锡求情。过了很久，他们才说："应当将事实真相查明，然后再定罪。"

王守澄污蔑漳王谋反，即刻派人搜捕漳王的府邸，抓住了漳王的内史晏敬则和朱训进行严刑逼供。两人屈打成招，被迫承认漳王有谋逆的行为，于是王守澄决定以谋反罪杀掉漳王和宋申锡。大臣们听到消息之后，没有坐以待毙，谏议大夫王质、给事中李固言以及卢钧、裴休等朝臣立刻坚决要求北司将案件交给南衙的有关部门进行第二次复审。左常侍崔玄亮跪在文帝面前，泪流满面地说："陛下，杀一个普通的百姓都不能掉以轻心，何况是杀宰相呢！"宰相牛僧儒也说："身为人臣的最高职位就是宰相，宋申锡已经当上了宰相，他还为什么还要谋反呢？我看他肯定不会谋反。"南衙的大臣这次团结起来坚决抵制北司，而且宦官集团内部也存在着不同的意见，所以王守澄最终决定退让。漳王李凑被贬为巢县公，宋申锡被贬为开州司马，后来病死在开州。晏敬则、朱训则被判处死刑。

宋申锡事件之后，唐文宗更加坚定了铲除宦官的决心。王守澄为了对付另一派宦官，推荐了工部尚书郑注和兵部郎中李训给文宗。文宗和这两位大臣很谈得来，李训、郑注也痛恨宦官，他们建议文宗先杀死宦官，然后收复被吐蕃侵占的河湟地区，最后消灭河北割据势力。这几件大事都是文宗最关心的，所以文宗决定将消灭宦官的任务交给他们两个大臣。

为了能够一网打尽宦官，李训、郑注制定出了缜密的计划。因为王守澄和左神策中尉韦元素、枢密使杨承和、王践言等人长期不和，在王守澄的支持下，这三人被贬出长安，先后杀掉，这样的话宦官的势力已经被削弱很多。在拥立文宗时，宦官仇士良也立了大功，但却没有得到王守澄的提拔，于是仇士良对王守澄一直心怀不满。利用两人之间的矛盾，李训、郑注推荐仇士良当了左神策中尉，王守澄的权力被削弱。

宪宗是被宦官陈弘志杀死的，此时陈弘志在兴元府（今陕西汉中）作监军。李训设计将他骗进京城，在他回京的驿站中杀死他。据说王守澄也参与害死了宪宗。李训、郑注表面上提拔他当左右神策军观军容使，实际上威胁王守澄要追查宪宗的死因，将他右神策中尉的实权解除了。不久之后，他们毒死了王守澄。李训、郑注的行为让宦官感到震惊。

太和九年（835年）秋天，文宗任命李训、舒元舆担任宰相，郑注担任凤翔节度使，郭行馀担任邠宁节度使，王璠担任河东节度使，以赴镇的名义招募了几百名亲兵。韩约被任命为左金吾卫大将军，掌握宫廷卫士。京兆少尹罗立言带领京兆府的军卒，御史中丞李孝本带领御史台的卫士准备好了。他们准备血腥地屠杀宦官。

十一月二十一日，文宗在紫宸殿讨论政事。左金吾卫大将军韩约向皇上上奏，说在左金吾厅后面的石榴树上有甘露出现，这是吉祥的征兆。左金吾厅位于含元殿的旁边，于是文宗和百官来到含元殿观看甘露的吉兆。文宗让李训等人先去观看。李训趁机让韩约将金吾兵埋伏好，召集郭行馀、王璠率领的数百名亲兵，携带武器在丹阳门外埋伏好，只等一声令下，就冲进宫去接应。这一切布置好之后，李训回到含元殿报告给文宗说：“甘露已经看不见，我看未必是真的，陛下暂时还是不要宣布出去，否则天下的官吏都要庆贺。”文宗听了暗号之后，说："有这样的事吗?"他示意仇士良、鱼弘志带着宦官去探视。

宦官走了之后,李训马上召郭行馀、王璠接旨,让河东、邠宁兵士入宫,邠宁兵竟然没有赶到,只有河东兵进入含元殿。仇士良等宦官来到了金吾厅,正好看到韩约。韩约这时已经吓得面色苍白,冷汗不断地冒出来。被蒙在鼓里的仇士良感到很惊讶,问道:"将军为什么这样紧张?"忽然吹过来一阵风,将金吾厅里的围幕吹起来,藏在后面的全副武装的士兵全都露了出来。仇士良立刻意识到他们中计了,急忙向门口跑去,守门的士兵想要把门关上,不让他们出去,这时仇士良大声地训斥了一声,士兵竟然没有关上门。

仇士良等宦官急忙赶回含元殿向文宗告急,李训看了之后,大声呼道:"金吾兵速来护驾,每人赏钱百缗!"宦官们见大势不好,大叫:"事情急迫,请陛下回宫!"文宗被宦官强制地抬上了软轿,往皇宫的方向跑。李训紧紧拉住轿子不放,喊道:"臣奏事未完,陛下不能回宫!"这时,金吾卫士来到殿上,罗立言带着三百多个军卒;李孝本率领御史台从人二百余人,都上殿来和宦官打斗,一时间十多个宦官被打死打伤。宦官郗志荣一拳将李训击倒,仇士良等人将文宗抬到了宫中。宦官们逃脱了险境直呼万岁,百官吓得四处逃散。李训知道不能留在长安,换上从吏的衣服,迅速逃出长安。

安全了的仇士良命令神策军将领刘泰伦、魏仲卿各率五百名军卒赶到南衙,只要见到南衙官员,一律杀死。禁军赶到南衙,来不及逃走的南衙官员都惨死在屠刀下。一时间南衙充满了杀戮气氛,所有的官吏,以及附近的商贩,都无一幸免,尸体横七竖八地堆着。仇士良下令让神策军封锁城门,在长安城中进行大搜捕,并派骑兵追捕逃出长安的李训,李训被抓住并杀掉。参与这次兵变的舒元舆、王璠、郭行馀、罗立言、李孝本等人被活捉,韩约被乱兵杀死。宦官们对南衙这次仇杀他们的行为恨之入骨,连无辜的宰相王涯、贾𫗧也被抓起来,送到神策军营。

十一月二十五日,左、右神策军全副武装的六百名甲士,用竹竿挑着李训的头走在前面,后面跟着王涯、贾𫗧、舒元舆和王璠、罗立言、郭行馀、李孝本等人,被甲士看着游街示众,他们被推到独柳树下,全部斩首。仇士良连他们的无辜的亲属也没有放过,无论亲疏,都一律处斩。这就是"甘露之变"。总共有一万多人被杀。

甘露之变惨剧的发生是不可避免的,是南衙北司之间长期斗争的必然结果,他们势如水火。仇士良等人直接挑选依附他们的李石、郑覃当宰相,他们对南衙产生了刻骨的仇恨,将南衙的官员视如草芥。宦官参与宰相之间的议事,一切政事命令都由宦官下达,宰相直接执行,成为下达文书的摆设而已,北司成为隶属南衙的附属。

因为唐文宗支持了谋杀仇士良等宦官的行为,仇士良直接在文宗面前说了不客气的话,文宗身为皇帝,也不敢反驳,被软禁了起来,四年后,文宗病死了。

宦官的权力凌驾在皇权之上

甘露之变后,仇士良本来想废了唐文宗,但是因为文宗已经在位九年,如果被废有可能会引发大乱,更重要的是因为重要的藩镇将领向北司施加军事压力,如昭义节度使(驻潞州,今山西潞城市)刘从谏就准备以武力消灭宦官。所以仇士良等人最终才没有害死文宗。但当文宗病危时,仇士良、鱼弘志等不及了,拥立李瀍为皇太弟,杀死文宗的太子李成美以及贵妃杨氏。只要亲近文宗,受到他信任的乐工和内侍都被杀掉,差不多有四千多人因此被杀。

李瀍继位,为唐武宗。唐武宗时期任用了宰相李德裕,李德裕是李党的党首。宦官杨钦义曾在淮南当监军,当时李德裕担任淮南节度使。有圣旨召杨钦义回京,有消息说杨钦义将会升任枢密使,大家都来巴结他。李德裕对待他的态度还和平常一样,让杨钦义非常不满。一天,李德裕单独宴请杨钦义,在大厅中摆好了美酒和珍奇的古玩,杨钦义受到李德裕的热情招待和吹捧。吃完饭之后,李德裕将古玩珍宝送给了杨钦义,杨钦义非常高兴。结果杨钦义到了汴州(今开封)又接到旨意,奉命返回淮南。杨钦义觉得自己没升官,想要把古玩还给李德裕。而李德裕很大方地笑道:"这些东西能值多少!"还是坚持送给了他。后来,杨钦义真的当上了枢密使,李德裕在他的推荐下做了宰相。

武宗和李德裕都想干出一番事业,他们都想削弱宦官的权力,夺回

皇权和相权。会昌三年（843年）四月，仇士良年老多病向皇上要求告老还乡。杨钦义担任左神策中尉，立刻上任。左、右神策中尉各自掌管着自己的官印，而南衙是没有权力干涉如何使用大印的，唐武宗和李德裕认为杨钦义刚刚上任，还没有形成太大的势力，皇上的命令还有一定的威慑力，就下命令让护军中尉将官印交给中书门下的宰相处，让宰相管理，从而夺回神策军的指挥权。唐武宗连发三道诏书，杨钦义不知道里面的缘由，准备将象征权力的大印交出来。右神策中尉洞穿了武宗和李德裕的目的，对交出官印这事坚决反对。按照惯例，新任护军中尉上任要让兵士将大印迎回来。右神策中尉扬言道："迎接大印的时候要派兵马，那么送大印到宰相那里也应当派兵马护送。"言外之意是，你唐武宗和李德裕只要敢收下我的大印，我的大军会立即将你们都收拾掉。武宗和李德裕最终没能收回兵权。

会昌六年（846年），武宗病死，宦官集团拥立李忱登基，即为唐宣宗。宣宗小时候不说话，大家都认为他很笨，而武宗对这个傻叔父也看不上，还经常嘲笑他。宦官们立宣宗为皇帝是认为能够操纵他。宣宗并不是真傻，而是为了保全自己，装疯卖傻，实际上他是个人才，有"小太宗"之称。宣宗为人谨慎，对宦官十分戒备，即位之后，就给在"甘露之变"中被杀的宰相王涯、贾餗平反，这一举动就是向大臣们透露他想限制宦官专权的信息。

左神策中尉马元贽拥护宣宗即位，自恃立下了很大的功劳。宰相马植为了保住相位，一直拍他的马屁，甚至两人攀成本家。马元贽很高兴，就将宣宗赏给他的玉带送给了马植。马植觉得这是一件非常荣耀的事，就戴着这条玉带上朝。宣宗认出了那条玉带，对此很不高兴。他虽然不敢拿马元贽怎么着，但是对朝臣他还是不怕的。第二天，他就免去了马植的职务，还将他贬成常州刺史。这样一来，朝臣明白了皇帝的意思，不敢过分与宦官接近，对北司的权力也得到了制约。

到底要怎么做才能削弱宦官的势力，宣宗多次和大臣商讨对策。有一次他假装和翰林学士韦澳谈论诗歌，支走了身边的宦官。他问韦澳："外面的朝臣近来是怎样看待宦官势力的？"韦澳回答说："陛下您在大臣和宦官之间甚有威严，能够专断朝政，宦官的势力大大削弱。"宣宗闭上眼睛摇摇头说:"完全不是!完全不是!我对他们还是很畏惧。你有什么好办法吗?"韦澳说:"如果陛下和南衙的大臣商讨这件事,恐怕太和年间的甘露之变会重演。不如从宦官内部选择忠于陛下而且有才干的人来商讨。"宣宗无奈地说:"我已经尝试过这条对策了。他们内部已经连成一片,狼狈为奸了。"

宣宗又和宰相令狐绹商议如何削弱宦官的权势。令狐绹给宣宗上了一道密奏:"一旦宦官犯了罪,就惩治他,将其流放到外地。只要北司有职位空缺出来,就派南衙的官员接管,而不再派宦官接任,时间长了,宦官自然就会减少,势力也会越来越小。"这个方法是在当时能够对付宦官最好的方法,如果坚持下来,宦官权力过大的问题就会得到解决。可惜大中十三年(859年)八月,宣宗身染重病,死了之后就没有继续这条削弱宦官权力的政策。

宣宗死后,宦官内部的派系矛盾也越来越大,掌握神策军兵权的左神策中尉王宗实杀死了枢密使王归长、马公儒和宣宗指定的继承人夔王,立郓王李温继位,改名李漼,即唐懿宗。王宗实派人到中书省和宰相共同商讨新皇帝的即位问题,宰相们根本没有什么话语权,在王宗实拟好的即位诏书上签字、盖印。宰相令狐绹准备拒绝签名。夏侯孜劝告说:"三十年以前(指甘露之变以前)南衙的宰相大臣还能和北司的人共同商讨由谁来继承皇帝,但是近三十年来,南衙的大臣们对宫廷内部发生的事情都不能知道。所以北司只要立的是李家的子孙,我们南衙的朝臣就尊他为帝,称臣,哪有什么不同意的呢?"于是宰相们没有异议地在诏书上签了自己的名字。

唐王朝的统治在这时已经江河日下,朝廷闹得轰轰烈烈,实际上各地也不断爆发农民起义,藩镇之间的势力此消彼长,相互之间争战不已。懿宗在位十五年,他去世后,宦官刘行琛、韩文约拥立了年仅十二岁的僖宗,所有的政务都由枢密使、神策军护军中尉田令孜处理,僖宗甚至还叫他为"阿父"。田令孜独断专行,将任命官员的权力牢牢把握在手中。他公然索取贿赂,朝廷上下一片混乱,终于爆发了著名的黄巢起义。这时南衙北司之间的斗争也愈演愈烈,宦官和朝臣、士大夫之间水火不容。有一名进士叶京,仅仅在路上问候了一位宦官,就遭到了所有士大

第七章 唐朝宦官和宰相权力之争

夫的斥责，导致他一辈子不能当官。

在镇压黄巢起义的过程中，各地藩镇趁此机会大大增强了自己的势力，他们已经公开不把皇帝放在眼里了。唐政府还能指挥得动的地区就只有十多个州。田令孜要挟皇帝号令诸侯的做法遭到一些藩镇的声讨，河中节度使王重荣和太原节度使李克用联合起来，声讨田令孜，打败了田令孜的军队。田令孜有自知之明，为了保护性命，自任西川监军，投靠了他的哥哥西川节度使陈敬瑄。另一个大宦官枢密使杨复恭兼任左神策中尉、观军容使。这时候，唐朝的权力仍然在北司的手里，只不过是换了太监而已。

宦官集团覆灭

文德元年（888年），僖宗病死，寿王李杰被杨复恭立为皇帝，为唐昭宗。虽然昭宗有恢复大唐鼎盛时期的志气，可惜已经无力回天。现在的唐王朝灭亡指日可待，能够苟延残喘地多坚持一段时间也很困难。藩镇的势力已经将唐王朝分割成多个版块，各自称王。朝廷内部的宦官把持朝政，而且势力还越来越大。

唐朝后期，每一位被拥立的皇帝都憎恨宦官，昭宗也不例外。他登基之后，经常和南衙的宰相商讨如何治国。宰相们劝昭宗遵循宣宗时的对策抑制宦官。大臣中孔纬最仇视宦官。

一次在朝堂议事，孔纬毫不畏惧地指着杨复恭的鼻子对昭宗说："陛下的身边就有要造反的人。杨复恭是陛下的奴才，却敢坐着轿子上殿；他收养600多个壮士为干儿子，难道不是要造反吗？"杨复恭辩解说："我养壮士为干儿子，目的是保卫国家，收取人心，这怎么是造反呢！"昭宗反驳他道："你口口声声说是为国家，为什么不让他们姓李而姓杨呢？"杨复恭无话可说。

宰相张浚对昭宗说："陛下如果要清除内忧外患，想要天下人臣服，就要掌握一支强大的军队。"昭宗下令让张浚招募了十万多人，组成了一支军队。昭宗直接将军队的管理权交给了南衙，杨复恭反对也无效。张浚有了兵权之后就理直气壮了，也就不将杨复恭放在眼里了。一次他偷

偷对昭宗说:"等臣打败反叛的李克用,再来为陛下消除内患。"没想到隔墙有耳,杨复恭偷听了他们的谈话,听到张浚要清除宦官,非常愤怒。他对孔纬、张浚的仇恨又加深了一层。

大顺二年(891年),孔纬担任荆南节度使。杨复恭派人在他赴任的路上抢劫他,孔纬的兵器、行装都被抢走,幸运的是,孔纬捡了一条命。在与河东节度使的作战中,张浚的军队大败,杨复恭借此机会将他贬到连州担任刺史。

虽然杨复恭拥立了昭宗,两人之间的矛盾也越来越深,差不多撕破了脸皮。昭宗任命母舅王环为黔南节度使,为了对昭宗打击报复,杨复恭让他的干儿子山南西道节度使杨守亮凿沉王环的乘船,船上所有的人都溺死在嘉陵江中。

昭宗对杨复恭已经到了忍无可忍的地步,下令让他滚回家乡去,当然语气比较婉转。杨复恭写信给干儿子杨守亮:"大侄积极操练军队,储存粮草,做好准备。我把寿王立为皇帝,想不到他现在竟然要废我,真是负心门生天子!"

因为唐朝后期藩镇的势力强大之后,宦官和朝臣都依靠强大的藩镇。孔纬、张浚仰仗的是宣武节度使朱全忠、凤翔节度使李茂贞,杨复恭依靠河东节度使李克用,他的干儿子杨守亮担任山南西道节度使,杨守忠担任武定节度使,杨守厚是绵州刺史。当杨复恭被昭宗罢免后,杨复恭和他的干儿子们公然举兵抗拒朝廷,李茂贞发兵和他们展开激战,杨复恭兵败后被杀。

宦官可恶,但是掌握权势的藩镇也十分可恶,人只要掌握了权势,在没有人监督的情况下,还会要求更多的权力、金钱。李茂贞对昭宗设立殿后四军一万多人不满,干脆发兵攻占了长安,昭宗被迫逃亡,前往华州(今陕西华县)投靠韩建,韩建与宦官刘季述相互勾结,撤消了殿后四军,还杀死了十一个王爷。

昭宗对宦官简直恨之入骨,刘季述配合韩建把十一王爷杀死,这让他气愤极了。宰相崔胤经常和昭宗商讨如何消灭宦官的计策,宦官知道之后,南衙和北司之间的矛盾更深,纷纷勾结藩镇相互之间倾轧。崔胤在朱全忠的支持下,杀掉了枢密使宦官宋道弼、景务修,掌握了朝廷大权。

在多年的斗争中，南衙终于取得了胜利，虽然这只是暂时性的。宦官们失去权力之后每天都要看南衙的脸色，过着提心吊胆的日子。左军中尉刘季述、右军中尉王仲先、枢密使王彦范、薛齐偓秘密商讨说："皇上诡计多端，难于事奉，国事专门由南衙宰相处理。我们肯定会遭到迫害。不如拥立太子当皇帝，让李茂贞、韩建的兵马前来援助我们，控制藩镇，谁还能害我们呢！"

光化三年（900年）十一月，昭宗在苑中狩猎，置办酒宴，大醉后杀了黄门数人，昭宗第二天早上仍然还没有醒来，宫门紧紧地关闭着。刘季述借此机会率领数十名禁军将南衙包围住，威胁百官签字，要求太子担任监国。崔胤等人怕被杀死，签了太子监国的命令。刘季述、王仲先命令一千多全副武装的甲士在宫门外埋伏，然后两人以奏事为名叫开宫门，士兵们全部冲进去，遇到宫人就杀。

昭宗被吓得彻底惊醒了，从床上掉下来。他爬起来想跑，被刘季述、王仲先两人拽住。皇后立刻赶来，跪下向刘季述等人请求："只要军容使不要伤害皇帝，我们就什么事都听你的吩咐。"刘季述拿出百官联名签署的奏章说："南衙官员一致要求陛下将帝位传给太子，请陛下先到东宫去吧！"皇后赶忙拿出玉玺交给刘季述，随他到了东宫，这时皇上身边只剩下了十多个侍从。刘季述厉声训斥昭宗："遇到什么事，你没有按我的话来做，这是第一条罪！"他反复地骂皇上不听话。等他骂得累了，才把东宫的宫门亲手锁好，而且还浇上铁汁让其更加牢靠，即使有钥匙也进不去。刘季述命令左神策副使李师虔派兵看管东宫，监视昭宗的一举一动，只要有任何动静都要向他汇报。刘季述让人在墙上打洞，将吃的饭从洞里送进去。除了吃的，衣服、兵器什么的都不许送进。随后，刘季述拥立太子即位。

刘季述将过去全部亲近昭宗的人杀死。他将这些人关起来，每天晚上杀几个，白天的时候大张旗鼓地用十辆车运送尸体在宫里走一遭，以示惩戒。这种方法虽然血腥，但是宫里的人看到这种手段不敢不服。刘季述还想杀宰相崔胤，但害怕朱全忠借机报复，只是罢免了崔胤度支盐铁转送使职务，而不敢杀他。

崔胤不甘心南衙失败,他私下里联系到神策军将领孙德昭,以朱全忠为援,于天复元年(901年)正月策划了一场兵变,将刘季述、王仲先及他们的党羽二十多人杀死,将囚禁的昭宗救出。这场政变只持续了两个多月,宦官们再一次失利了。

昭宗得以重新登位,朝廷中南衙和北司的斗争还是一样激烈。宰相崔胤杀掉掌权宦官,重新掌管军国大权,宦官们很是惧怕他,任何事都首先向他报告,按照他的意思去执行。崔胤认为宦官掌握着兵权,一直留着还是会惹下灾祸,所以和昭宗密谋要杀尽所有宦官。新任的左右神策中尉韩全诲、张彦弘等人在宫中设置了耳目,听到了一些不利于宦官的传言。昭宗于是为了防止被偷听,告诉崔胤:"有事不要在口头上奏,写奏章给我。"宦官们不仅设置耳目,还挑选了几名美女送给昭宗,实际上这些美女是派来监视昭宗和崔胤的,所以崔胤的密谋被韩全诲等人知道。韩全诲非常害怕,宦官们多次聚集在一起商讨对策,最后宦官们认为最好的方法是投靠凤翔节度使李茂贞。

于是,李茂贞请昭宗去凤翔,崔胤知道宦官们已经知道了他们的密谋,急忙写信给朱全忠,让他派大军接昭宗去汴州。这正合朱全忠的心意,通过几年的征战,关东大部分地区已经在他的控制之下,这时他正好想要挟天子以令诸侯,最后称帝。朱全忠立刻带领大军直奔长安。

宦官们为了保命,想要劫持昭宗到凤翔,在韩全诲的带领下,他们派兵把守着皇宫各个大门,仔细搜查进出皇宫的人和文书。虽然昭宗不愿意去,但是被逼着离开了皇宫,宦官们放了一把火烧了皇宫。

朱全忠没有及时赶到,他立刻进军凤翔。朱全忠的军队迅速包围了凤翔,李茂贞屡屡战败,最后一直坚持着不出兵以保存兵力。第二年,李茂贞被逼到走投无路,决定诛杀宦官向朱全忠求和。李茂贞派人将韩全诲和他的党羽全部杀死。朱全忠还是不撤兵,李茂贞只好继续在凤翔城内捕杀宦官,一共杀了七十二名宦官。朱全忠命令京兆尹将京城中九十多名退休的宦官捕杀。双方这才握手言和。

宦官的势力全部瓦解,昭宗顺利回到长安,朱全忠杀死了宫里的七百多名宦官,留下了三十多个年纪小和身体弱的宦官做打扫工作。宰相崔胤接收了禁军六军十二卫事务。唐代宦官干涉朝政、掌握兵权的局面结束了。虽然南衙一直失利,但最终还是取胜了。

借助朱全忠的势力,南衙对北司的夺权才获得成功,朱全忠的野心也渐渐显现,天祐四年(910年)朱全忠废唐哀帝,自立为帝。唐朝灭亡。

中后期的唐朝,宦官干政成为最大的政治特色,对国家的危害也很大。朝臣一直坚持不懈地与宦官作斗争,但朝官们也腐败不堪,相互倾轧,这只是一场权力纷争而已。

第八章 北宋的新旧党争

因郭皇后的废黜引发的范吕之争

北宋第四代皇帝宋仁宗继位,立郭氏为皇后。宋仁宗宠爱张美人,想要废除郭氏,立她为皇后。当时,宋仁宗的嫡母庄献明肃太后刘氏垂帘听政,认为女子的才德最重要,坚持不允许立张美人为皇后,所以皇上才没有再提这件事。虽然宋仁宗与郭氏结为了夫妻,但两人之间的感情并不好。

明道二年(1033 年)三月,太后驾崩,仁宗亲政。宋仁宗与当时担任首相的吕夷简商量,罢免依附太后的枢密使张耆、参知政事夏竦等人。吕夷简对这件事表示认可。退朝后,仁宗将这件事告诉了郭皇后。郭皇后说:"太后垂帘听政的时候,那些人都依附了太后,难道单单一个吕夷简就不依附太后吗?只不过他小心谨慎而已。"于是吕夷简也遭到罢免。对此,吕夷简就和郭皇后结下了仇怨。

当时,仁宗最宠爱尚美人和杨美人,两位美人仗着皇上的宠爱,经常说皇后的坏话。有一天,尚美人正在仁宗面前说皇后的坏话。皇后在门口听到了,一时气愤,也不顾有皇上在场,立刻上前想要扇尚美人的耳光。仁宗站起来拦阻,没想到这记耳光落到了仁宗的脖子上。郭皇后吓坏了。

内侍阎文应一直和吕夷简保持着很好的关系,所以就劝仁宗将郭皇后废黜。当时,吕夷简进入中书省工作,伺机找机会报复皇后,对废黜皇后这件事极力赞成。废黜皇后是一件大事,仁宗犹豫不决,吕夷简劝仁宗说:"东汉光武帝是一代明君吧?仅仅因为郭氏说了一些抱怨的话,就将她废黜了呢,何况陛下的脖子被皇后打伤成这样呢?"于是,仁宗终于下定决心废黜郭皇后。吕夷简还和官员打招呼,不让他们去劝谏皇上。

这年十一月,仁宗在诏书上说,皇后自愿遁入道教,改封为净妃,称玉京冲妙仙师,居住在长宁宫。诏令下发后,御史中丞孔道辅、右司谏范仲淹等十人,前往垂拱殿要求拜见仁宗。他们启奏说:"皇后是天下之母,不应当轻易废黜,请皇帝召见我们,给我们废黜的理由。"结果,宫殿的大门紧紧关闭,仁宗不想见他们。孔道辅叩打门环,也没有人为他们开门,他大声呼唤:"皇后被废黜,这么大的事情,为什么不听取臣下的意见?"

因为众人对皇后被废黜一事不满,所以仁宗下诏,让吕夷简来为大家做一个介绍说明。孔道辅等人来到中书省,严厉呵斥吕夷简劝诫皇上废黜皇后这件事,吕夷简说不出什么反驳的话来。吕夷简避重就轻地向仁宗皇帝报告说:"他们在宫门外扰闹,这威胁到皇宫的太平,传出去不太好。"于是,孔道辅和范仲淹都遭到贬谪,孔道辅被贬到泰州,范仲淹被贬到睦州,其他人的处罚较轻,只被处了罚金。河阳判官富弼进言道:"朝廷的处置不当,即使废黜了皇后的封号,也应该让范仲淹他们官复原职吧!"仁宗没有理会。

景祐元年(1034年)八月,仁宗让被废黜的郭皇后入住瑶华宫,将曹氏立为皇后。净妃,也就是郭皇后在瑶华宫居住了很久,仁宗对她非常想念,派人问候她,还写了一首乐府诗送给净妃,净妃也写了首答他。净妃的诗写得凄惋感人。仁宗心里对她感到愧疚,曾经秘密派人召见她。净妃以退为进地说:"如果皇帝想召见我,除非百官在场,重新将我册立为皇后。"

曾经向皇上进谗言提出废黜郭皇后的内侍阎文应听说了净妃的话,害怕净妃得宠再次受封。景祐二年(1035年)十一月,净妃生病了,仁宗派阎文应带太医前去为她诊断。谁知道,只是得了小病的净妃突然死亡。朝廷大臣都怀疑是阎文应毒死了废黜的郭皇后,但是没有找到证据。仁宗对已经逝世的净妃深深悼念,恢复了她皇后的封号,以皇后之礼殓葬。这时,范仲淹奉召返回京城,担任开封府的知府。范仲淹弹劾阎文应毒死郭皇后,阎文应被放逐到岭南,在去的路途中死去了。

在废黜郭皇后的事情上,范仲淹等人对吕夷简不满。这时,吕夷简得到皇上信任,执掌朝纲,在朝廷上录用的人都是他的门生、亲友。于是,范仲淹向仁宗提出了自己的担忧,吕夷简任人唯私,会耽误国家大事。吕夷简知道后,对范仲淹很是忌恨。

一天,皇上和大臣讨论建都的事情,范仲淹说:"洛阳城池险固,而汴梁则是兵家必争之地,太平时期适宜在汴梁建都,一旦有什么事故发生就必须迁居到洛阳。所以应当逐渐修缮洛阳,早作准备。"仁宗询问吕

第八章 北宋的新旧党争

夷简的意见。吕夷简说："范仲淹十分迂腐，徒有虚名没有真才实学。"范仲淹听了这话之后，非常愤恨，就写了《四论》献给仁宗，抨击政治弊端，提出应对良策。吕夷简以此事为由，向仁宗指责范仲淹议论了超越职权范围的事。

景祐三年（1036年）五月，范仲淹被贬到饶州任知州。集贤校理余靖、馆阁校勘尹洙，上书为范仲淹说情，结果，被认为是范仲淹的同党而遭到贬官。馆阁校勘欧阳修写信给司谏高若讷，批评他不向皇上提谏言。高若讷将欧阳修写给他的信进呈仁宗。欧阳修也被贬官。馆阁校勘蔡襄，写了一首《四贤一不肖》诗，赞赏范仲淹、余靖、尹洙，讥讽高若讷。

在吕夷简的指使下，御史韩缜给仁宗上书，请求以范仲淹在朝廷结交朋党而在朝堂上贴榜，目的是告诫百官不要"越权言事"，震慑百官。仁宗表示同意。

景祐四年（1037年）十二月，发生了地震。直史馆叶清臣以地震为由，上书为范仲淹等人申辩。范仲淹等人才被贬得离京城近一些。而那些在皇上面前说范仲淹等人坏话的人，因为害怕皇上会再次重用范仲淹，所以，他们一直都在仁宗面前进谗言。仁宗对范仲淹等人非常生气，立刻下令把范仲淹等人贬到岭南。很多大臣都为范仲淹他们求情，让仁宗心里很不痛快。宝元元年（1038年）十月，仁宗下诏告诫百官相互之间不要结交成朋党。

随后，西夏赵元昊起兵谋反，入侵陕西郡，边境的形势危急。知谏院富弼上书，现在是战事的非常时期，请求废除越职言事的禁令。仁宗下诏同意。仁宗下令让知制诰韩琦立即赶往陕西，韩琦请求皇上任用范仲淹为大将。仁宗答应了他的要求，任命范仲淹为永兴军知军，随即以夏竦为陕西经略安抚诏讨使，韩琦和范仲淹任副职，治理陕西。

保守派和改革派的争斗

庆历三年（1043年），吕夷简生病向皇上请求回家养老。仁宗下令增加谏官的人数，命令欧阳修、王素和蔡襄三人共同执掌谏院，余靖被

任命为右正言。宋仁宗对欧阳修等人很是看重,欧阳修等也没辜负仁宗的期待,每次在讨论朝廷事务的时候都能切中要害。所以,那些想要陷害欧阳修等大臣的奸佞小人无法在皇上面前得逞。这时,西夏的赵元昊派人向宋朝求和。仁宗将夏竦召回,任命他担任枢密使一职。欧阳修等人给仁宗上书,指出:"在与赵元昊的战争中,夏竦胆小如鼠,没有为国家竭尽全力。而且他阴险狡诈,心机颇深,所以不能任用。"中丞王拱辰也劝谏仁宗道:"夏竦管理西部的军政,没有做出什么功绩,没有功劳却要担任这么高的职务,我们怎么能为后世树立典范呢?"仁宗听后,罢免了夏竦,而是任命杜衍担任枢密使。

四月,韩琦、范仲淹接到仁宗命令回朝,被任命为枢密副使。随后范仲淹被任命为参知政事,富弼为枢密副使。这时候,满朝文武都是贤能的大臣和良将。国子监直讲石介兴奋地说:"这真是国家兴旺的时候啊!"于是作诗歌颂皇上的圣德:"众贤之进,如茅斯拔。大奸之去,如距斯脱。"大奸指的是夏竦。石介的老师、国子监直讲孙复看到这首诗说:"唉,石介惹祸了。"范仲淹看了这首诗后,也对韩琦说:"因为这件事,小人们就会趁机捣乱了。"

范仲淹向皇上上书重点说了十件应该解决的事,富弼也上书提出现在急着办理的十余件事情。这些内容包括招引贤能的人,把当官的奸佞小人辞退,皇上停止随意下发诏令,把一直存在的政治弊端清除,还要把各部门没什么工作能力的人逐渐换掉。这些措施让那些小人、没才没德的人非常担心自己的饭碗问题。

仁宗在贤臣的包围下,确实激发了他想大干一番事业的决心。因此,对于执政中遇到的不懂的问题,他都将信任的大臣召来,询问他们应该怎么做。范仲淹不仅文武双全,而且具有高尚的气节,说过:"先天下之忧而忧,后天下之乐而乐。"可见他是一个忧国忧民的贤臣。在仁宗的支持下,他和富弼等大臣费尽心思,制定除去弊端的各项计划。比如,选调各地方能干的官员为诸路转运使;让各职能部门没有能力的人下岗;修改《磨勘法》,制订《荫子法》;下令各州县设立学校,制定新的科举考试制度等。

奸佞、庸才们对这些措施非常不满,纷纷上书给仁宗诽谤范仲淹等人。这些人说范仲淹、富弼等大臣结为"朋党",排斥异己。石介写信给富弼,指责他的权力过大。因为夏竦一直对石介在皇上面前斥责自己而耿耿于怀,现在也想借石介写信给富弼这件事来陷害富弼,于是派女奴背地里学习石介的字体,还把文中的"伊周"改为"伊霍",意思就是指石介有谋反篡位的野心。夏竦还伪造了石介给富弼撰写的诏书草稿,内容是废黜仁宗,改立他人为皇帝,故意将这种流言散播出去,不久就传到了仁宗的耳中。仁宗还算明智,没有相信这些谣言。不过,如果皇上相信了,恐怕富弼和范仲淹等大臣都会引来灭门之祸,对此他们非常害怕。这时,契丹进攻西夏的消息传来。范仲淹和富弼请求守卫边境,防止契丹的入侵。

庆历四年(1044年)六月,范仲淹被任命为陕西河东宣抚使。八月,富弼被任命为河北宣抚使。石介也被卷入了这场谣言,对此他一直都很担心,于是也向仁宗皇帝请求外调。皇上答应了,任命石介为濮州通判。九月,杜衍被皇上任命为同平章事。杜衍继续执行范仲淹、富弼制定的清除弊政的措施,极力把那些庸人给裁撤掉了。皇上还是经常私自下发手谕,杜衍将皇上的手谕放置一旁,没有执行。当皇上的手谕积攒了很多的时候,杜衍就将这些全部交给了仁宗。仁宗也没有生气,还对欧阳修说:"其他的大臣知道杜衍把我的那些手谕封存后,又交还给我的事吗?他一直劝谏我哪些事可以做,哪些事不可以做。"

即使范仲淹、富弼等人都已经主动请求调往外地任职,这些攻击他们的人也没有停止,还有越来越多的趋势。朝中只剩下杜衍一个人辅佐朝政,奸佞之徒对此都非常嫉妒。这时,杜衍被人抓住了把柄,主要是他的女婿监进奏院苏舜钦依循旧例卖旧纸,并用这些钱宴请同僚。

保守派的御史中丞王拱辰听说这件事后,借题发挥,因为苏舜钦也是范仲淹改革派的支持者,所以想借此机会扳倒杜衍和范仲淹。于是,王拱辰就指使御史鱼周询等人向皇上弹劾此事,请求仁宗惩罚苏舜钦。枢密使贾昌朝在皇上面前替苏舜钦等人说好话,而韩琦也劝仁宗不应该将此事深究下去,因为毕竟牵涉到十多名官员,并且还都是会写诗文的知名人士。仁宗将这些人从轻发落,将苏舜钦免职,其他参加饮宴的十多个人被处以口头警告。

但是反对派们并没有善罢甘休，平章事章得象、参知政事陈执中只要有机会就在仁宗面前说杜衍等人的坏话。仁宗渐渐地听信了章得象等人的话。庆历五年（1045年）正月，杜衍被贬为邠州知州，范仲淹为邠州知州，富弼为郓州知州。韩琦为杜衍等人说情，仁宗没有理睬。于是，韩琦向皇上施压，请求外调，谁知道皇上就满足了他的心愿。三月，韩琦就被贬到扬州担任知州。河东转运使欧阳修不服皇上的决定，上书说杜衍等人是贤臣，贤臣怎么能被罢黜呢？皇上很生气，欧阳修也被贬为滁州知州。至此，朝中以范仲淹为首的改革派差不多都被调离了京城，范仲淹等人制定的《磨勘法》《荫子法》及《科举新法》全部被废除。

十一月，徐州人孔直温和军士秘密谋反被捕。孔直温被杀后，在他的家中，发现了他和石介的往来书信，还有孔直温和孙复相互赠予的诗词。当时，石介已经去世了。但是宣徽南院使夏竦因为与石介很早就结下了仇怨，现在正好趁这个机会报复石介，向仁宗进言："石介根本没有死，而是诈死。京东安抚使富弼派他去联合契丹发兵，里应外合。请批准将石介的棺材打开验尸。"

夏竦的谗言奏效了，仁宗下令开棺验尸。开棺验尸对死人是大不敬，石介的族人也不答应，杜衍便以此为由劝诫仁宗。提刑吕居简也进言说，没有证据随便打开死人的棺材，怎么向后世交代呢？最后，仁宗不再坚持开棺验尸，只是罢免了富弼的安抚使官职，孙复也被贬为应天府判官事。

濮议——韩琦、欧阳修和两制官员的对抗

仁宗去世之后，赵曙即位，因为仁宗没有儿子，所以赵曙是抱养的。当然不是随便抱养的，他也是太宗的血脉，是太宗的曾孙。英宗尊仁宗的皇后曹氏为皇太后，加封宗室亲王。这时，英宗的生父濮安懿王赵允让已经去世。宰相韩琦、曾公亮等人认为赵允让和其他亲王不一样，请求赐予更加尊贵的封号，这一提议正合英宗的心意。但是仁宗去世还不到两年。英宗下旨等到服丧期满后的两年再议。

治平二年（1065年）四月，对仁宗的服丧期满。宰相韩琦等人再次

提出讨论英宗生父的名分问题，英宗立刻下令让各职能部门提出方案，还将此事放在朝堂上讨论，没想到这件事引发了一场论战，就为了一个名分问题，支持的韩琦、欧阳修等大臣和反对的司马光等大臣对立达18个月之久。

知谏院司马光说道："既然已经过继给别人做儿子了，就不要再顾及原来的亲缘。如果把恭敬养父的心思分给自己的血亲，就不会对养父一心一意了。自秦汉以来，帝王中也有从旁支过继来而继承皇位的。他们中间也有人推崇自己的亲生父母为皇帝、皇后，这种做法在当时就遭到了反对，而且后世也多有耻笑。我们认为应该按照旧例，封赠濮安懿王赵允让高官大国，这已经是非常尊贵的地位了。"中书问皇上："如果赠给高官，封与大国，需要皇上下达制定封册的文书。在文书上，应该把濮王称作皇帝的什么亲人，给不给尊号？"

以翰林学士王珪为代表的两制官员提议说："濮王是仁宗的兄长，应该称为皇伯而不予尊号。"参知政事欧阳修则有不同意见，反驳道："根据《丧服大记》记载，过继给别人之后，如果亲生父母去世，守丧的时间缩短，但还是要叫父母的。前代没有改叫皇伯的先例。请召集三省、御史台的官员，详细讨论。"欧阳修、韩琦提出称濮王为皇考，这正合英宗的心意。

礼官范镇等坚持要求英宗批准叫皇伯的动议。但是英宗一直都不愿意批准，王珪等人一共向上报了七次。因为久久没有批准，王珪等人弹劾韩琦专权，欧阳修诱导皇上做出错误的行为，提出贬谪韩琦等人。英宗仍然没有批复。

治平三年（1066年）正月，太后下达手谕，同意英宗称濮王为皇考，在陵园设立庙宇，以供祭祀。吕诲等人以集体辞职向英宗示威，他们指责韩琦结交宦官，诱惑皇太后下发错误的手谕。因为欧阳修最先提出让英宗尊奉生父为皇考，所以吕诲等人还请求英宗把他们杀掉来向祖宗谢罪。

英宗多次挽留他们，但他们没有听从劝告，还说与韩琦、欧阳修等辅臣势不两立，不能再同朝为官，请求自贬。最后，英宗只好将他们按照原职派到地方上任职。吕诲为蕲州知州，范纯仁为安州通判，吕大防为休宁知县。当时赵鼎、赵瞻、傅尧俞出使辽国回来，他们曾经和吕诲谈论过濮王的事情，于是立刻上书请求一起受贬。于是，赵鼎为淄州通判，赵瞻为汾州通判，傅尧俞为和州知州。知制诰韩维和司马光都上书请求留下吕诲等人，英宗没有答应他们的要求。于是两人也要求自贬，英宗没有同意。

第八章 北宋的新旧党争

王安石推行新法被保守派攻击

英宗在位四年之后病逝，他差不多就只做了一件事，到底是封亲生父亲为皇伯还是皇考，满朝文武大臣争论不休。神宗赵顼即位，神宗小的时候喜欢读书，志向远大，想要平定四方。此时，北宋面临着巨大的危机，军费开支巨大，官僚机构臃肿，每年还要向辽、西夏缴纳岁币，财政亏损得很严重。

神宗想要恢复并光大祖先打下的江山，首先要增加国家的军事实力，但是没有钱养兵怎么办？他看了看左右的臣子，都是思想守旧，等着退休养老的保守之人，不能担当辅佐的大任。神宗平时就听说过王安石是个人才，宰相曾公亮也向神宗皇帝大力推荐王安石，称王安石博学，写文章很有文采，而且还是治理国家不可多得的人才。于是，仁宗召见他，任命他为度支判官。王安石看待问题的眼光长远，见解独特，知识渊博，每次都能旁征博引，自圆其说。他是一个理想主义者，心中怀有改变世俗的志向。他作万言书上书给皇上，痛陈弊端。神宗召他为翰林学士。当时，欧阳修、韩琦等辅政大臣年纪渐老，相继告老还乡。熙宁二年（1069年）二月，神宗任命富弼为同平章事，王安石为参知政事。

神宗既然决定重用王安石，就决定用人不疑，全力地支持王安石进行改革，希望有朝一日国富兵强。朝廷中的大多数官员不赞同王安石的主张。其中还有很多自以为是的大臣，领着高薪，只要朝廷出新政策，就只会反对，也提不出什么建设性的意见。像御史中丞吕诲、知谏院范纯仁等，这些人曾经反对将英宗的生父封为皇考，遭到贬官，现在对王安石的改革更是大力攻击。

不过他们攻击的内容已经不是单纯地针对政策，而是针对王安石这个人了。有人大大地贬低王安石,说他是大奸大诈,有着不可告人的祸心,对皇帝的态度傲慢,还坑害百姓,浪费钱财。面对人身攻击,神宗替王安石出了一口气,将几个对王安石攻击最厉害的人罢官。

还有一些单纯反对王安石的新法的官员,比如富弼主动请求神宗把自己派到地方上当官。于是,神宗只好任命他为亳州判官,同时任命陈升之同平章事。熙宁三年(1070年)四月,神宗任命韩绛为参知政事。现在朝政主要由陈升之、韩绛和曾公亮,他们都表示极力支持王安石变法。

在神宗、辅政大臣的支持下,王安石没有后顾之忧,终于按照自己的意志制定新法。不久,曾公亮和陈升之因事相继离任。十二月,神宗任命韩绛和王安石为同平章事,王珪为参知政事。不久之后,韩绛被罢官,王安石独自为相,变更旧法。他改革机构、赋税、军队,还兴修水利、改革科举。主要颁布的新法有:农田水利法、青苗法、方田军税法、保甲法、更定科举法等。

但是这些士大夫们害怕变革,特别是老臣子,更是因循守旧。他们一起向王安石发难。王安石孤立无援。为了让新法得到施行,王安石劝神宗录用支持变法的新人。因为新法在施行的初期很难看到效果,而且推行的过程中用人不当,出现了很多弊端。朝野上下开始抱怨,对王安石的攻击也日益增加。特别是德高望重的元老重臣,比如韩琦、富弼、司马光、吕公著、苏轼、程颢等,这些人反对新法的呼声特别高。他们威胁神宗要到地方上任职,神宗则不予理睬。神宗不仅要面对来自大臣的压力,太皇太后也对他施压,经常哭着对神宗说:"王安石是想把天下搞乱呀。"

熙宁七年(1074年),天下大旱。神宗下诏希望大臣能够进言提供解决旱灾的办法。朝廷内外几乎没人上书提供抗旱良策,大多数的人都上书攻击新法。王安石感到压力太大了,想要避避风头,极力请求辞去职务。他还向皇上推荐韩绛以代替自己来推行新法,用支持新法的吕惠卿辅佐他。

四月,神宗让王安石担任江宁知府,任命韩绛为同平章事,吕惠卿为参知政事。两人继续执行王安石的新法。不到一年的时间,针对王安石和新法的攻击渐渐减弱了，神宗又重新任命王安石为同平章事。韩绛和吕惠卿相继离任，元绛被任命为参知政事。熙宁九年（1076年）十月，王安石生病离任。神宗任命吴充、王珪为同平章事。在元绛、吴充离任后，神宗又任命蔡确、章惇、张璪等相继为参知政事，推行新法。公元1085年，神宗逝世，在位17年，一直推行新法。

旧党内阁对新党的攻击

神宗去世后，年仅十岁的哲宗继位。神宗朝的太后高氏为太皇太后，临朝听政。神宗朝任用的是支持新法的蔡确、章惇等人。哲宗时期，内阁重组，有很多反对新法的大臣重新被起用，如韩缜、司马光、吕公著等人。蔡确、韩缜被任命为尚书左、右仆射，章惇执掌枢密院，司马光为门下侍郎，吕公著为尚书左丞，共同辅佐朝政。也就是说新党、旧党并用。

右司谏王觌上疏，弹劾辅政大臣蔡确、章惇、韩缜等人结为朋党，迫害正直的大臣。接着右谏议大夫孙觉，侍御史刘挚，左司谏苏辙等人都给皇上上相同的奏章。元祐元年（1086年），蔡确被贬谪担任陈州知州，章惇为汝州知州，韩缜为颍昌府知府。支持变法的邓绾、李定等人被流放到滁州，吕惠卿被流放到建州。旧党司马光、吕公著分别担任尚书左、右仆射，韩维为门下侍郎，吕大防为中书侍郎，刘挚为尚书右丞，范纯仁同知枢密院事，也就是重组后的内阁全部都是旧党，新法渐渐被废除。

接着，旧党里的大臣司马光去世，吕公著退休。哲宗又任命了第二次旧党内阁，吕大防、范纯仁为尚书左、右仆射。孙固、刘挚为门下、中书侍郎。王存、胡宗愈为尚书左、右丞。虽然，新党此时已经被贬谪到了边远地区，但是仍然有很多旧党大臣上书攻击诽谤。范纯仁便对高太后说："不要对别人的过失太过苛刻。"于是，太后下诏说："前朝附和新法的人，不要再追究了，言官们也不要再弹劾了。"新党们的心情才安定下来。

蔡确曾经在车盖亭这个地方游玩，诗兴大发，作了十章诗赋。汉阳军知军吴处厚和蔡确有仇怨，一直寻找机会报复蔡确，就把蔡确写的诗赋呈递给哲宗看，并指出其中的诗句有讥讽的嫌疑。因为蔡确在推行新法的时候操之过急，得罪过不少旧党，所以谏官们也借此机会指责蔡确的诗中包含对朝廷的怨恨，要求以此治蔡确的罪。

元祐四年（1089年），蔡确被贬为光禄卿。但是，谏官们并不满意，执政官员也不想放过蔡确。范纯仁、王存费了好大的劲，才保住蔡确，将他安置在新州。范纯仁劝太后道："朝廷对待大臣应该宽厚，况且只是因为语言文字稍微有些暧昧不明的地方就要诛杀大臣。只要诛杀大臣之事有了开端，将来肯定有人效法。"中丞李常、中书舍人彭汝砺、侍御史盛陶也上书为蔡确说情。哲宗下诏将这些求情的人全部贬到地方做官。

旧党的内讧和分化

蔡确被远贬之后，吕大防上书说，蔡确在朝廷内还有很多党羽，必须要清理。范纯仁认为过往的事情不要追究，况且很难分辨出谁是蔡确的朋党，如果伤及到无辜就不好了。于是，司谏吴安诗、正言刘安世就上奏说范纯仁是蔡确的同党。元祐四年（1089年）六月，范纯仁被贬为颍昌知府。

元祐五年（1090年），刘挚为尚书右仆射，与吕大防的位置不相上下，共同辅佐朝政。刘挚性格刚烈、正直严谨。虽然和吕大防的位置相当，但国家大事，大部分都掌握在吕大防手中，由他来决定。刘挚只掌握着官员晋升或贬退的权力，他善于分辨谗臣、朋党，勇于清除邪恶小人，从来不包庇他们。所以，与吕大防之间的关系渐渐变坏。

起居舍人邢恕，曾经因攀附蔡确而得以升官。蔡确被贬新州之后，邢恕也因为蔡确的关系被谪，担任监永州酒税。邢恕与刘挚早年的时候就一直有往来，所以两人经常相互写信来往。中丞郑雍、殿中侍御史杨畏依附吕大防，在吕大防的授意下，摘录信里的话来弹劾刘挚。另外，章惇的孩子曾经和刘挚的孩子一起玩耍。不可避免地，刘挚也和他们有些接触。郑雍、杨畏就拿这件事做文章，说刘挚故意和他们结交，目的是希望得到章惇的关照。他们还诬陷刘挚与其他支持新法的人来往。元祐六年（1091年）十一月，刘挚被贬谪为郓州（今山东东临道聊城县）知州。

元祐七年（1092年），朝廷的辅政大臣又换了一拨，唯一稳稳当当的就是吕大防，苏颂被任命为尚书左仆射，苏辙为门下侍郎，范百禄为中书侍郎，梁焘、郑雍为尚书左右丞，韩忠彦知枢密院事，与吕大防一起辅佐朝政。作为宰相，苏颂不仅自己坚守礼法，坚决奉行规章制度，还敦促百官做好自己的本职工作，遵守规章典范，并且任用贤能之才。

侍御史贾易因为直言被罢免，监察部门后来重新审理，将贾易判为无罪，贬为苏州知州。苏颂认为，贾易处于御史的位置，敢于直言上谏，按道理是不应该被降职的，为此他与太后争辩得比较厉害。当时，殿中侍御史杨畏、来之邵依附吕大防、苏辙。在吕大防、苏辙的支持下，杨畏、来之邵弹劾苏颂把太后的诏书扣下来一事。元祐八年（1093年）三月，苏颂被罢相，改为观文殿学士，集禧观使。杨畏等人还多次上书范百禄和苏颂同罪，于是范百禄被贬为河中府知府。

元祐元年（1086年），程颐被任命为崇政殿说书。苏轼为翰林学士，兼任侍读。苏轼个性诙谐，而程颐却表现得比较古板，严格坚守礼法。每次给皇上讲课的时候，神色庄严，讲完课之后就向皇上讽谏时政。苏轼说他太严肃了。程颐对他很是嫉恨，对苏轼的态度很轻慢，于是二人之间就结下了仇怨。

程颐的学生，右司谏贾易、左正言朱光庭等人对苏轼感到不满，弹劾苏轼诋毁、诽谤朝廷。殿中侍御史吕陶说："台谏应当秉公直言，不可以假借事由来报私仇。"右司谏王觌言："苏轼的言辞没有把握好轻重，这么一件小事，根本不必与之计较。如果只考虑别人的见解是否和自己的一致，就会分成两派，那么，士大夫就有相互结党的嫌疑，这是朝廷所不允许的呀。"太后听了之后表示赞同，没有深究下去。

这时哲宗染上疮疹，不能上朝。程颐就去问宰相是否知道皇上生病的事情，还说："皇帝不能临朝，太后不应当独自听政，皇上生病，而大臣却不知道，这样做与礼法相合吗？"很多大臣听了他的指责肯定都不高兴。御史中丞胡宗愈、左谏议大夫孔文仲、给事中顾临便上书，指责程颐不适合当皇上的老师。第二年，程颐就被罢免了。程颐的学生贾易因

第八章　北宋的新旧党争

为弹劾吕陶和苏轼为朋党，也伤害了当时的宰相范纯仁，太后非常生气，将贾易贬为怀州知州。

旧党内部严重分化为洛党、蜀党和朔党，为了各自小集团的利益，相互倾轧、诽谤。洛党以程颐为首，成员有朱光庭、贾易；蜀党以苏轼为首，成员有吕陶等人；朔党以刘挚、梁焘、王岩叟、刘安世为首，成员最多。他们留心对方犯下的过错，相互攻击。所以，朝廷的大臣变动很大，有的贬官，有的离任。范纯仁担任宰相后，经常开导哲宗对待臣子胸怀要宽广，而官员之间要宽厚待人。虽然范纯仁经常解说朋党会带来祸患，但是相互攻击的官风并没有改变。

新党上台　旧党被贬

元祐八年（1093年）六月，哲宗任命范纯仁担任尚书右仆射。殿中侍御史杨畏和苏辙的关系较好，想让苏辙当上尚书右仆射的高位。他联合来之邵共同上书，说不能重用范纯仁，而是请求任用章惇、安焘、吕惠卿等支持新法的大臣。哲宗对此没有表态，还是让范纯仁前来就职，因为杨畏一直依附吕大防，吕大防推荐杨畏担任谏议大夫。范纯仁认为杨畏的人品不好，所以不适合担任谏议大夫一职。吕大防说："是不是因为杨畏曾经弹劾过你？"苏辙马上在旁边朗诵杨畏曾经弹劾范纯仁的文章。不久，杨畏被提升为礼部侍郎。

九月，太皇太后高氏驾崩。十月，哲宗亲政。吕大防则担任监督建造陵墓的官职，他刚刚离朝，杨畏就背叛了吕大防，上书说："神宗变更旧法，建立新制，可以流传万世。请求给皇帝讲解，以便能继承先皇的遗志。"哲宗立刻召他对话。哲宗有恢复新法的意思，他询问，先朝有哪些旧臣可以重新起用。杨畏列出章惇、安焘、吕惠卿、邓润甫、李清臣等人，将他们的人品、担任的职务一一讲解给哲宗听，请求任命章惇为宰相。哲宗对此很是赞同。枢密都承旨刘安世、翰林学士范祖禹上谏认为支持新法的旧臣不能任用。哲宗已经下定决心，恢复前朝的新法，于是下诏贬刘安世为成德军知军（今河北保定道正定县），范祖禹为陕州知州。

第八章 北宋的新旧党争

绍圣元年（1094年）二月，哲宗任命李清臣担任中书侍郎，邓润甫担任尚书左丞。三月，来之邵了解到哲宗的心思后，从依附吕大防到弹劾吕大防。吕大防感到朝廷的风向标改变了，为了保全，就自己提出辞职。随后，苏辙也遭到罢免。这时，有很多大臣都开始讨论元祐年间发生的政事。对于参加科举考试的考生，考官也比较认同讨论元祐年间发生的政事的考卷。礼部侍郎杨畏负责进一步的复考，换下了论述元祐年间政事的考卷，对论述熙宁、元丰年间发生的事情的考卷比较认同。那么天下人都知道政府的意旨了。不久，支持新法的曾布被任命为翰林学士承旨。曾布上书请求恢复先帝的旧规章制度。

四月，章惇被任命为尚书左仆射，安焘为门下侍郎，罢免范纯仁为颍昌府知府。章惇推荐众多支持新法的人进入朝廷任职，熙宁、元丰年间的政策也渐渐恢复。新党人打击报复旧党，旧党被贬官，死去的大臣还被夺去了封号。章惇上书让哲宗贬谪三十名大臣，有些大臣既没有参加旧党，也没有依附新党，提出如果处罚的人数众多，肯定会伤到全体大臣的感情，让他们感到害怕。所以哲宗让新党等人停止了这种行为。

第二年（1095年），已经去世的蔡确的官职得以恢复，赠太师，谥"忠怀"。十一月，在明堂祭祀，对大臣过去犯下的过错全部赦免。章惇和哲宗说吕大防等数十人犯下的过错应该终身不赦。范纯仁听说后，很生气，想要上书为他们申辩。他的亲友一方面担心他的身体，一方面担心他又遭到贬谪，毕竟已经是这么高的年龄，恐怕会死在被贬谪的路上。范纯仁则说："事情已经发展到了严重的程度，竟然没有一个人敢于出来说句话。如果皇帝听了我的劝诫能够回心转意，赦免吕大防等人，就算皇上做了一件大好事。如果皇上没听我的话，那么即使死去，又有什么遗憾的呢？"

于是，范纯仁上书说："吕大防等人犯下的过错，也有他们自己的原因，他们对政见不同的大臣没有持有宽恕之心，而是随着自己的心情对这些大臣做判断，对这些大臣是很不公平的，所以才会遭到报应。唐朝的牛、李朋党之间的仇恨，数十年都没有化解开，面对前人的错误，皇上怎么不改，而是将您的博大胸怀断送掉呢？臣请求宽恕处理吕大防等人。"上奏之后，章惇对范纯仁很是生气，将他降为观文殿大学士，贬往随州（今湖北汉道随县）知州。

绍圣四年（1097年）二月，哲宗追贬司马光、吕公著的官职，将吕大防、刘挚、苏辙、范纯仁等人流放到岭南，韩维、王觌等三十人遭到贬官。曾经担任太师现已退休的文彦博降为太子少保。吕大防在被贬谪的途中去世了，刘挚死在了被贬的地方。这些人也都是朝中的重臣，天下人都为他们的贬谪感到痛惜。

不久，哲宗任命新党众人辅佐朝政，曾布担任知枢密院事，林希为同知院事，许将为中书侍郎，蔡卞、黄履为尚书左、右丞。章惇和蔡卞秘密商议，想要借鉴汉唐时期的朋党经验来诛戮旧党的党人。哲宗犹疑，询问许将应该如何处理旧党问题。许将说："汉唐两朝的确存在朋党问题，但从太祖、太宗以来，我朝就没有出现朋党问题了。本朝的治政之道远远超过了汉唐，原因就是从来不轻易杀戮大臣。"哲宗对此很赞同。

三月，中书舍人蹇序辰上书："司马光等人变革、混乱典刑，改篡、废弃法度，毁谤宗庙，藐视两宫。他们的奏章和书稿文件散落在各部门，如果不汇辑成册收藏起来，时间久了肯定会丢失，请选择官员进行编辑，每人为一函，存放在中书省和枢密院，用来警告天下后世。"章惇、蔡卞立刻命令蹇序辰和直学士院徐铎进行编辑整理。只要是司马光等人撰写、施行的文书，全部都收集起来，一点也没有遗漏。总共编成了一百四十三函，从此，这些旧党的官宦人员，没有一个能够逃脱祸患。而且连旧党的子嗣也受牵连，不是被贬谪就是被监禁，还有的被投入监狱。

五月，被降职为太子少保的文彦博逝世。他的儿子文及甫在洛阳为父亲守丧。守丧期满后，他担心不能在京城做官，就写信给御史中丞邢恕。邢恕和蔡确的弟弟蔡硕商讨摘取了信中的只言片语，诬陷刘挚等人对朝廷有图谋不轨之心。章惇、蔡卞借此事兴起了很大的官司，很多人都受到牵连。元符元年（1098年）三月，文及甫被打入同文馆的监狱。章惇、蔡卞下令让蔡京、安惇去审问他。蔡京、安惇就向皇上上奏说刘挚等人对皇上不忠，大逆不道，犯下了足以砍头的过错。

哲宗问他们："元祐时候的党人真的做出这种大逆不道的事情吗？"蔡京、安惇回答说："他们心里是这么想的，只不过外表看不出来而已。"于是哲宗下诏，不准刘挚、梁焘的子孙进京，将他们禁锢在岭南，还下令免去王岩叟的几个儿子的官职。安惇升为御史中丞。

这时，哲宗因为宠爱刘婕妤，所以刘婕妤仗着圣宠，对皇后孟氏很不恭敬。皇后的女儿福庆公主生病，皇后的姐姐拿着道家的符水入宫给公主治病，刘婕妤的同党诬陷皇后迷信，用这种方法向鬼神祈祷，陷害刘婕妤。绍圣三年（1096年），哲宗废掉皇后孟氏，赐她为华阳教主，玉清妙静仙师。孟氏迁出皇宫，居住在瑶华宫。

章惇和蔡卞、邢恕等人密谋，捏造去世的太皇太后高氏想要加害哲宗一事。章惇请求废除太皇太后高氏的封号，将她废为庶人。哲宗的太后向氏听说了这件事，急忙对哲宗说："太皇太后在世的时候，我每天都侍奉在她身边，这话从来没有听说过。如果皇帝现在将太皇太后贬为庶人，将来是不是也要这样对我呀？"毕竟太皇太后高氏是哲宗的奶奶，哲宗知道自己该怎么做了，将章惇、蔡卞的奏章烧掉了。第二天，章惇、蔡卞又递上奏章，坚持让哲宗施行。哲宗非常生气地说："你们难道不想让我再进入英宗的庙了吗？"把他们呈上来的奏章扔到地上，这事才算过去。

元符二年（1099年）八月，刘妃生下皇子赵茂。哲宗下诏立刘妃为皇后。右正言邹浩上书劝阻皇上立刘氏为后。哲宗下诏将邹浩送到新州接受管制。尚书右丞黄履在哲宗面前为邹浩求情，哲宗不听，也被免去官职。

新旧党争　蔡京立"党人碑"

元符三年（1100年），哲宗驾崩。虽然哲宗的刘妃曾经生过一个儿子，但是孩子早夭，哲宗也没有留下遗嘱。在向太后的支持下，哲宗的弟弟端王赵佶即位，为宋徽宗，太后向氏听政。新皇帝登基之后，内阁重组，韩忠彦被任命为门下侍郎，黄履为尚书右丞，龚夬为殿中侍御史，陈瓘、邹浩为左、右正言。徽宗重新起用了敢于直言的大臣，御史中丞安惇表示反对说任用邹浩，恐怕彰显了先帝的过失。徽宗说："立皇后是一件大事。中丞没有发表不同的言论，而邹浩正直敢言。为什么不能重新任用他呢？"安惇吓得无话可说，赶紧退下。陈瓘借此机会弹劾安惇：

"扰乱皇上视听，为一己私利专横跋扈。"

于是，安惇被贬为谭州（今湖南长沙县）知州，恢复了范纯仁等人的官职。苏轼等人也被迁回内地。刘挚、梁焘也被允许回到故乡葬埋，朝廷也可以录用他们的子孙为官。文彦博、王珪、司马光、吕公著、吕大防、刘挚等三十三人的官职也得以追加恢复。当初，哲宗在废掉孟皇后这件事上感到后悔，现在，徽宗重新恢复被废的皇后孟氏为元祐皇后，从瑶华宫迁回到皇宫。

接着，台谏陈师锡、陈次升、陈瓘等人，先后弹劾蔡卞、章惇等人。他们欺瞒皇上，为害同僚。蔡卞、安惇和邢恕都遭到贬谪，而且一贬再贬，安惇、蹇序辰的功名被除去，返回故乡。蔡京的官职被剥夺，在杭州担任闲职。在朝廷中有势力的新党全部离职。

十月，徽宗任命韩忠彦、曾布为尚书左、右仆射。曾布属于新党，主张继承前朝的政策。因为哲宗朝前期任用旧党，后期任用新党，都太过绝对，所以人们想要消除朋党，还大臣一个公正。徽宗当政初期，朝廷新、旧党混杂，相互之间的纷争也越来越多。

建中靖国元年（1101年），皇太后向氏驾崩。蔡京打通了徽宗宠爱的供奉官童贯的这一关，在童贯的夸奖和举荐下，徽宗下诏将蔡京调回了京城，任命他为翰林学士承旨，邓洵武为起居郎。徽宗在起用蔡京之前，询问邓洵武的意见。邓洵武说："陛下是神宗的儿子，如今宰相忠彦是韩琦的儿子。韩琦反对神宗推行的新法，韩忠彦继承父亲的遗志反对新法。陛下如果一定要继承神宗的遗志，就要重用蔡京才行。"徽宗认为他说得很有道理。邓洵武升为中书舍人、给事中，兼侍讲。徽宗还恢复了蔡卞、邢恕、安惇、蹇序辰等人的官职。曾经弹劾他们的官员陈瓘等人被罢免。曾布主张恢复前朝的政策，请求把明年的年号改为崇宁，徽宗表示同意。

朝廷的风向标又转变了，左司谏吴材、右正言王能甫趁此机会弹劾韩忠彦，说他变更神宗的法度，驱逐神宗的人才。崇宁元年（1102年），韩忠彦担任大名府知府。王能甫又提出元祐朋党的事情，请求对这些朋党重新进行贬黜。新旧党的贬谪来来回回了好多次，徽宗下诏又追贬司马光、吕公著以下四十四人的官职，下诏三省记录元祐及元符年间党人苏辙、范纯礼等五十多人，不能安排他们在京城为官。并且徽宗下诏令司马光等二十一人的子弟不能在京城为官。

尚书左丞陆佃则没有党派之见，他认为只要有才能的人都能录用，所以想录用元祐年间的人才。他对徽宗说："不应该在继续追究过去那些事情。"于是，徽宗下诏说："元祐年间的大臣，都已经被注销了官员的名录，从现在起，不会再录用，言官们也不要再为他们申辩了。"并将诏书张贴在朝堂上。陆佃也被言官说成是朋党，于是他被贬为亳州知州。

徽宗任命许将、温益为门下中书侍郎，蔡京、赵挺之为尚书左、右丞，与曾布共同辅政。曾布不同意蔡京的政见，被贬为润州知州。于是，蔡京被任命为尚书右仆射，赵挺之、张商英为尚书左右丞，蔡卞为枢密院事。蔡京提议元祐时期的制度不再推行，并且在都察院设置讲议司，自己为主管。在徽宗的支持下，新法得到恢复。

元祐及元符末年受到重用的诸位大臣，已经差不多都被贬谪了，有的元老大臣，告老还乡或者已经去世了。但是蔡京还不满足，九月，他把宰执司马光、吕公著、吕大防、刘挚、范纯仁、韩忠彦等，曾任待制以上的官员苏轼、范祖禹等，其余官员程颐、秦观等，共一百二十人，罗织同等罪状，称为奸党，请徽宗下诏在端礼门雕刻一块刻有他们名字的石头。蔡京还把元符末年上书的人，定为正上、正中、正下三等，全部加以晋升。

这时，元符皇后刘氏的宦官郝随劝蔡京向徽宗提出再一次废掉元祐皇后孟氏。会昌州判官冯澥上书说不应该恢复孟皇后的称号。蔡京和众位大臣都对废除孟皇后的封号表示支持，徽宗在大臣的压力下同意了。十月，徽宗下诏罢元祐皇后孟氏的称号，再次让她入宫，迁居到瑶华宫。那些在元符末年提议恢复孟皇后称号的大臣韩忠彦、曾布也被降官，还再次贬谪原任执政李清臣、黄履，安置翰林学士曾肇及台谏丰稷、陈瓘、龚夬等十七人到边远地区。十二月，元符皇后刘氏的儿子赵茂被追谥为献愍太子，邹浩被贬到昭州。

崇宁二年（1103年），蔡京被晋升为尚书左仆射，尊元符皇后为皇太后。蔡京忌恨元符末年台谏官对自己的弹劾，所以诬陷他们全部为朋党，将台谏官十二个人全部安置到边远地区。三月，徽宗下诏，"党人"

第八章 北宋的新旧党争

的子弟全部要迁出京城。老师不能教授元祐时期盛行的学术，如果被监司发现，一定会处罚，不会被赦免。元符末年被定义为"邪等人"的，也不能留在京师。四月，徽宗下诏将司马光、吕公著等十人在景灵宫的画像毁掉，又下诏将范祖禹《唐鉴》及三苏、黄庭坚、秦观的文集毁掉，革除程颐的功名。九月，下令让州县立"党人"碑。三年（1104年）六月，徽宗下令将熙、丰年间的图像挂在显谟阁上，将王安石的位置推崇到与孔子一样高。元祐元符党人和邪等者合为一籍，总共有三百零九人。在朝堂上刻石，其余的人都被革除官籍。

从此，蔡京差不多执掌了二十多年的国政，这期间也被暂时罢免三次。他的儿子蔡攸也得到了徽宗的宠信，满朝的官员都是他们父子的朋党，朝政一天比一天败坏。表面上，蔡京继承了新法，实际上蔡京只是谋求一己之私，频繁变更法制，将贤能的大臣贬谪，乱花国库的钱，讨好皇帝。蔡京的党羽童贯、朱勔等，为了迎合徽宗的旨意，大兴土木，为皇上建立豪华的宫殿。北宋爆发了方腊起义和宋江起义。朝廷举全国之力，才把起义镇压下去。西夏、辽国经常扰乱北宋的边境，辽国灭亡之后，金国大举南侵，徽宗被迫退位，钦宗登基之后，才下诏贬谪蔡京和他的同党。随后，钦宗继位的第二年就遇到了靖康之难。

第九章 南宋的和战争论

黄潜善、汪伯彦、李纲三人的去留

金兵第二次进攻，康王赵构奉命进入金兵军营作为人质。来到磁州的时候，守臣宗泽规劝赵构不要再继续前进。此时金兵已经渡过黄河，金兵每天到磁城找寻赵构的踪迹。相州知州汪伯彦赶紧写信请赵构前往相州，从此，赵构对汪伯彦十分信任。金国几万大军将京师团团围困，宋钦宗下诏任命赵构为天下兵马大元帅，汪伯彦则为副元帅。他们率领河北的全部士兵进行驰援，宗泽担任前锋，屡屡击溃金兵的偏师，劝说赵构马上率领军队渡河。汪伯彦拼死阻拦，劝说赵构派遣宗泽先走一步。宗泽奉命前行并且在卫州击败了金兵。赵构听说京师被攻陷之后，就将军队转移到了东平。高阳关路安抚使黄潜善率领军队前来支援，赵构依照制度，命黄潜善担任副元帅，黄潜善从此被赵构所了解和信任。赵构的军队驻扎在济州，金兵用计想要活捉赵构，但是没能得逞，于是劫持了二帝、后妃、太子、宗戚北上。宗泽得到消息之后，从卫州率领军队直奔滑州，途径黎阳，最终来到大名，本想要直接渡河，拦截金兵，救出二帝。但是就在向各路军队发出支援信号之后，迟迟没有军队来接应，因此没有成功。

金兵撤退后，宗泽率军驻扎在京城郊外，想要征讨张邦昌。监察御史马伸、吏部侍郎吕好问，严厉责备张邦昌，劝说他应该服从赵构。在迫不得已的情况下，张邦昌勉强服从。建炎元年（1127年）五月，赵构于南京自立朝廷，即宋高宗。赵构登基之后，任黄潜善担任中书侍郎，汪伯彦同知枢密院事，张邦昌为太保，封同安郡王，召李纲为尚书右仆射（即右相），但是李邦彦、李悦、耿南仲等大臣就没有那么幸运了，统统遭到了贬谪。中丞颜岐启奏说："金国人十分喜欢张邦昌，虽然已经封为三公郡王，应该再加同平章事。李纲是金国人所厌恶的，虽然已经被任命为宰相，因此应该在其还没有到任就罢免他。"这样的奏章连续上了五次。高宗说："像我这样的皇帝，只怕也会遭到金国人的厌恶吧。"这

一句话让颜岐无言以对。右谏议大夫范宗尹建议说,李纲的名望远远高于其业绩,仅仅凭借这一点就足以让君主产生畏忌,高宗对此也不予理睬。黄潜善、汪伯彦都是喜欢阿谀奉承的小人,他们想这一次赵构登基称帝后一定会任命自己为相。但是,等到宋高宗下令召回李纲的时候,二人心中十分不高兴,所以处处与李纲作对。宗泽前来觐见高宗,商量复兴大计,黄潜善等人就极力阻拦。高宗调任宗泽为襄阳知府,即刻命黄潜善担任门下侍郎、汪伯彦担任知枢密院事,共同管理国家政务。

这一年六月,李纲来到行在之后立即上疏陈述十件事。第一为议国是。李纲说:"中国想要抵抗外族的频频入侵,就需要先拥有强大的军队之后才可以交战,可以交战之后才可以进行和谈。而靖康之役的突发,是因为以上所有的一切都失去了。现在应该做的就是先治理自己,以守卫作为主要策略。等到我们将政事治理完毕,重振士气之后再研究报仇的事情。"第二为议巡幸。李纲说:"皇帝您不可以前往京师,拜宗庙,用以安抚都城的人心。依照现在的形势来看,您不适合去那里常住,因此,可时常进行巡视。国家的地理形势,长安为上,襄阳次之,建康又次之,都应该诏令职能部门进行准备。"此外的八条,全都是关于解决时局的大计。高宗采纳了李纲提出的建议,将张邦昌调任潭州,并且将其同党贬黜或放逐。封赠那些宁死不降的将领,并且赐予谥号。李纲认为,河北、河东虽然多次遭到金兵的蹂躏,但是这些郡大多还是朝廷的官员在守卫着。这两个地方的士兵,都竭力推荐英雄豪杰担任首领,对抗金兵的入侵。他们之中最多的达到数万人,少的也不下万人,因此应该立刻派官员进行招抚,兵分几路对行在进行援助。紧接着,又凑请任张所为河北招抚使,王燮为河东经制使,傅亮为副职,设立沿河、沿淮、沿江帅府,在江淮各地建造船只。诏令陕西、河北、京东西路招募士兵。任命张悫同知枢密院事兼提举户部财用,宗泽为东京留守。那时的东京荒凉、破败,百姓与士兵杂居在一起,盗贼猖獗。宗泽慰问安抚士兵和百姓,流亡的人员返回了一些。宗泽在治军方面很有才能,招募了很多英雄豪杰,让他们驻扎在京师的附近,形成了一种犄角之势,人心逐渐稳定下来。在此期间，宗泽曾经多次上书高宗返回京师，但是高宗一味地听从黄潜善、汪伯彦等人的建议，坚决就在东南不归。

宗泽任命岳飞为统制，一次又一次击溃金兵。岳飞上书说："勤王的军队已经越来越多了，应该乘此敌军懈怠之时发起猛烈的进攻。黄潜善、汪伯彦等人不可以秉承皇上的意思去收复国土，却让皇上每天向南逃跑，如此看来是不可以指望他们来恢复中原了。愿陛下可以趁敌人慌不择路的时候，亲自率领六军北渡黄河，那么，一定会军心大振，一举恢复中原国土。"由于岳飞越级谈论政事，被黄潜善等人抓到了把柄，多次向高宗进谗言，因此被罢官。岳飞返回河北，拜见张所，张所命王彦担任都统制，岳飞担任中军统领，多次奋力击溃金兵。但是黄潜善、汪伯彦却强力主张议和，教唆右谏议大夫宋齐愈上书说李纲买马、募兵、搜刮等多件事的错误。高宗没有批准，并且以宋齐愈党附张邦昌的罪行将其立即处死。黄潜善、汪伯彦等主和派还在暗地里多次劝说高宗前往杭州避难。李纲知道这件事情之后，前来拜见高宗说："一直以来，可以实现中兴大业的君王，都是从西北开始崛起，最终以势不可挡之势坐拥中原并且占据东南。从东南兴起，是很难收复中原并且坐拥西北的。因为天下的精兵健马都在西北。倘若放弃了中原，不就等于给了金兵乘机骚扰内地的机会吗？到那时，盗贼也会借此机会作乱，您再想要返回京师就更加不可能了。"高宗认为有理，于是采纳了李纲的建议返回了南阳。随即，又任命范致虚为邓州知州，修建宫室和城池，输送粮食来充实。而黄潜善、汪伯彦依然主张前往扬州。于是，李纲便以辞职为由，和他们进行了激烈的争辩。这一年八月，高宗贬谪李纲担任提举洞霄宫，废除招抚、经制二司，传召傅亮回到行在，张所调任岭南。只要是李纲规划的政治改革，全部被废除。太学生陈东、百姓欧阳澈前后上书多次，请求留下李纲，罢免黄潜善、汪伯彦等人。黄潜善得知这个消息，十分愤怒，于是向高宗说，倘若不立刻杀死这两个人，"鼓众伏阙"的事件恐怕会再次上演。于是，高宗立即下令将这两个人杀死了。尚书右丞许翰请求留下李纲，高宗不予答应。许翰对自己的家人说："我与陈东都在为李纲进行争辩，陈东被杀死。但是我却留在了朝廷，我想自己的死期也不远了。"于是，许翰为陈东、欧阳澈作哀辞并拜见高宗，请求免去自己的官职。高宗于是任命他为资政殿大学士，提举洞霄宫。李纲被贬至鄂州，安置于万安军。

李纲离开京师之后，高宗立刻下令说："我暂驻淮甸，等到金兵被击溃，局势稍微稳定一些，就立刻返回京城。若是你们再敢胡言议论、阻我南巡，定斩不赦。"正直的宗泽上书据理力争，并且阐述了汪、黄的数十条罪行，高宗全当作没有听到。这一年十一月，高宗一行人来到了扬州。此时，黄河两岸的城市虽然已经被金兵占领，但是却依然感怀宋朝的恩德，他们在驻地都结上了红巾。出兵攻占的城邑，都是沿用建炎的年号。但是，等到听到高宗的消息之后，便全都解散了。

金国听到高宗南逃的消息，便立即将燕山等八个地区的士兵和百姓兵分三路向南进军，以勇不可挡之势迅速攻陷两河、京西的州郡。第二年（建炎二年）正月，发兵进攻东京。宗泽率领将士全力迎战，多次打败金兵，金人见无法攻破城池，只好撤退。宗泽奏请希望高宗返回东京，但是高宗没有批复。宗泽招抚了河北的盗贼，盗贼全部投降。和州防御使马扩在真定五马山聚兵，得到太上皇子信王赵榛流落民间的消息，就让其来管辖军队，黄河两岸的宋朝百姓听到这个消息之后纷纷响应。宗泽招兵买马，召集了各地将领约定渡河的时间，将领们都痛哭着服从命令。宗泽于是上疏。意思是说："祖宗打下的江山已经失去，陛下的父母兄弟正在北方承受苦难，每时每刻都在期盼着救兵的到来。西京的皇陵已经被敌人攻占，今年的寒食节，已经没有了拜祭的地方，而两河、二京、陕右、淮甸百姓处于水深火热之中，但是，陛下却还在南方巡视。这或许是两个原因所致，一为敌人方面侵扰的计谋；二为奸邪的亲属都已经在南方安顿。现在的京师已经加强防守，兵刀器械也已经准备齐全，士兵已经准备好战斗，希望陛下不要阻止士兵同仇敌忾的勇气，而重蹈东晋灭亡的覆辙。"奏章送到高宗面前的时候，有人说，这是信王赵榛有渡河进入汴梁的企图之谋。这一年五月，高宗才下旨说择日便会返回京

第九章 南宋的和战争论

师。但是，却迟迟没有消息。

此时，金军步步紧逼，层层深入，接连攻破淮北、陕西州郡，各路将士纷纷败退。高宗召御营统制韩世忠与宗泽一同抵御金兵。宗泽任命王彦为河北制置使和各路将士进行联合，分别驰援河北、京西。与此同时，上书请求皇上返回京师助援，自己率领士兵作为前锋，恢复河北。上疏抵达行在，黄潜善等人害怕宗泽成功，便从中作梗。继而任命郭仲荀为东京副留守以防备宗泽。宗泽忧愤之下旧病复发，于当年七月含恨离开人世。高宗命令杜充代替宗泽的位置。杜充治军残酷而且不懂谋略，所作所为全部与宗泽背道而驰。于是，众豪杰们与朝廷的关系破裂，那些聚集在城下投降的强盗，又猖獗起来。

宗亲赵子砥从燕山逃了回来，高宗让辅臣询问其金国的事情。赵子砥说："金人之所以讲和是为了发动战争，而我国收兵是为了等待和平。当初，契丹主张和议，女真主张战争。经过十几年的时间，最终攻破契丹。如今的我们重蹈覆辙，就好像是人害怕老虎，经常用肉喂养它。等到肉没有了的时候，它终究还是要吃了人的。只有设置陷阱等着它，才可以真正制服老虎。"高宗听到这些话心里很不高兴，于是命赵子砥任台州知州。

殿中侍御史马伸从湖南返回之后，上疏论黄潜善、汪伯彦等人十几条罪行，请求马上罢黜两人的官职，另选贤臣担任。结果，高宗下诏贬黜他监濮州酒税。随即任命黄潜善、汪伯彦二人担任尚书左右仆射。当时，金兵的攻势愈加猛烈，山东群贼作乱。面对如此紧张的攻势，两人根本就没有谋略，只知道专权自恣。东京委托给御史，南京委托给留台，泗州委托给郡守。有言事者便不予采纳，请求战斗者也不让高宗知道。金兵每天南侵，而黄潜善等认为是群盗李成的余党，视若无物。

此时，金兵已经在五马山砦攻破信王赵榛，攻陷了两河的全部州县，对京城虎视眈眈。一举攻陷济南袭庆等府，前锋已经到达淮北，而黄潜善、汪伯彦还在坚持以议和的方式阻止金兵的进攻。三年（1129年）正月，河北制置使王彦拜见黄潜善、汪伯彦，阐述了黄河两岸的忠义之士，都在盼望朝廷的军队。请其顺应民心，大举北伐。言辞激愤，二人心中十分不快，随即勒令其辞官还乡。当月，金兵攻陷徐州。韩世忠、刘光世等将领率领军队在淮北一带阻击敌人，相继不战而败。金兵顺利渡过淮河，一举攻克淮东各个郡县，大军直逼扬州。高宗听到这个消息时候，率领几个随从逃到了瓜州，只用一只小船渡江。此时，黄潜善、汪伯彦还在与同僚们听和尚说法。有官员大声喊道："皇帝自己逃走了！"二人立即大惊失色，骑马南逃。居民夺门而出，踩死了很多人。司农卿黄锷来到了江上，军士将其误认为是黄潜善。就骂他说："误国误民，都是因为你的错。"黄锷刚刚要说我并不是黄潜善，头就落了地。高宗逃奔镇江，之后来到杭州。中丞张澄论述黄潜善、汪伯彦等人的二十条罪状，使皇帝奔逃，天下怨声载道。于是，罢免黄潜善为江宁知府，汪伯彦为洪州知府。晋升陈东、欧阳澈等人的官职，传令让马伸返回朝廷任职。不过，马伸已经逝世，高宗下诏封赠他为直龙图阁。只有李纲不赦，更不放还。或许是采用了黄潜善的计谋，治罪李纲讨好金国。

赵鼎、张浚、秦桧三人的进退

从此，朱胜非、吕颐浩前后被任命为宰相。朝廷内部叛乱也接踵而来，金国借此机会大举进攻。杜充丢弃了东京，只身逃往行在。高宗下令任命杜充为尚书右仆射，兼江淮宣抚使，与刘光世、韩世忠二人分别驻扎在江东抵御来袭的金军。这一年冬天，金国大将兀术渡过长江，刘光世临阵退缩，杜充不战而降。金兵接连攻陷了江东、江西的州郡，紧接着，开始进犯浙西，懦弱无能的高宗逃亡明州避难，兀术率军一举攻陷临安，派遣重兵渡过浙水竭力追赶高宗，高宗匆忙逃往了海上。四年（1130年）正月，金兵接连攻破了越州、明州，紧接着，在海上袭击高宗，高宗被迫逃亡了温州，兀术一把火将临安烧毁了，然后率领军队北上。韩世忠率水兵八千人在江中奋力拦截，金军不敌大败，兀术仓皇逃往建康。江淮统制岳飞率领步兵三千人、骑兵三百人在新城进行阻击，大败金兵，兀术眼见建康之行受阻，随即又返回江中。采用了一个姓王的福建人的建议，用火箭焚毁了韩世忠的战船。韩世忠因此兵败，兀术才得以返回江北。这场战役，韩世忠用八千人对抗兀术十万军队，足足坚持了四十八天才失败，从此之后，金兵再也不敢轻易渡江。这一年九月，金国拥立叛将刘豫为齐帝，将河南地区交予他治理。朝廷听说这件事之后，只要在刘豫政权供职而其家属在东南的，全部给予丰厚的赏赐。

此时，张浚是川陕京湖宣抚处置使，在兴元治理军队，因为江南危急，率领军队前往支援，听说金兵已经撤退，就返回了。接着又听说金兵在淮河岸边聚集，害怕金兵再一次侵扰东南，就想要牵制他们的势力。张浚打算从同州、鄜、延兵分几路准备突袭金兵。兀术接到报警之后，率领军队直奔陕西。这一年九月，张浚派都统制刘锡率领陕西五路大军，和兀术在富平展开大战。宋军战败，金兵顺利攻陷了陕西的所有州郡，紧接着，又准备进攻兴元。张浚任命吴玠为陕西诸路都统制，守和尚原奋力抵挡金兵。吴玠与弟弟吴璘和金兵在此激战一年之久，屡次击败金兵。兀术明白宋军不可抵挡，于是断绝了攻击蜀地的念头。

黄潜善、汪伯彦被罢免之后，朱胜非、吕颐浩、范宗尹等相继为相。虽然多次派人前往金国，但是有时守，有时和，而一心一意决定与金国解仇息兵的，是从秦桧开始的。

靖康年间，秦桧担任御史中丞。金兵攻克汴京之后，抓到了秦桧，于是秦桧跟随二帝前往北方。来到燕地之后，就归顺了金国将领挞懒。挞懒对秦桧十分信任，等到南侵的时候，就任命他为参谋军事，继而任命为随军转运使。建炎四年（1130年），挞懒率军进攻楚州，放秦桧返回北方。秦桧来到越州，首先拜见了宰执。秦桧说："如果想要天下太平，就只有一个办法，就是南人自南，北人自北。"范宗尹和权知三省枢密院事李回素与秦桧的关系十分紧密，因此，极力推荐秦桧的忠心，于是高宗任命他为礼部尚书。

第二年（1131年），范宗尹不幸被贬，高宗任吕颐浩、秦桧二人担任尚书左右仆射，同平章事，兼知枢密院事。秦桧是一个十足的野心家，

一心想要独揽大权,于是就在二年四月,劝说高宗派遣吕颐浩前往镇江督军,之后,推荐了很多知名人士到朝廷中担任重职,目的就是让他们来帮助自己。给事中兼侍读胡安国,因为是当代的名儒才得以在朝廷做官。他听游酢总是说及秦桧是如何忠心、贤德,就极力向高宗说秦桧的好话。吕颐浩回到京城之后,一直遭到秦桧的排挤,而且多次遭到陷害,只可惜自己势单力薄,无奈之下,只得向席益问计。席益说:"将他们视为朋党就可以。如今,党魁胡安国在朝廷上身兼重职,应该首先除掉他。"正赶上吕颐浩推荐朱胜非代替自己担任都督。任命下达之后,胡安国上奏说:"朱胜非身为宰相,在苗刘犯上作乱的时候,懦弱无能,胆小怕事,屈从附和,有辱君主和长辈的名望。再加上,现在敌军屡次进犯,国家危难,叛臣也转而与朝廷作对,因此,是不是可以正确用人是关系到国家安危的大事,我实在是担心朱胜非贻误了皇上的大计。"于是,高宗就取消了任命朱胜非为都督的命令,改任兼侍读。胡安国依然手持文件不肯退下。吕颐浩特意命令检正黄龟年书写行文,胡安国和他争抢起来。这一年八月,高宗将胡安国贬为提举仙都观。秦桧三次上述请求留用,高宗都没有批复。侍御史江跻、左司谏吴表臣都说朱胜非是不可以得到重用的,胡安国不应该受到责罚。于是,他们与张焘、程瑀、胡世将、刘一止、林待聘、楼炤等二十多个人,都因为是秦桧朋党的罪名而获罪。秦桧也被迫请求辞职回乡。吕颐浩暗中教唆侍御史黄龟年弹劾秦桧专主和议,阻止国家大业的匡扶,而且结党营私,专权独揽,这种事情是罪不可赦的。高宗迫不得已只好罢免了秦桧的宰相职务并且在朝堂之上张榜公布,表示不予再留用。

之前,范宗尹被罢相,秦桧想要做宰相。于是扬言说:"我有两条计谋,这两条计谋足以轰动天下了。"人们追问为什么不说呢?秦桧说:"现在没有宰相,还不可以执行。"高宗听说之后,就下诏任命了他。秦桧就提出了计谋——让河北人回归金国,中原人回归刘豫。高宗说:"秦桧想要让南方人归南方,北方人归北方,我是北方人,应该归到哪里呢?"秦桧一时无言以对。此时,高宗下诏将这个意思传到朝廷内外,人们终于知道秦桧是一个十足的奸臣。

这一年九月，高宗任命朱胜非为尚书右仆射，同平章事，兼知枢密院事。吕颐浩、朱胜非都对张浚心存不满，于是任命王似为川陕宣抚处置副使，诏令张浚回到行在，并且罢免了他的兵权，让他来到福州居住。三年（1133年）九月，吕颐浩被免职。四年（1134年）三月，任赵鼎为参知政事。朱胜非十分嫉妒赵鼎。这一年八月，派遣赵鼎去都督川、荆、陕、襄诸军事，赵鼎以能力不足为由推辞。高宗说："四川十分强盛，相当于整个宋朝的天下。现在全部都交给你，人员升贬都有你一个人裁决。"赵鼎强调可以根据自身的情况，自行处理，又遭到了朱胜非的阻拦。于是上疏说："不久以前，陛下遭派张浚前去治理川陕，在他的治理下，国势逐渐增强。张浚立下了汗马功劳，陛下也发誓会永远信任他。君臣之间的相互信任，自古以来从来没有第二个。可是，最终由于众人的非议而被贬谪。损失军队，丢失国土的罪责，张浚的确是有的，但是，并没有像人们非议的那样严重。大概掌握官员的升降而不受到任何限制，若是授予小人，那么，他们必然不守本分。他们认为高官厚禄可以随意得到，不过，一旦不如意，就会心生怨恨和不满。当时，蜀中人士因为集资招兵买马的事情，曾经状告朝廷。将没有说成有，怎么可以辨明自己的清白呢？因此，作为有志之士，想要为国家建功立业的，都把张浚的事情作为前车之鉴。现在虽然我没有张浚那样的功绩，却让我担此重任，远离朝廷，恐怕我的喜欢、厌恶、正确、错误早已经传递到您的手中。只希望您可以体谅我的忠贞自持、不求人体察的性情，让我可以施展才能，为陛下排忧解难。"又说："我所请调遣的士兵，不足几千，而且一般都是病弱；我所携带的钱财也不多，我所举荐的人，委任的命令刚下，而弹劾的文件已经写好了。当初，我在您的身边，想要陈述事情都是很难的，更何况远在万里之外呢？"恰巧刘豫和金人联合入侵，朱胜非极力要求辞职。

这一年九月，朱胜非被免职，任命赵鼎为尚书右仆射，同平章事，兼知枢密院事。金兵一天天迫近，群臣劝解高宗逃到别的地方，解散职

能部门逃避敌人的锋芒。赵鼎说:"交战不可以取得胜利,到那时再逃避也不迟。"高宗认为十分正确,于是赵鼎建议皇帝亲征。史馆校勘喻樗对赵鼎说:"六龙临江,士气大振。但是,您认为这个举措真的是万全的吗?或者,你这是孤注一掷吧?"赵鼎说:"朝廷连年退避,士气不振。敌人也变得越来越骄纵了,嚣张而不可一世。因此,建议皇帝亲征。"喻樗说:"如果真是这样做,你也要想好退路啊。张浚负有重望,假如让他去宣抚江、淮、荆、浙、闽,让各路人马一起赶往京城,那么他的到来就是成功之日了。"赵鼎赞同。进宫向高宗转达,于是,高宗派人从福州召张浚回朝,命其担任知枢密院事,前往长江一线进行巡视。赵鼎陪同高宗出征,住在平江,诸位大将比如岳飞、韩世忠等多次突破金兵的防守,取得胜利。五年(1135年)二月,高宗返回临安,任命赵鼎、张浚为尚书左右仆射,并同平章事,兼知枢密院事,掌管军事大权。张浚经常在朝廷的外面,和各路大将进行联络,治理中原。六年(1136年),各路大军在长江的岸边会师,决定征讨刘豫。刘豫想要先发制人。这一年十月,派遣自己的儿子刘麟、侄子刘猊率领军队分别进犯淮西。张浚、杨沂中等将领,在藕塘以锐不可当之势攻破刘豫的大军。刘麟等人率领军队仓皇撤退。

当初,赵鼎、张浚刚刚被任命为宰相的时候,喻樗说:"两个人应该一起在相府办公。将来,赵鼎退休之后,张浚还可以继续。人事任免,不应该让他们的意见相差太多,这样,政策可以延续的时间更长。现在,他们虽然同处于一个位置,但是一人在内,一人在外,万一意见不能达到一致,有人离开,则一定会改变政策,这是贤者自相悖谬的事情。"等到张浚来到江上巡视军队,派都督府参议军事吕祉进入朝廷汇报军事时,所说的言辞夸大。赵鼎便接二连三地制止他。于是,高宗对赵鼎说:"有一天,倘若你与张浚发生不和,一定是因为吕祉的破坏。"后来,张浚在议论事情的时候,一旦有言语对赵鼎不利,赵鼎便立刻辞职。此时,正好赶上张浚从镇江回来,奏请圣上再次举兵进攻河南,皇帝可以暂且迁居建康。又说淮西宣抚使刘光世,懒惰骄横,不肯出战,请求将其免职。

赵鼎与他的意见不同，更加恳求辞职。这一年十二月，罢免赵鼎担任绍兴知府。七年（1137年）三月，剥夺了刘光世的兵权，命令吕祉管辖刘光世的军队。于是，张浚一人担任宰相一职。

高宗刚刚即位的时候。愿意称臣奉表以求金国暂缓进攻，而且还请让二帝回归，金国不答应，派去的使者也大多被囚禁。建炎元年（1127年），朝奉郎王伦奉命出使金国，被尼玛哈囚禁在云中。王伦被囚禁的很久，思乡心切，便提出愿意为合议出力。绍兴二年（1132年），尼玛哈派王伦回去议和，入朝回答高宗的问题。王伦说自己了解金国的全部虚实，高宗格外嘉奖了他。当时正在征讨刘豫的事宜，因此，和议的事情就中途被搁置了。

三年（1133年），高宗又派枢密都承旨章谊前往金国，请求放过二帝并归还黄河南岸的国土，尼玛哈不予答应。

四年（1134年），章谊返回行在。高宗又派遣吏部员外郎魏良臣前往金国。尼玛哈说："应该把建州以南的地方划分出去，让他们建立一个小国，你们可以向他们索要银绢千万犒赏劳苦功高的士兵。"魏良臣回来的时候，当时是赵鼎担任宰相，多次打败金兵，因此和议的事情又搁置了。

秦桧自从被贬斥之后，正好赶上与金兵议和，因此逐渐恢复了官职。最重要的是，秦桧与张浚的关系十分亲密，有了张浚的举荐，秦桧很快就晋升为醴泉观使，兼侍读。

绍兴六年（1136年），刘豫派兵进犯，高宗准备到平江给士兵们鼓舞士气。将要出发的时候，让秦桧作为行营留守，决议尚书省枢密院事。

绍兴七年（1137年），秦桧被任命为枢密使，于是，秦桧再一次进入了政府。这一年八月，淮西副统制郦琼杀死吕祉，率领军队向刘豫投降，张浚深感自责引咎辞职。高宗询问谁可以代替张浚的职位，反问各位大臣："你们觉得秦桧有没有能力呢？"张浚说："最近与他一同做事，才知道这个人有多么阴险。"高宗说："那好吧，就用赵鼎吧。"罢免张浚之后，任命赵鼎担任尚书左仆射，同平章事，兼枢密使。此时，攻击张

浚的言论有很多，高宗想要将张浚贬往远处，赵鼎极力为张浚进行开脱，高宗才将他贬为秘书少监。

这年十月，金国废除刘豫。此时王伦再一次出使金国，金国派王伦返回，答应交还徽宗皇帝与皇后的棺椁，还有高宗生母韦太后，并且答应归还黄河南岸的领土。高宗因此十分高兴，又派遣王伦前往金国，迎接帝后的棺椁。

当初，赵鼎与张浚经常讨论人才的问题。张浚十分赞赏秦桧，赵鼎说："一旦这个人得志，那么咱们就没有立足之地了。"等到赵鼎再一次为宰相的时候，秦桧在枢密院，对赵鼎唯命是从。从这个时候开始，赵鼎便十分信任秦桧。并且时常对高宗说，秦桧是一个可以担当大任的人。八年（1138 年）三月，高宗再一次任命秦桧为尚书右仆射，同平章事，兼枢密使，和赵鼎同为宰相。

这一年五月，王伦和金国的使者一同返回。金国答应归还陕西、河南的领土。秦桧请求再派王伦前往金国，签订和平协议。后遭到其他官员的强烈反对，没有批复。

参与政事时，赵鼎与刘大中极力反对议和。因此，秦桧对刘大中心存嫉恨，教唆官员弹劾刘大中，将刘大中罢免。高宗对于赵鼎十分不满，多次当众斥责赵鼎。这一年十月，赵鼎被贬为绍兴知府。赵鼎离开京师的时候，秦桧率领大臣为他饯行。赵鼎不行大礼，只是作揖便走了，秦桧因此更加怨恨赵鼎。秦桧知道高宗想要议和的想法不变，就写出文书，请高宗批准和议。并且极力排挤反对议和的官员，并且将他们一个接一个地排挤出去。当月，高宗下诏秦桧代宰相。

绍兴九年（1139 年）三月，金国派遣使者归还陕西、河南的国土。高宗下诏命王伦担任东京留守，交割地界。派判宗正寺事赵士儴、兵部侍郎张焘到河南修缮先帝陵寝。发现先帝的陵墓已经被盗，甚至哲宗陵都爆出了尸身。张焘返回临安之后，写书上奏说："一定不要因为和盟而忘记了金人的罪行。"高宗追问陵寝的情况如何，张焘没有回答，只是说："万世也不可以忘记金国的罪行。"高宗沉默不语。秦桧十分忧虑，便派遣张焘担任成都知府。代理史部尚书晏敦又极力论述议和的错误，被贬为衢州知州。

此时，秦桧建议撤销淮南守备，剥夺各路将领的兵权。参知政事李光极力反对，说："金国，野心勃勃，和盟是千万不可以依靠的，淮南坚决不可以撤。"又向高宗告状说："秦桧的目的就是要掩盖陛下的耳目，盗用国家的权力，误国误民，您一定要仔细观察啊。"秦桧因此大怒。这一年十二月，将李光调离京师任命为绍兴知府。

十年（1140年）五月，金将兀术、撒离喝各自率军兵分两路进攻陕西、河南的州郡。秦桧因为金兵没有兑现诺言而害怕高宗怪罪，就派遣给事中冯械试探高宗的意思。冯械拜见高宗说："金兵大举进犯，全国上下又将打乱，像张浚这样的有用之人，应该尽早将兵权交付于他。"帝郑重其事地说："宁肯亡国，也决不再重用此人。"秦桧听到之后十分高兴。

这时，各路大将中，吴璘、刘锜、韩世忠、王德等人相继攻破金军的包围，收复失地。岳飞更是打破兀术兵，士气大振，两河豪杰闻风纷纷响应，于是收复怀、卫州，断绝了金兵通往河北、山东的道路。军民都十分盼望可以和官兵会师。从燕山以南，金国的号令已经没有人听从了。兀术因此十分恐惧，想要抛弃汴梁向北逃窜。岳飞十分高兴，就等着北渡黄河了。而秦桧想要以淮河为界，与金国议和。他指使台臣请求高宗下诏班师回朝。岳飞上奏："金兵的锐气丧失，丢盔卸甲，急急忙忙地北渡黄河，而且此时士气大振。机不可失，失不再来，这样的机会怎么可以轻易放弃呢。秦桧知道岳飞意志坚定，不可能返回，于是就请张俊、杨沂中等人回来，之后对高宗说，岳飞孤军作战，胜算不大，请马上下诏班师回朝。岳飞只一天时间就接到了十二块金牌，于是愤恨得痛哭流涕，向东面拜了又拜说："十年之功，毁于一旦。"于是，从郾城率领军队返回。兀术派兵追击，没有赶上。河南刚刚收复的州府又被金国占领。金兵追击打败了杨沂中的军队，在宿州大规模屠城。

秦桧极力主张议和，但是又害怕各路将士难以控制，就想要将他们的兵权收回。

岳飞含冤而亡

岳飞一直将恢复宋朝的国土视为己任，极力反对议和。刘豫南犯的时候，岳飞率兵击溃了他的军队，收复了河南西部的州郡。他上书请求恢复中原，但是高宗没有答应，岳飞于是回到鄂州。绍兴七年（1137年），岳飞向高宗上书说："临安处于国家的角落，并非用武之地。请在上游建都，陛下亲自率领大军前往鼓舞士气，让全体将士都知道陛下恢复中原的愿望，他们一定会竭尽全力作战。"高宗没有批准。刘豫被废黜的时候，岳飞上奏："应该趁着金国废黜刘豫的时候，攻其不备，长驱直入收复中原。"韩世忠也上奏说："机不可失，失不再来，请立即出兵北上。"依旧没有被批准。和议达成之后，岳飞上书说："金国议和不可靠，宰相大臣专断国家大事是会遭到后世耻笑的。"秦桧从此便更加嫉恨岳飞。等到大赦的文书送到鄂州的时候，岳飞又上书极力论述议和的坏处，甚至还说"我愿意为取得全胜而献出谋略，希望收复黄河两岸的国土，取得燕、云地区，最终达到报仇和收复国土的目的。让金国俯首称臣"的话。秦桧更加恼怒了，因此仇恨越结越深。和议谈判完成后，照例为官员加官行赏，岳飞升为开府仪同三司。岳飞竭力推辞，说："今天的事情应该感到危急而不是安全，应该是忧虑而不是庆祝。应该整训军队，以防不测，而不应该论功行赏被敌人取笑。"高宗三次下诏，岳飞都没有接受。高宗十分温和地向他讲述为他加官晋爵的原委。岳飞不得已只好接受了。赵士㒟、张焘奉旨修缮先帝的陵寝的时候，岳飞请求派遣轻骑兵跟随，进行洒扫，实际上是想要侦察敌情为制定计谋做准备。秦桧担心岳飞会成功，极力劝阻高宗不要答应。郾城大捷，兀术十分害怕，想要放弃汴梁北撤。这时，一个书生拉住他的马说："太子先不要急着走，岳飞马上就退兵了。自古以来就没有权臣在朝堂之上，而大将可以在外面树立战功的。岳飞只怕是小命难保，又怎么能够成功呢？"兀术醒悟过来，就留了下来。岳飞回到鄂州，极力请求解除兵权，高宗不答应。兀术给秦桧写信说："你每天请求议和，而岳飞却总想着收复国土。所以一定要杀死岳飞，才可以达到议和。"秦桧也认为岳飞一天不死，就会竭力阻止议和，就连自己也会招来杀身之祸。于是，教唆朝中大臣提交议案，讨论岳飞的功过。高宗于是贬岳飞为万寿观使。紧接着，秦桧又教唆其他官员诬陷岳飞的部将张宪想要占据襄阳，迫使朝廷将兵权还给岳飞。甚至假造圣旨，将岳飞及其儿子岳云关押在大理寺监狱，命令何铸和大理卿周三畏进行严刑拷问。何铸察觉到了岳飞的冤情，向秦桧述说。秦桧说："这些都是皇上的意思。"何铸说："我怎么可以这样对待岳飞呢？金国的势力越发强盛，不断侵扰我国领土，如今无故损失一员猛将，丧失军心，这并非国家的长久之计啊。"秦桧无言以对，就改让万俟卨来审理。寺丞李若朴、何彦猷、大理寺卿薛仁辅、纷纷上书诉说岳飞的冤情。判宗正寺事安王赵士儴以全家的性命担保岳飞无罪，并且说："中原还没有平定就陷害忠良，这是忘记二圣，根本不想要恢复中原。"但是已经丧失心智的高宗根本不予理会。韩世忠心中愤恨，当面责问秦桧实情。秦桧说："岳飞的儿子岳云与张宪来往的书信内容虽然不清楚，但是这件事情莫须有。"韩世忠说："'莫须有'三个字，怎么可以让天下人信服呢？"

这一年十月，高宗任命魏良臣为金国禀议使，将议和的奏章送往金国。韩世忠极力陈述议和的坏处，并且斥责秦桧有误国的罪名。秦桧就教唆言官上书谈论韩世忠的功过，将他贬为醴泉观使。

这一年十一月，兀术派遣使者与魏良臣一道前来。商议以淮河为界，京西割唐、邓二州，陕西割商、秦的一半领土，以及陇西成纪的一部分土地，以大散关为界。岁贡银绢各二十五万。依然答应归还棺椁与太后。高宗对于这些条件全部答应，并且任命何铸签书枢密院事，送去奏章与金国议和。

十二月，秦桧派人前往大理寺的牢狱杀死了岳飞，岳云与张宪都被暴尸街头，岳飞幕僚、下属等一同被问罪的有六人。没收了岳飞的家财，家人全部被流放到岭南。薛仁辅、李若朴、何彦猷等人都被罢官，并且将齐安王赵士儴流放至建州，最终死在了流放地。只要是赞同这个案子的人，全部被升官。何铸从金国回来后，秦桧怨恨他不赞同岳飞的案子，向高宗进谗言，将其贬为秘书少监。

当初，商州知州邵隆在州十年，历尽艰辛治理地方，招募流民、散兵多次击溃金兵，却正好赶上议和，朝廷毫不犹豫将商州分割给了金国。邵隆常常心存怨恨，于是被调任金州知州。

十二年，金国的使者前来，送来官服，册封高宗为大宋皇帝。归还徽宗、郑太后和皇后邢氏的棺椁。送高宗的生母韦太后回临安。自此之后，两国信使来往十分密切。高宗下诏加封秦桧为太师，封魏国公。

秦桧死　天下赦

秦桧十分痛恨王庶、李光，指使官员诬陷李光对朝廷心存不满。十一年（114年）冬季，把王光安置到藤州，当地守官知道秦桧的意思，就借口王光创作的诗词中有讽刺朝廷的意思，将诗歌献给秦桧。秦桧一看十分愤怒，由言官进行评论。王光再次被流放到琼州，十二年（1142年）夏，贬为平民，安置到道州。

秦桧对赵鼎不赞同议和心存怨恨，因此，只要是和赵鼎有关系的人，例如折彦质、张九成等人，都被说成是张鼎的同党，极力排挤他们。赵鼎在潮州五年，不论政事，闭门谢客。遇到有问询的人，也只是检讨自己的功过而已。十四年（1144年）秋，中丞詹大方领会秦桧的意思，上书弹劾赵鼎与同党范冲蛊惑煽动、图谋不轨。于是，又将赵鼎安置到了吉阳军。十五年（1145年）秋，张浚因为宿星变化而谈论政事，秦桧让中丞何若上书弹劾他。张浚就流放到了连州，随后又来到永州。秦桧任命自己的心腹张柄担任潭州知州，和郡丞汪召锡一同监视张浚。

赵鼎来到吉阳军之后，便躲藏在家里，旧友与学生都不敢与他写信、问候。只有广西大帅张宗元经常送酒和米。赶上高宗降旨，赵鼎、李光即便遇到大赦但是依然不能被任用，而且命令当地的官员每月登录他们的存亡情况。赵鼎派人对儿子赵汾说:"秦桧一定是想要杀死我,我死了,你们就不会有事了,否则全家都要人头落地啊。"于是,绝食而死。人们听说这件事之后,都十分气愤,当时正好是绍兴十七年(1147年)秋八月,参知政事段拂听闻赵鼎去世的消息之后,为这件事十分惋惜。秦桧大怒,让侍御史余尧弼参议段拂。罢免段拂官职,安排到了兴国军。

李光在琼州,经常私下里编写史书。他的儿子李孟坚对陆升之说了这件事情。陆升之转而告诉了秦桧。秦桧命令两浙转运副使曹泳追究此事。曹泳说,李孟坚回忆起父亲李光所写的史书中,语言有讽刺朝廷之意。二十年(1150年)春,将李孟坚关进大理寺监狱,将李光流放到峡州,高宗下诏,李光随即大赦但是也不予释放。于是,胡寅、程瑀、潘良贵、宗颖、张焘、许忻、贺允中、吴元许等人统统获罪,并且遭到不同程度的贬黜。从政郎杨炜、常州通判沈长卿曾经与李光谈论过"和""战"的优劣是非;雷州知州王趯请求将李光调往内地,都被判为同罪。太常主簿吴光美作《夏二子传》,原意是指苍蝇。他的同乡认为是讥讽大臣,于是就告发了。又说他家有一个凉亭名叫"潜光",这是心里倾向李光的朋党。正房的名字名叫"商隐",这是不愿意为朝廷做事。秦桧因此大怒,将其流放到容州。

王庶在流放的地方去世了。他的儿子王之奇、王之荀痛哭流涕,咬牙说道:"秦桧、秦桧,此仇不报誓不为人。"亲友们急忙捂住他们的嘴巴:"大祸不远啦。"二十二年(1152年)春,这件事被人告发,两个人被污蔑有诽谤朝廷的罪名,将王之奇送到梅州监管,王之荀到容州监管。

秦桧在自己居住的一德格天阁中,写上赵鼎、李光等人的名字,一定要杀死他们,等到听说赵鼎绝食死后,十分懊悔自己没有亲手将其杀死。江西运判张常先注释了前元帅张宗元与张浚的诗,被告发到朝廷。这些诗词连累的数十家,都被诬陷为不轨而被流放。碰巧,汪召锡告泉州知州赵令衿,在看到秦桧家庙记的时候,读出:"君子之泽,五世而斩。"被贬至汀州。秦桧还教唆殿中侍御史徐嘉,评论赵令衿与赵汾饮酒告别,还赠送了很多路费,其中必有奸情。二十五年(1155年)秋,把

赵令衿、赵汾关进大理寺进行审问，逼迫赵汾承认与张浚、李光、胡寅、胡铨等人意图谋反，想要将他们一起杀死。冤狱刚刚构成，秦桧就染上了重病，不可以写字。

这一年十月，秦桧的病情越加严重，高宗下诏进封秦桧为建康郡王，加封他的儿子秦熺为少师，并且让秦桧致仕。就在这一天，秦桧去世了。台谏汤鹏举等人多次上书，陈述秦桧的罪行，提议驱逐他的朋党、亲友。高宗下旨将户部侍郎曹泳暂且安排在新州，端明殿学士郑仲熊等四人被罢官，侍御史徐嘉、正言张扶也调任为其他官职，建康知府王会等六人被罢免，把吕愿中等人流放，秦桧的子孙或被罢免，或被革职。

高宗随即释放了赵汾、李孟坚、王之奇等人，并且让他们按照自己的意思行动。十二月，恢复张浚、胡寅、张九成等三十九人的官职。把李光、胡铨调到距离临安较近的郡县。二十六年（1156年）正月，追认恢复赵鼎、郑刚中等人的官职。于是，朝廷内外的大臣，只要是被秦桧诬陷的，都得以昭雪。三十二年（1162年）夏，高宗将皇位传给太子。太子即位，即宋孝宗。孝宗追任恢复岳飞的官职，并且以应有的礼节进行安葬，于是岳忠武王的冤狱也昭雪了。

秦桧担任宰相一职十九年，提倡议和贻误国家。忘记复仇，常伦败坏，包藏祸心，挟制君主。为人奸险，深不可测。与同僚在一起谈论政事的时候，从来不极力争辩，只是用一两句话倾轧排挤，激怒皇上。一时间忠臣良将，全部被他消灭殆尽。那些愚笨无耻的小人，全部被秦桧任用。这些人争着抢着将诬陷忠良的人作为自己的功绩。只要是找不到罪状的，就说是"立党沽名"、"讪谤"、"指斥"，甚至是"有无君心"。只要是评论人的奏折上书，都是秦桧授意给言官。一些老熟人甚至这样说："这是老秦的笔迹。"秦桧在晚年时尤其残暴，多次兴起大的冤狱。眼线遍布京城，稍有异议便会遭到罢免。胡乱编造一些罪名安在被贬人的身上。执政官只录用那些充数的人，刚刚任用就会被罢免。即便是那些任职很久的人，都不可以发挥他们应有的作用，竟然在原来的位置停留十年却不见调动。可是，若是依附于秦桧，就会立即得到升迁。他公开受贿，家里的财富可以抵得上一个国家的财富。贪占外国贡献的珍宝，即便是死后，还要送到他的家里。秦桧暗地里结交内侍及医师王继先，窥探皇上的意思，因此皇上的一举一动他都了如指掌。地方上的事情只上报给他，无需让皇上了解。秦桧在处理紧急事务的能力上远远高于皇上。秦桧死后，孝宗对杨存中（就是杨沂中的改名）说："现在应该防备像秦桧这样的人了。"

第十章 明朝宦官与党争

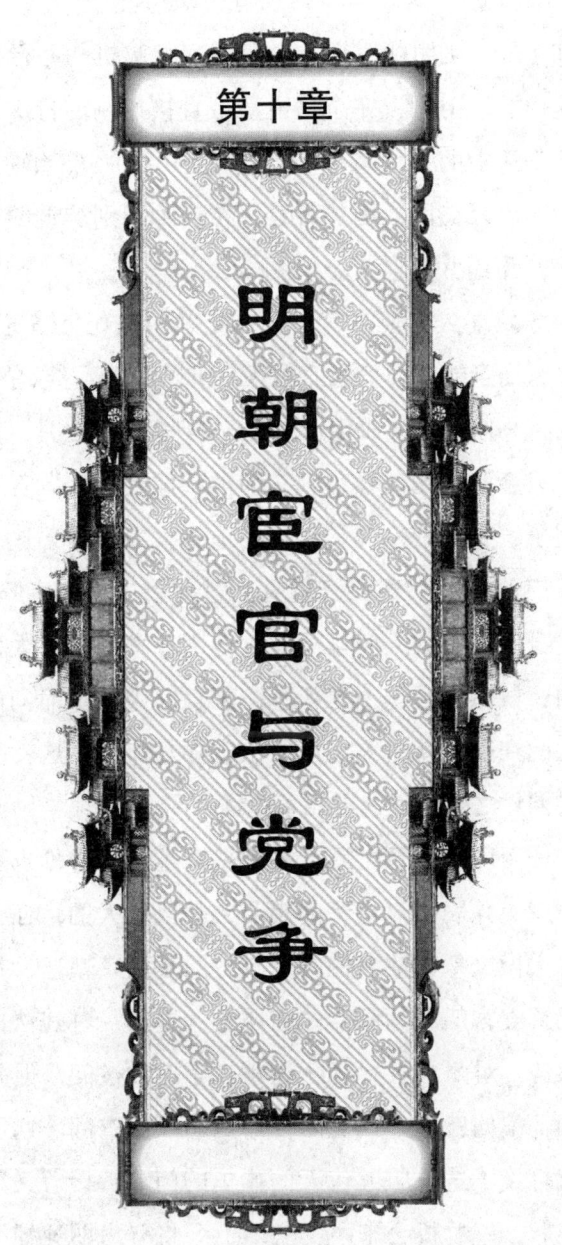

特务政治之争

锦衣卫和东厂，是明朝时期一个与国家行政机构并行的镇压官民的特务机构。这样的厂卫制，完全是由皇帝直接控制的特殊镇压工具，这可是明朝政治生活中的一大特点。到成化元年（1465年），朱见深做上皇帝之后，明朝内外交困，国势日衰，在这种特别严重的局面下，宪宗下令开设西厂，并且由太监汪直督办。

汪直，大藤峡瑶人。他入宫后，在宪宗的宠妃万贵妃的宫中服役。因其异常奸诈，而且能迎合贵妃的心意，所以深受万贵妃的宠信。后来，宪宗提升他为御马监太监。成化十二年（1476年）七月，京师日蚀。在民间盛传有一只金睛长尾的怪兽，它的形状像犬狸，借着天黑从窗户进入人所住的屋子，直抵密室，它到过的地方，人立即昏迷。在宪宗上朝的时候，奉天门的侍卫都称在宫里见到过此物，把宪宗吓得差点逃掉。这时候，有个身份不明的人叫李子龙，他用符术交结了太监韦舍，然后偷偷溜到宫内，被抓到后马上处死了。宪宗因为此事而闷闷不乐。善于揣摩帝王心意的汪直，就引宪宗微服出宫寻欢作乐，这就赢得了宪宗对他的好感。设西厂之时，就选派汪直总督西厂。

汪直在担任西厂的总督之后，权势越来越重，身价也翻了倍。为了提高自己的声望，并表明对皇帝的忠心，骗取更大的信任，汪直就利用覃力朋的案件大做文章，沽名钓誉。覃力朋是南京镇监，在某次进京朝贡之后，就用百艘官船私运私盐。在明朝，这是一种违法的行为。一路上，他依仗权势，对州县大肆骚扰勒索，无人敢过问。但是船队在到达武城县的时候，偏偏就有个典史阻拦覃力朋船队查问。这下就惹怒了覃力朋，举手就打飞了这位胆大包天的典史的门牙，接着又射死一人。汪直在接到此案后，一看机会来了，立即下令将覃力朋逮捕了，追查他滥杀无辜，殴打国家官吏的罪行。并且奏请皇帝，表示将覃力朋处死。后来，覃力朋得到宽赦，这个案件也被放过，但是昏庸的宪宗却觉得汪直是个秉公办事的人，并且对自己忠心耿耿，对他就更加信任了。

汪直见圣上对自己的恩宠日益增加，自己的地位也越来越巩固，就开始结党营私，将锦衣百户韦瑛收做心腹，二人狼狈为奸，不断地制造出害人的冤狱。

汪直掌握着西厂，但是其权势却超过东厂。每次外出，他都会带着很多随从，前呼后拥的，所到之处遮街塞巷。朝中的大臣公卿，一看见他就像躲瘟疫似的换道而行，没有人敢招惹是非，与他争道。有一次，兵部尚书项忠，在路上没有对他避让，汪直就当面对他进行凌辱。朝廷的大官都是如此了，更何况那些小官小民呢？

慢慢地，汪直的专权乱政，飞扬跋扈，就引起了朝中大臣的愤愤不平。大学士商辂等出面向宪宗上奏章，将汪直的各种罪行统统表述。但没想到的是，奏章呈上去之后，却惹得宪宗不满："我不过用个太监，怎么就危害了天下呢，是谁带头上了这样的奏章？"居然还让司礼监太监怀恩等人找商辂责问。宪宗这样的公开袒护，引起了朝中大臣的强烈不满，商辂等将汪直的种种不法行为当面向怀恩陈述了，口气慷慨悲切，泪流满面。称不管皇帝如何看待自己，就是冒死，也要上书皇帝。本来，怀恩对汪直就有些不满，大臣这样一讲，他就如实向宪宗做了汇报。第二天兵部尚书项忠联合六部的官员，一起上书揭发汪直。宪宗见朝中引起公愤，就不得不相信汪直的胡作非为了，无奈于成化十八年（1482年）下诏将西厂撤销。

宪宗虽然被迫取消了西厂，但是他对汪直还是念念不忘，一方面他派人去责备他的罪行，一方面又下令赦免，仅仅下令将汪直调回御马监，把韦瑛调往边疆卫所效力。汪直被斥回御马监，依然借助宪宗对他的好感，伺机谗言惑主。他将商辂弹劾他的奏章诬告成是司礼监的黄赐、陈祖生的主意。宪宗不管真假，就下令把陈祖生外放南京。

御史的戴绪也是个卑鄙的人，在任期满九年后没有得到提升的情况下，对宪宗极力地讨好，并对汪直大肆吹捧，胡说什么："现在满朝的大臣对朝廷用处都没多大，只有汪直才是公正无私的，实为众人所钦佩。"

极尽阿谀奉承之能事，并且建议将西厂恢复。这番话正好顺了宪宗的意思，宪宗就顺水推舟，听从了太监的怂恿，再次开西厂，并且继续让汪直以千户吴绶为镇抚督办。上任后的汪直气焰更加嚣张，不仅横行霸道，还残害忠良。吴绶因项忠带大臣弹劾汪直，所以就整天对项忠进行监视，逼得项忠只得以治病为由，请求回家。项忠还没来得及动身，吴绶令东厂负责侦事的官校对项忠进行诬告，并指使御史冯贯、给事中郎郭镗等一同对项忠的违法进行揭发，太监黄赐、兴宁伯李震、彰武伯杨信等一并牵连。宪宗命锦衣卫和三法司一同进行会审，项忠极力反驳、申辩，因幕后有汪直在操纵，结果项忠被削职为民；黄赐、李震等亦同时获罪。左都御史李宾也因为得罪汪直而被夺职。为了报商辂上奏弹劾之仇，汪直还诬陷商辂称他曾接受杨晔的贿赂，想要为杨晔开脱。商辂被逼无奈，提出辞官，宪宗二话不说就批准了，商辂告官还乡。尚书董方，南京兵部尚书薛远，侍郎滕昭、程万里等几十人都先后被汪直一伙弹劾去职。从那以后，再也没有朝臣敢和汪直相抗争，和汪直关系最好的王越，当上了兵部尚书兼左都御史，陈钺则当上右副都御史，巡抚辽东。

成化十四年（1478年），陈钺激起了骚乱。汪直想自己处理此事，但是司礼太监怀恩派了马文升前往。汪直十分不高兴，命他的亲信王美和马文升一起前去，但是被马文升拒绝了。叛乱平息了之后，汪直向宪宗奏请自己亲自带着王美到开原，再下令招抚。于是马文升将自己平息骚动的功劳让给了汪直。汪直到辽东后，马文升对他既不拜见，对他的左右也不客气。汪直更是不满，就日夜监视马文升，想要找个借口对他诬陷。这时候刚好兵部尚书余子俊弹劾陈钺对进贡的女真人进行袭击，陈钺就在汪直的面前不停地说余子俊的坏话，而且怀疑是马文升指使的，就更急于排挤他。汪直就借此将陈钺激起的边境骚乱奏为马文升处事不当，不卖给建州人农具，导致建州人怨叛。结果，马文升被逮捕带诏狱，谪戍重庆卫；而陈钺则因吹嘘的功绩，骤升至尚书。从此以后，汪直的威势倾震天下。

当时，陈钺和王越被人们称为是两把杀人的大钺。有个名叫阿丑的小太监，擅长演戏。有一天，他瞧见宪宗到来，就故意装成喝醉的样子，破口大骂，不停的叫喊。有人告诉他说："皇上来了!"阿丑不但不停止，反而骂得更凶。又有人说："汪太监来了!"他听到后马上就吓跑了。问他为什么这样，他说："现在人们只知道汪太监，对其他人都不知道。"说完之后，就装成汪直的样子，拿起两柄钺，来到宪宗的面前。旁人问他你手里拿的什么，他回答说："我打仗，靠的就是这两柄钺。"又问他："那究竟是什么样的钺?"回答说："王越和陈钺。"宪宗看完就笑了，但是他心里对汪直的所作所为多少明白了。

恰好，这时东厂的尚铭捉到了大贼，并且得到了厚赏。汪直心里忌恨东厂事先通知他这件案子的事情，心里特别不是滋味。尚铭知道了汪直在怨恨他，就十分害怕遭到汪直的报复，就先下手为强，将汪直泄露宫中丑闻的事情报告给了宪宗。同时还将汪直勾结外臣等许多不法的事情一并揭发。这时，宪宗对汪直开始有些疏远。

成化十七年（1481年）秋天，宪宗以宣府边镇受到侵扰为由，就将汪直和陈钺派到宣府退敌。敌人退却之后，没想到宪宗不允许汪直回京，让他移镇大同，将他身边的官吏召回。汪直、陈钺受到宪宗的疏远，宠信程度日渐衰退。给事中、御史们见宪宗不喜欢汪直了，就趁机揭发他，并请求将西厂撤销。同时阁臣万安也上书表示支持这种意见。大同的巡抚郭镗也上书对汪直进行揭发，称他和总兵许宁不和，恐怕会误边防。宪示便将汪直调回南京御马监，并将西厂撤销不再设置。没过多久，在百官的建议下，宪宗将汪直的官罢免了。同时将汪直的死党王越、戴缙、吴绶等人驱逐。在对他们进行处分的时候，因陈钺早已丢官，就没有再追问。因韦瑛还犯有其他的罪所以被杀。不可一世的汪直，终于在寂寞中病死了。

虽然，宪宗将西厂撤销，并且清除了汪直周围的死党，但是却没有将厂卫制废除。这样，东厂代替了西厂，在宪宗的指挥下，仍然对百姓进行肆虐，并且镇压官吏。

结党营私及宦官的专权

弘治十八年（1505年）五月初六这一天，久病垂危的孝宗皇帝朱佑樘，迫不得已在病床前召见了内阁大学士刘健、李东阳、谢迁等大臣。朱佑樘将头抬起，悲切地望着他们说："朕已久病难愈，特地将你们召来，将朝中诸事托付给各位……太子现年轻，又十分喜欢玩乐，希望能好好教他读书，并辅佐他长大，以不负厚望。"第二天，又召见了太子朱厚照，嘱咐他遵守祖上定下来的制度，任贤用能，依靠朝中老臣，将国家治理好。到了中午时分，朱佑樘便死去了。朱厚照十五岁，按律依制继位，是为武宗。

武宗继位后，对刘健等大臣加官晋爵，可是却没有遵照先帝的命令对他们重用。相反，武宗宠信的是被人们称为八虎的刘瑾、马永成、谷大用、魏彬、张永、高凤、罗祥、邱聚八个太监。在武宗做太子的时候他们就围在太子身边，如今就更加肆无忌惮引诱武宗吃喝玩乐。年轻的武宗就这样，整日寻欢作乐，不关心朝政，这就为太监干政提供了条件。

刘瑾，八虎之首，武宗最宠爱的人，权势也日渐加重。

刘瑾原本姓谈，兴平人。在四五岁时，父亲与一位姓刘的太监结识，姓刘的太监的荣耀让刘瑾的父亲十分羡慕，感叹自己的年龄已过，这辈子都没有机会了，就在刘瑾身上打主意。他将儿子强行阉割之后，就拜在刘姓的门下，不但儿子改姓刘，他自己也改名为刘荣，欲求荣华富贵。在刘太监的关照下，小小年纪的刘瑾就进宫做了太监，在乾清宫做"厮役"。那时候还是孝宗在位，宫规颇严，刘瑾因为冒犯宫规差点被处死，后经人说情才侥幸被赦免。后来权臣李广引荐他，他又被派到东宫侍候皇太子朱厚照。连他自己都没有想到，他这一去，就决定了他一生的命运。

刘瑾的为人十分乖巧聪明，他吸取以前的教训，养成处处小心，并察言观色的习惯，对太子更是千方百计地讨好，太子对他自然就情有独钟。在武宗继位后，刘瑾就马上被提升为钟鼓司掌印太监，在当时，这已经是一个相当不错的位置。在刘瑾的心里，他格外兴奋，并且对自己的前途充满了希望和幻想。

他为了往上爬，就揣摩武宗的心思，投其所好，高人一等地大献殷勤功夫。加之，在皇帝年幼时就好玩乐，他就想方设法地今天送只飞鹰，明天献只猎犬，后天又奉上一些古董玩物，把这个少年天子逗得心花怒放。武宗沉湎于此，国政朝纲早就置之度外。刘瑾因讨好皇帝有功，迅速被提升为内官监太监，负责宫室、冰窖、陵墓的营造及对铜锡器的妆奁制造等事，并且总督团营，即在京都的主力军。尝到了讨圣上欢心甜头的刘瑾，更加变着法子地满足武宗的贪欲和玩心。他上奏设立皇庄，以敛财富，皇上得以批准，皇庄就迅速的建立并且增加到三百多处。其中管庄的宦官、校卫等在皇庄横行霸道，京师的百姓大多都受到骚扰，叫苦不迭。皇帝如此昏庸，而且上行下效，国政岂能不败。

在刘瑾等人的劝诱之下，武宗只顾着享乐，荒淫无度，朝政混乱一片。朝中的大臣对此十分不满，上下众说纷纭，大学士刘健、谢迁、李东阳等人纷纷冒死进谏，谴责刘瑾等人为了讨好皇帝，不择手段，并劝阻皇帝再也不能不顾朝政而无止境地游乐，但是收效甚微。

这时候，京师阴雨连绵，接连两三个月都未见晴天。南京和江南、山西一带不断地发生地震，天上沉雷滚滚，白天都犹如黑夜，星斗可见，暴雨狂风，彗星亘空，明代祖陵都遭到了雷击。这一系列的自然反常现象使人们惶恐不安，都有一种大祸临头的感觉。儒学家、五官监侯杨源将这一时期的星象大变利用天人感应学说解释给武宗，这是自然界所谓的灾难："上天在发怒，以此告诫天下的国君！"迷信的武宗，听了之后大惊失色，但却找不到弊政的源头。众人上奏的急了，他就指着刘健等人的鼻子大发雷霆，说："难道天下的事情都是太监败坏的？朝廷中败坏的大臣也是十居六七，你们自己应该知道！"尽管如此，朝廷上下疏奏谏的人还是越来越多，逐渐将矛头指向刘瑾"八虎"。武宗看到这件事已经激起满朝文武的公愤，虽说感情上对刘瑾等人仍是难以割舍，但迫于朝

第十章 明朝宦官与党争

野震怒,还是将司礼监王岳等派去内阁同阁臣们商议。武宗的意思是将刘瑾安置到南京。

但令武宗没想到的是,阁臣们对他的意见却并没有接纳,坚决要求将刘瑾诛杀。刘健盛怒一把将案几推开高声道:"在先帝驾崩之前,拉着老臣的手,将大事托付给老臣,现今先帝陵墓上的土还没有干。刘瑾等辈就这样如此败坏,臣死后有什么颜面去见先帝!"说完失声痛哭。虽然王岳也是武宗在当太子的时候就在身边服侍的宦官,但是他的性情刚直不阿,对于刘瑾等人平时的所作为他也深恶痛绝。所以,他将刘健等人的态度原原本本地上奏给武宗,无奈武宗只得答应翌日早晨下旨将刘瑾逮捕下狱。刘健等人知道这个消息之后,大受鼓舞,他们分头活动,对满朝的文武大臣进行鼓动,商量好第二天在朝廷中当面向武宗谏诤,让武宗下诏诛杀"八虎"。

吏部尚书焦芳和刘瑾是死党,他能当上吏部尚书也是借助了太监的帮助。他见朝臣计议已定,奏章都已准备好,吃了一惊,再三考虑之后,派人飞告刘瑾,王岳要作为内应的消息也一并泄露出去。这段时间以来,刘瑾等人已是惊弓之鸟,惶恐却不知如何是好,听见焦芳送来的消息,只有刘瑾还能沉得住气,其他人都几乎魂飞魄散。刘瑾要众人定下心来,商量对策。一番谋划之后,他们决定先发制人。当晚深夜,刘瑾等人来到乾清宫,将武宗团团围住,跪下就磕头,边磕边求饶,面对着这些平日里不离左右的宠臣,武宗露出不忍的面色,决心也慢慢动摇。刘瑾等人边求饶边哭诉:"若不是皇上的开恩,在下早已被千刀万剐!"武宗问是何原因,刘瑾说:"皇上,我落的今天这个地步,全是因为被王岳所害。"武宗听了十分的吃惊,连忙问是怎么回事,刘瑾说:"王岳和阁臣勾结,想要控制住皇上的行动,所以要将他们所顾忌的人先铲除掉。在外王岳对谏官说'诸位有话只管说',在内阁议论的时候,就称赞他们说得对,这是什么意思?还有那骏马和鹰犬,王岳买来进献过皇上没有?现在只会归罪于我们!"听到这里,武宗已是怒不可遏,大喝一声:"将王岳抓来拷问!"刘瑾紧接着说:"那鹰犬狗马对皇上处理国家大事有什么危害？之所以外官们敢这样肆无忌惮的喧哗，并且毫无顾忌，就是因为司礼监没有得力的人，不然皇上要做什么谁敢多嘴！"刘瑾就是刘瑾，被称为"利嘴刘"一点也不夸张，这些话说的十分厉害，他不但要挑拨皇帝和内臣之间的关系，而且还有更大的野心。明朝制度明确规定，但凡重大的事情，奏章都必须汇总于内阁，再由内阁大学士提出处理意见，然后再送宫中，皇帝批复后可执行。而皇帝的指示往往都是由司礼监秉笔的太监根据皇帝的旨意代批，或是皇帝委托司礼监秉笔太监代批，可见秉笔太监权力之大，甚至可以专擅朝廷，这样的位置如何能使刘瑾不垂涎三尺呢？

第十章　明朝宦官与党争

刘瑾的这番话说得武宗直点头，其他人也跟着纷纷附和，并且一同推举刘瑾入掌司礼监。昏庸的武宗居然相信了这帮宠臣的胡言，连夜下令刘瑾入掌司礼监兼提督团营，即刻上任。其余的七个人也都被委派重任，掌管东西厂等要害部门，接着下令将王岳等人逮捕，并放逐出京。巨大的变故一瞬间就发生了，而朝臣们竟一无所知，政治斗争历来就是这样严酷无情。

第二天早朝，阁臣们都在高兴地等待着武宗处置刘瑾等人，但万万没有想到，一夜之间，乾坤颠倒，刘瑾等八虎不仅没有被处死，还被升官，控制着武宗身边的要害部门。众阁臣纷纷目瞪口呆，见到如此情景，刘健、谢迁、李东阳三位大臣为了保命纷纷提出辞官，武宗只将李东阳留下，原因是他在处理刘瑾等人时态度稍微缓和了一些。另外武宗还命焦芳入阁，接着派人到押解王岳的途中将王岳杀了。至此，刘瑾等人的地位更加巩固了，自然而然地趾高气昂，朝着他的梦想一步步前进。

刘瑾制胜的法宝还是取悦皇帝，因此他费尽心思。但他在奏陈请批的时候，专门选择皇帝玩乐兴致浓烈的时候，他心知肚明借着皇帝心里高兴，有求必应，有的时候武宗为不受干扰，还斥责他说："我用你们这些人是干什么的？还这样来缠我！"这正是刘瑾想看到的。时间一久，刘瑾自作主张也成了习惯，或以遵旨为名，左右着朝政。

拥有了大权后的刘瑾为了巩固他的宠位，对曾经差点置他于死地的朝臣开始了报复。他派校尉到处侦查官员，使得人人自危，唯恐做错一件事情。在完成朝中的安排之后，又派出亲信的太监，分别镇守各个边镇，上下相呼应。刘瑾的滥升淫赏已经到了惊人的程度，他一次就将官校一千五百六十人擢升，然后假借武宗的旨意，授给锦衣卫官数百名。朝内和朝外，党羽遍布。他将异己者全部列入奸党的名单对朝内外进行宣布，这些人不得任用。以刘健为首的五十八名重臣被首批列入奸党名单。他大发淫威，对群臣进行恐吓，他让朝臣一律都跪在宫中的金水桥南侧，听候宣读奸党名单。很多正直的朝臣看到刘瑾要拿他们开刀，回家之后都纷纷送上辞呈，刘瑾对他们的要求都一一批准，腾出来位置后，立即将自己的亲信安插进去。这样一来，从都督到监军，从内阁到六部，从巡抚到知县，全都有刘瑾的爪牙，朝中内外上下组成了一个以刘瑾为首的阉党集团。

十六岁的武宗已被刘瑾握于股掌，刘瑾控制着朝政大权，终日耀武扬威，对各官员挑三拣四，使得他们胆战心惊，度日如年。户部尚书韩文生平耿直不阿，曾经联合九卿上疏对刘瑾进行诛杀，刘瑾对他岂能放过！他天天派人对韩文进行监视，好揪住把柄加罪于他。偏偏韩文也就该倒霉，输入内库中的银子里居然发现掺的有假银，刘瑾一口咬定这件事和韩文有关，最起码是失职所致。欲加之罪，何患无辞？纵使韩文有一百张嘴也难以辩解，最终被降职离休。韩文忍气吞声离京而去，但刘瑾还是不肯就这么轻易地放过他，韩文告老还乡后还没过上几天清静的日子，就以遗失户部册籍为名抓进了监狱。一进就是几个月，之后罚米千石才被释放。后来又因别的借口罚米两次，韩文一家就是这样被弄得倾家荡产。

随着刘瑾权势不断地扩大，公侯勋贵和皇亲国戚都没有人敢和他平起平坐。人们在平日里见了他都下跪作揖，就是武宗上朝时，刘瑾也是站在武宗的右侧，群臣们拜完皇帝之后还得向东作揖，因此，人们都这样评价武宗和刘瑾，说一个是坐着的皇帝，一个是立着的皇帝。刘瑾不仅代武宗发号施令，还将玉玺也带回家，代武宗批示奏疏。下面递上来给皇帝的奏折必须先用红色的帖子送给刘瑾,称之为"红本",然后再上报通政司,称之为"白本"。可见刘瑾专权到了何等程度!

但是刘瑾一个人的专宠引起了其他"七虎"深深的嫉妒,于是一场狗咬狗的争宠就开始了,而刘瑾的末日也来了。

正德五年(1570年)夏四月,安化王朱寘镭发动叛乱,导火索是刘瑾的爪牙周东,在安化骚扰地方,朱寘镭以此为借口,发布反刘瑾的檄文,开始进行叛乱。武宗得知后派出右都御史杨一清率军进行平叛,并派张永监军。张永也是太监,并且是八虎之一,只是和刘瑾向来不和。这次,张永被派选为监军,武宗亲自送他们出东华门,对张永表示恩宠。这样更加引起刘瑾对张永的不满,张永心里也十分明白,刘瑾嫉妒他。

在大军到达宁夏时,叛军已经被消灭,他们就在当地驻扎。当时杨一清发现了张永对刘瑾的强烈不满,就趁机鼓动张永对刘瑾进行治服。张永自己也知道,如果不趁早对刘瑾下手,恐怕会被他所害,于是决心除掉刘瑾。

大军回京,献俘之后,武宗为张永设庆功宴。等到深夜刘瑾离开后,张永立刻将谋反活动报告给了武宗,接着从袖中拿出朱寘镭讨伐刘瑾的檄文,文中详细地列举了刘瑾十七条罪状。当时武宗喝了点酒,一看便说:"刘瑾这个死奴才,愧对我的信任。"随后即刻下令将刘瑾逮捕。在得到武宗的旨意后,张永连夜出东华门,将刘瑾逮捕。同时下令官校将刘瑾的内外宅包围。第二天,皇上将刘瑾的官罢免,想送他到凤阳居住,暂时并没有要杀他的念头。但在抄刘瑾的家时,得到的金银珠宝数百万,其他财物也不可胜数。还抄出一枚伪玺和许多衮衣、玉带、兵器等禁物,在发现刘瑾经常使用的扇子里藏有两把匕首之后,武宗被惹怒了,随即下令将刘瑾千刀万剐,凌迟处死,然后砍头示众,又把刘瑾的招供以及判决书还有处死他的画图在全国各地张贴,对于他的族人和同党一律格杀勿论。

在行刑那天,刘瑾被押赴市曹,路上人山人海,密密麻麻的围观者。过去被临近所害的人家都会以一钱买下刘瑾身上剐下来的一片肉,祭祀被冤死者，甚至还有生吃他的肉，以泄愤怒。

宦官与宫中的内争

在宦官里，当然也不全是利欲熏心祸国殃民的人，明末时期的王安就是一位刚直不阿的人，但是最终被权宦魏忠贤所陷害。

王安，字允逸，号宁宇，河北雄县人。万历六年（1578年）被选入皇城内书堂读书，属于司礼监掌印太监冯保的人，由秉笔太监、承天监守备杜茂照管。幼年时王安很贪玩，学习也不认真，杜茂发起脾气来，就把他按坐在椅子上，用绳子将他绑在书桌的两脚，如果背不出来就责打。王安的学问就因此日渐增进。后来冯保被贬斥到南京，因王安尚年幼，而且有张宏等人的保护，就没有受到牵连。万历二十二年（1594年），司礼监秉笔太监陈矩把他推荐给神宗做了皇长子朱常洛的伴读。当时有个和朱常洛十分相好的宫人王秋棠不知道什么原因自缢而死，王安想上奏神宗，但另一个伴读邹义善于揣摸朱常洛的心思，他怕惹出事端，就谎称病死。从那之后，朱常洛对王安虽然一直优礼有加，但却有些忌讳。

在朱常洛没有被立为太子之前，宫中的派系斗争十分的激烈。就连神宗的宠妃郑贵妃也企图将自己的儿子即已被封为福王的朱常洵立为太子，于是就常常派人对皇子进行窥伺，希望可以抓住他的一些过失作为自己的口实。因王安正确的教导和保护，一直都没让郑贵妃抓到把柄。

在万历四十三年（1615年）五月时，宫中发生了一件大事。蓟州男子张差半夜手持枣木棍闯进太子居住的慈庆宫，想要刺杀太子，但并没有得逞，却将守门的内侍打伤。经过连夜的审讯，这件事是由郑贵妃宫太监庞保、刘成所策划，于是朝中上下议论纷纷，将矛头直接指向了郑贵妃，这使得郑贵妃惶惶不安，如坐针毡。王安从大局出发，给太子起草了解除群臣疑虑的文告，暂时将郑贵妃的情绪稳定了下来，同时也缓和了郑贵妃和太子之间紧张的关系，因此，神宗对此十分满意，赐王安玉带为赏。这件事上能看出王安是个拥有长远目光和宽广的胸怀的人。

王安的身材并不魁梧，耳目过面，阔口黑齿，因受过阉割，并且相信惜气养生之术，就使得声音瘖哑，在十步之外是听不清他声音的。而且他体弱多病，因此常常居于家里，但凡年节、冬至、千秋等才入宫一日半日，再或者临时有事才把他扶到皇帝面前。任何的文书，都是由他下面的赵恩、张永龄等呈禀，王安则只在膝上或案上用右手食指划写字形，或者用眼色，所以一般对他不熟的人，很难看得懂他的意思，还因此会受到惩罚。王安的脾气很急躁，但是会发现别人的优点并且给予鼓励，比如，见到刘若愚给高时明写的奏疏中有佳句，便立即询问这是谁的手笔，然后让高时明厚待刘若愚。此外王安的交际很广泛，喜爱书法和下棋，常常给相知的士大夫送以书扇。又善贸易，在灵济宫的西面还开了一间布店，并且生意十分兴隆，另外还有若干的房产收租，所以就算太子不得宠，没有太多的赏赐，他在经济上依然很富裕。

光宗即位后，王安担任司礼监秉笔太监。平时随侍太子的太监也在这时候纷纷争相谋求掌管有权势的部门，只有王安只掌巾帽局一印，所以光宗对王安也十分信任。中书舍人汪文言见王安贤而知书，就和他交往甚密。在汪文言的影响下，王安劝光宗发帑金济边，对深孚众望的大臣王德宪、邹元标进行重用，此举受到朝野上下的普遍赞扬。所以，大学士中的刘一燝、给事中的杨涟、御史左光斗等名臣，对王安都十分敬重。

光宗西宫李选侍时常都会恃宠凌辱朱由校也就是熹宗的生母王才人，为此王安感到气愤。在光宗死后，李选侍和心腹宦官魏忠贤密谋，打算挟持皇长子朱由校。王安在知道以后，马上向杨涟揭发了这个秘密。随后，刘一燝和杨涟一同冲进宫内，王安则趁机将朱由校抱出，再由刘一燝等护持到东宫，暂时居住在慈庆宫。刘一燝对王安说："皇长子现在年幼，并且没有幕后，外面的事情由我来担当；你负责照应他在宫中的起居，你不能推卸责任。"接着左光斗等人又疏请李选侍离开乾清宫，前往仁寿殿，于是熹宗正式即位。熹宗也为此对王安十分感激，对他是言听计从，并且亲自写了"辅朕为仁明之主"这样的扇面赐给他。

但因王安的为人刚正粗疏，而且又多病，所以不能经常陪伴皇上，这也给了熹宗乳母客氏和宦官魏忠贤乘虚而入的机会。

万历年间魏忠贤自阉进宫时，曾在王安的门下魏朝那里呆过。因为他善于讨好魏朝，所以魏朝就屡次在王安的面前夸赞魏忠贤的好处，也使得王安对魏忠贤的印象非常地好。后来魏忠贤和魏朝相争与客氏对食，在宫中大闹，直到熹宗亲自出来调解，因客氏自己选择的魏忠贤，所以这事才这么了了。王安的生性耿直，一气之下将魏朝赶走了，使得魏忠贤和客氏更加地得意，表面上他们对王安十分敬重，甚至有时候熹宗赐给客氏一袋参，魏忠贤就马上抢来送到王安的直房，实际上则将王安视为眼中钉，一直想找机会除去。

天启元年（1621年）五月，熹宗将王安提升为司礼监掌印太监，按照惯例，王安以有病加以推辞，住到了自己在宫外的宅邸，准备等皇帝下旨对他劝谕后正式上任。谁知客氏却趁机对皇上劝阻，说同意王安的辞职，并且和魏忠贤以及太监王体乾密谋准备将王安杀掉，以绝后患。魏忠贤唆使自己的同乡兵科给事中霍维华对王安进行弹劾。并派宦官刘朝为南海子提督，让他对王安进行杀害。在宫中时刘朝因罪下过狱，出狱之后十分恨王安。在南海子就断绝了王安的饮食。王安取篙落中的芦菔吃，坚持了三天还没有被饿死。刘朝就把他杀了。接着，王安名下的宦官惠进皋、曹化淳、王裕民、杨春、张若愚等人纷纷受到酷刑，之后被发配到南京，白天墩锁，晚上打更，结局是十分地悲惨。

崇祯帝继位以后，给王安平反，并且赐给他"昭忠"祠额。

在历史上明代宦官的问题十分突出，也形成了汉唐以来的第三次大动荡。宦官势力的发展不会因为皇帝的意志而转移，在明初，宦官只有百余人，但是到了明末，已经是十万人！已经是遍及宫廷内外，大江南北的一个庞大集团。朝廷中的军事、政治、经济、人事，统统受制于宦官。

宦官不但让皇权旁落，对朝廷的利益也十分危害，东林党和宦官之间的斗争就是这种矛盾的产物。朝臣们认为宦官专权不合旧制，还破坏了朝政。但是宦官只要一朝得势，就不会轻易地弃权，这个你死我活的斗争，也不是皇帝能左右的，失去了恢复皇权专制的机会，这场无休止的倾轧使统治阶级的元气大伤。元气既伤，外来的风气就会乘机而入，趁着李自成起义的时机，满清夺取了明朝的江山。

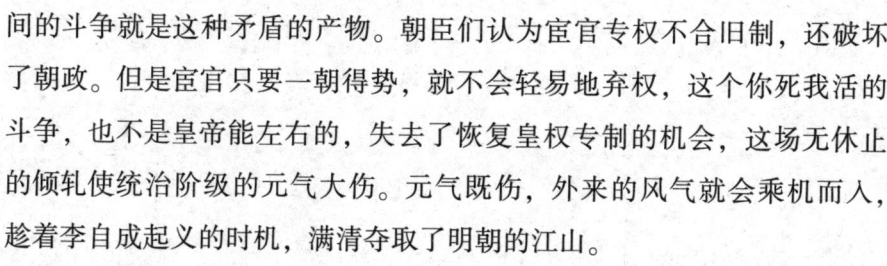

第十一章

明廷东林党争案

万历中后期的派系争斗

"东林党"这一名称一直到万历三十二年（1604年）才正式出现，但是它作为一个政治集团的形成，却可以追溯到更早的时候。

万历初年，张居正实行的改革就像是黑暗的政坛上闪现过一丝光亮，张居正去世之后，政治越发腐败，被他大权独揽而长期压制的舆论更像是一团火焰一样在瞬间爆发。借着朝中、宫中的一点鸡毛蒜皮的小事，官员们就争吵不休，彼此倾轧，从而达到争权夺利的目的。在争斗中，逐渐形成了各种党派。例如以沈一贯、方从哲、姚宗文为首的浙党，以亓诗教为首的齐党，以汤宾尹为首的宣党，以顾天峻为首的昆党，以官应震为首的楚党等。而东林党也是在同这些党派的争斗中肇始和发端的。万历一朝，东林党参与的主要斗争主要有：国本之争、矿税监之争、京察之争。

首先来看看国本之争。

在封建时代，人们将立太子作为立国之根本。所以，所谓国本之争，就是指立太子的争斗。

神宗万历皇帝是一个无比风流的皇帝。他的嫡配是秉承父母之命迎娶的王皇后。王皇后体弱多病，一直没有诞下子嗣，神宗打心里不喜欢这个皇后。万历九年（1581年）冬，神宗到慈宁宫探望母亲，看上了一个宫女王氏，并且偷偷宠幸了她。第二年，这位被封为恭妃的王宫女就生下了皇子朱常洛，是为庶长子。但是很快，神宗又被郑贵妃迷得神魂颠倒。万历十四年（1586年），郑氏生下了三皇子朱常洵。皇长子和生母恭妃的地位受到了严重的冲击。

按照封建礼制，皇位的继承是有嫡立嫡，无嫡立长。因为皇后没有诞下一男半女，朱常洛被册立为太子成为理所当然的事情。但是，一则因为常洛的生母出身微贱，二则是因为郑贵妃凭借自己有几分姿色，神宗十分宠爱她，因此，神宗就有了册立常洵为太子的念头。常洛五岁了，他的母亲依然是恭妃；而郑贵妃在诞下常洵后，神宗竟然又封诏她为皇贵妃，让她在后宫中的地位仅次于皇后。郑贵妃凭借着神宗对她的宠爱，也时常在神宗面前吹枕边风,希望立儿子常洵为太子。

神宗的厚此薄彼与郑贵妃的倚宠恣横引起了很多大臣的不满。因为在那些满是封建理论的群臣看来,封妃立储,属于关乎国家的大事,并非皇上家的私事,皇帝也不可以徇私而违背祖制。况且,在历史上,因为宠妃的儿子被立为太子,不知道埋下了多少宫廷子嗣的争斗。万历十四年(1586年)二月,东林党人、户科给事中姜应麟首先上书,从此拉开了国本之争的序幕。他以长幼有序的理由,请求神宗先封王恭妃为皇贵妃,再封郑贵妃,并且册立皇长子为太子,以定天下之本,不然,将会伦理不顺,人心难安。姜应麟的这番争论触及到了神宗的痛处,他龙颜大怒,把疏本扔到了地上,用手使劲拍着几案说道:"册封贵妃,原本就与册立太子没有关系,科臣为什么要讪讥朕!"对于这件事,神宗的解释与群臣的理解,相差甚远。群臣认为,封妃和册立太子存在直接的关系,甚至是一种前奏;而神宗却分辩说,晋封郑氏只是因为她"敬奉勤劳",和册立太子没有任何关联,而且说:"立储自有长幼。"神宗在恼怒之余,将姜应麟贬为山西广昌县典史,企图达到杀一儆百的作用。没想到,结果恰恰相反,众位官僚纷纷上书为姜应麟开脱。从此,群臣蜂拥而起,死死地抓住"立储自有长幼"的把柄让皇上兑现自己的承诺。

围绕册立太子这件事展开的一系列争斗,让政治集团分裂为两派。一派以东林党人作为主体,坚决主张册立常洛为太子;另一派则汇合了郑贵妃的家族与一些卖身投靠的朝臣,这一派主张延缓立储,等到时机,拥立常洵为帝。在当时,东林党人支持册立常洛为太子,当然是因为要遵循封建礼教,但是更加重要的还是,东林党人多是统治阶级内部的中小官吏,其中很多人士还隐居山林,他们在政治上迫切地需要一个强有力的依靠,给自己一个舞台,施展自己的抱负,而常洛在宫廷内部孤立无援也需要一个有力的依靠。东林党与东宫的这种必然结合,遭到了反对派的猛烈攻击,他们对东宫有"大东"之称,对东林则有"小东"之谓。

从此之后的几年,朝臣们接连不断地挺身而出,疏请早立皇长子为太子。对于这件事,神宗依然固执己见,找出各种借口敷衍群臣,百般拖延。而内阁大学士申时行、王锡爵、沈一贯等人在表面上也表示应该立长，暗地里却千方百计地取悦神宗。万历二十一年（1593年），神宗下旨，册封皇长子常洛、皇三子常洵、皇五子常浩为王，等到以后择其善者为太子。"三王并封"的目的是让常洵依然有被册立为太子的机会。圣旨一出，群臣一片哗然，礼部主事顾宪成、礼部郎中于孔兼等东林党人纷纷上书，明确表示：皇长子当立，三王并封绝对不可行。朝臣们的反响如此之强烈远远超出了神宗的预料，他迫不得已只好收回了"三王并封"的成命，但是也将册立太子一事束之高阁。

郑氏集团因为有神宗作靠山，一旦时机成熟，便立刻露出狰狞面目，蓄意挑衅，打压对手。万历二十六年（1598年）《忧危竑议》事件的发生终于让他们有了可乘之机。事情的缘由是这样的：刑部侍郎吕坤早年曾经将历史上有贤德的女子的历史编著为《闺范图说》一书。这本书传入宫中，郑贵妃看到之后，认为可以为自己所用，就重新修订，并且将自己补入，让人重新修订并且广为传发。显而易见，郑贵妃是在为进位中宫、废长夺嫡大造舆论。吕坤也因此受到了郑氏集团对立面的强烈攻击。吏科给事中戴士衡上书弹劾吕坤结纳宫闱，勾结后妃，居心叵测。就在矛盾升级，矛头纷纷指向郑贵妃的时候，有人托名朱东吉为《闺范图说》书写了一篇跋文，名字为《忧危竑议》。文章单刀直入地指出，郑贵妃刊刻此书，实质是借汉代明德马皇后由贵人升为皇后的故事，暗示自己将要入主后宫，册立儿子常洵为太子。还写出了一连串郑氏集团同党的名单。

这一篇《忧危竑议》很快流传开来，让围绕国本的斗争迅速进入到白热化的阶段。郑贵妃等人又恨又怕，下定决心要绝地反击。他们认为这篇文章是出自戴士衡、樊玉衡这"二衡"的手中。在内宫，郑贵妃在神宗的枕边哭诉不已；在外廷，则由郑贵妃的兄长郑国泰、伯父郑承恩疏告二衡"假造伪书，中伤善类"。神宗龙颜盛怒，半夜传旨，要逮捕二衡。天刚蒙蒙亮，就下旨分别将他们革职充军，永不续用。其实，这篇文章究竟是出自何人之手，已经无从考证，但是这对于郑氏集团来说已经不重要了，重要的是它已经成为了打击异党的极好借口，这就已经足够了。

但是，惩办"二衡"并没有产生预期的效果，国本之争也没有因此平息。万历二十九年（1601年），在东林党人等朝臣们力争了十五年之后，神宗皇帝迫于无奈，年届二十岁的常洛终于被册立为太子。与此同时，封常洵为福王。虽然国本已定，但是国本之争还没有结束。常洵迟迟不前往封国，太子属官也不完备，常洛的太子之位在风雨之中飘摇不定。之后发生的"妖书案"便充分证实了这一点。

万历三十一年（1603年）十一月，效仿之前的《忧危竑议》的笔法，又凭空冒出了一篇《续忧危竑议》，这便是人们说的"妖书案"。这篇文章不过寥寥数百字，根本谈不上是"书"，但是它的出现却让政坛为之一振。《续忧危竑议》托郑福成问答，"郑福成"喻郑之福王当成之意。文章紧紧地抓住皇太子是不是已经册立，指责郑贵妃想要废长立幼的不谋企图。很显然，妖书案的出现并非孤立的偶发事件，它实际上充分反应出了朝臣们对于皇太子的国本之位并不稳定的忧虑，试图以舆论压力，迫使郑贵妃不敢贸然废太子而另立福王。

神宗接到奏报之后，大怒，立即下旨追查背后的主使者。当时的内阁首辅是浙党领袖沈一贯，他正因为政见分歧而嫉恨东林党人、礼部右侍郎郭正域，而且与郭正域的老师、内阁大学士沈鲤矛盾很深。于是，沈一贯便借此机会，就汤下面，下令将郭正域逮捕审问，并且派人将沈宅团团围住，不许任何人出入。

皇太子朱常洛听到这个消息之后焦急万分。因为郭正域曾经是他的老师，他深知其为人，便派近侍太监至内阁对沈一贯说："先生如果可以容我，就一同容下郭侍郎吧！"沈一贯心生忌惮，才不得不收手。最后，将刻书匠凌迟处死，草草了结了此案。

后来，东林党为安国本，又掀起了"福王之国"之争。依照明朝祖制，亲王成年之后就要到封国去，而且没有皇上的传召不可入宫，称之为"之国"。可是神宗与郑贵妃却千方百计不让福王去洛阳之国。

开始，神宗以福王府第没有建造完毕作为推辞的借口。洛阳福王府是万历三十四年（1606年）始建，一直拖到了万历四十年（1612年）才告竣。东林党人见到王府建成，考虑到太子的地位多次受到福王的潜在威胁，极力主张福王应尽快之国。神宗见到这类奏章源源不断而来，就又以授给福王的"养赡地"不足四万顷为由，阻挠福王之国。四万顷良田可不是一个小数目，神宗以此作为福王之国的前提条件，不免带有一点要挟的意味。当时的内阁首辅是东林党人叶向高，他上书表示坚决反对。他说，皇上对于福王与太子的亲疏，已经让外庭产生猜忌。现在还让福王迟迟不去封国，更是有违祖制。同时，他还指出，封王占地过多，只会引起人们的反抗，过去已经有此先例，皇上应该以此为鉴啊。东林党人、礼部右侍郎孙慎行也上书指出，先朝藩王庄田从来没有超过千顷的，现在却要给福王四万顷，这是严重违反祖制的。他还强调说，养赡田土与福王启行是完全不沾边的两件事。因为朝臣们的反对，神宗只好做出让步，同意福王的占田数缩减一半。眼看着福王离开京师的日子一天天迫近，郑贵妃又节外生枝，想要让福王在参加完万历四十三年（1615年）慈圣皇太后的大寿庆典之后再赶往洛阳。叶向高等东林党人坚决不肯，一再敦促神宗令福王启程。万历四十二年（1614年）三月，已经当了十三年福王的朱常洵才十分不情不愿地离开京师赶往洛阳。

再看京察之争。

京察是明代考核京官的一种制度，规定六年举行一次，称职者予以晋升或者奖励，不称职者要予以斥退或者惩罚。所以，京察便成为了东林党与反东林各党进行权利之争的焦点。

万历朝中后期举行了六次京察，即万历十五年（1587年）丁亥京察、万历二十一（1593年）年癸巳京察、万历二十七年（1599年）己亥京察、万历三十三（1605年）年乙巳京察、万历三十九年（1611年）辛亥京察、万历四十五年（1617年）丁巳京察。

万历十五年（1587年）丁亥京察，东林党人在整饬吏治上崭露头角。在北察的过程中，顾宪成支持左都御史辛自修；在南察的过程中，彭遵古、诸寿贤、顾允成支持南京右都御史海瑞。因为辛自修、海瑞都希望借助京察的这个机会澄清吏治，所以受到了顾氏兄弟等人的尊敬。这次京察因为大学士申时行的极力阻挠，最终以失败告终。顾宪成被降三级调外任，顾允成被夺冠带。他们虽然受到权臣的压制，但是却为东林党的发展奠定了基础。

万历二十一年（1593年）癸巳京察的斗争更为激烈。这一次京察由东林党人考功司郎中赵南星、吏部尚书孙鑨进行主持，当时任考功司主事的顾宪成也参与其中。根据明朝的制度，考核官吏是都察院和吏官的职责。但是明中叶以后，内阁的权利越来越大，吏部与都察院考察官吏的权力被内阁剥夺，两者之间的矛盾日益突出。丁亥京察就是因此而宣告失败。孙鑨、赵南星、顾宪成等人锐意清查吏治，不以势挠，不以情庇。他们从自身做起，试图带个好头。孙鑨将自己的外甥罢黜，赵南星将自己的亲家、给事中王三余斥退。一时之间，贪官污吏几乎被清除殆尽。如少卿徐泰时、都给事中杨文举就是十分典型的两个例子。徐泰时在工部管理陵工，交结内侍，贪污的金钱多达百万。杨文举在管理荒政的时候，大肆贪污，被汤显祖揭发。结果因为内阁首付王锡爵的袒护和包庇，汤显祖反而被贬。尽管徐泰时和杨文举两人背后有人撑腰，赵南星等人还是坚决罢黜了他们，因此当时的人称赵南星为"铁面"。这样的"壮举"，严重触犯了王锡爵等权臣的利益。结果，赵南星以"抑扬太过"连贬三级，孙鑨也被夺俸。朝中那些有正义感的官吏，譬如于孔兼、顾允成、薛敷教等东林党人连环上疏。但是最后赵南星依然被革为平民，为赵南星打抱不平的官吏也一一遭到谪遣。不久，孙鑨被迫乞归。第二年，顾宪成也因为在会推阁臣中推举王家屏、孙鑨等人违背了朝廷的意思而被革为平民。这些心存正义感的官吏为了澄清吏治先后被革出政府，就为东林党的最终形成创造了有利的条件。

万历二十七年（1599年）乙亥京察的主继人是吏部尚书李戴。他所做的一切都秉承阁臣沈一贯的意思，所以东林党人没有发挥很大的作用，朝廷日益腐败，政治日渐腐朽。

万历三十三年（1605年）乙巳京察是由东林党人、吏部侍郎杨时乔主计。沈一贯一直对他心存畏惧，请求派兵部尚书萧大亨主持，结果被神宗驳回。杨时乔廉洁奉公，不留情面，在京察过程中提出要处罚的人，很多都是沈一贯的私党，例如御史张似渠、于永清，给事中钱梦皋、钟兆斗等。沈一贯见势不妙，立即密言蒙蔽神宗，将处分意见长期不予下发。这件事拖延了半年之久，主事刘元珍、庞时雍，御史朱吾弼等人极力上疏，但是神宗依旧执迷不悟，结果钱梦皋等浙党分子受到包庇，没有得到任何处分，但是杨时乔反而遭到严厉斥责，刘元珍等人被除名。但是，因为东林党人多次弹劾沈一贯蒙上箝下。结党营私，沈一贯在被迫在第二年致仕。

万历三十九年（1611年）辛亥京察中北察的主要负责人是东林党人、吏部尚书孙丕扬。被察的主要对象，一是各党的骨干，如汤宾尹、顾天峻等，二是在乙巳京察时被沈一贯包庇下来的贪官污吏。汤宾尹早先在遁迹西湖的时候接受过韩敬的馈赠。万历三十八年（1610年）庚戌会试的时候，汤宾尹在礼闱阅卷，将韩敬内定为第一名。韩敬之后来到翰林院修撰，成为了汤宾尹的得意门生。当时虽然没有东窗事发，但是韩敬这个人却贪财好色，名声很坏，因此这一次京察首先纠察就是汤宾尹荐人不利。东林党人在北察的过程中虽然以暂时的胜利告终，但是不久却遭到了浙、齐、楚等党人的反攻，孙丕扬因为举荐贤才不被采纳而被迫致仕。东林党人在南察的过程中更是大败而回。南察的主持人，是吏部右侍郎史继偕，这个人是属于齐、楚、浙党的党羽，东林党人一一被排斥在外。

万历四十五年（1617年）丁巳京察的时候，方从哲秉持政事，齐、楚、浙等党身居要职。主计人是刑部尚书署都察院事李志（浙党）和吏部尚书郑继之（楚党）。他们大肆排斥异己，被纠察的官吏大致是四类人。一是争梃击案与争福王之国的官吏，如孙慎行、王士琦等人；二是辛亥京察的主持人和支持者，如王图、曹于汴、丁元荐等人；三是对浙、齐、楚三党"稍持异议"的官吏，如沈正宗、李朴等人；四是揭发韩敬科场案的官吏，如孙居相、麻僖、孙玮等人。这里面的大多是东林党人，但是也有很多不是东林党人却十分同情东林的人。

从上面我们不难看出，万历一朝从始至终，东林党人大部分时间都没有真正执政，因此在京察的争斗中处于不利的地位。在京察过程中，虽然存在门第之见，但是总体看来，东林党所排斥和打击的都是贪黜奸邪的官吏，他们力求革除弊政，澄清吏治，依旧是值得肯定的。

最后，我们看一下矿税监之争。

明朝中叶，江南地区的工场手工业与商品经济得到迅速发展，这在一定程度上刺激了封建统治者的贪婪欲望。面对因为内外用兵、挥霍浪费而引发的政治危机，明神宗从万历二十四（1596年）年起，遣派了大批太监充当税使、矿监，到全国各地进行搜刮。他还在圣旨中自我美化说："开矿税，原为裕国爱民"；"倘若不是到处都需要钱，怎么会到处在百姓那里加派税收呢？"

但是事实并非如此，矿税监成为各地的苛政。但凡是矿监所到之处，无论是有矿无矿，只管搜刮金银；税使还在专门的城镇、关隘与水陆交通要道上设卡索税，而且苛捐杂税严重，商人常常要将自己的货物作为税款。矿税监是皇上派出的亲信，谁人胆敢反抗，岂不就等于公然和朝廷作对。他们撇开地方官府，另建税署，专折奏事，送到皇上手中。对于那些不肯听从命令的官员，上奏诬陷，神宗听信谗言，便立即下令逮捕，有些地方官甚至被活活打死。矿监、税收及其爪牙，作恶多端。

矿监、税使的残暴行为，激起了社会各个阶层的气愤。很多地方百姓自发反抗。万历二十七年（1599年）四月，山东临清商民罢市，一万多名愤怒的群众一把火烧毁了税署，甚至打死了税监马堂的爪牙三十多人，马堂也差一点被打死。万历二十九年（1601年）六月，苏州几千名织工在葛贤的带领下，反对税监孙隆，一怒之下打死了孙隆的手下多人，捣毁了税署。各地人民反抗矿税监的斗争接乱不断，遥相呼应，持续了二十多年的时间。

在派矿税监的问题上，当时执政的浙党积极秉承神宗的旨意，不敢有丝毫违抗。沈一贯每一次上书都说"现在国家出现财政危机，皇上不忍加派小民，才想要取足商税，这实在是不得已而为之"；"自从矿税监派出之后，天下人都说皇上贪财好色。他们又怎么会知道，皇上天纵圣明，岂是为了那区区小利，实在是为了万年大计"。当时反对矿监的斗争此起彼伏，朝臣对此一片哗然，沈一贯在重重逼迫之下，提出了一个换汤不换药的方案，即不罢除矿税监，将掠夺的财物责成地方官员"包征解进"。万历二十八年（1600年），沈一贯在处理广东新会民变的时候，也觉得税监李凤实在不像话，但是他的做法是派遣另外一个税监李敬前往取而代之，从而确保皇室的"收征采之益"。万历三十年（1602年）二月，但凡神宗有病，都会召沈一贯入宫，让他辅佐太子，并且提及取消矿税监等事情。第二天，神宗的病情加重，十分后悔，急忙让太监到内阁取回谕旨，说矿税不可以取消。司礼太监田义劝谏说："圣谕已经颁布执行，不可以反悔。"神宗因此大怒，几乎想要亲手杀死田义，沈一贯听说这件事情之后，急忙将谕旨交还。后来田义见到沈一贯之后，说："相公稍微等一下，税矿撤矣，为什么要害怕呢？"由此可见，沈一贯的所作所为，就连那些身怀正义的宦官都为之不齿。

浙党在市民的争斗中扮演了十分不光彩的角色。湖广巡抚支可大与他的继任赵可怀同为浙党。税监陈奉在湖广地区肆意妄为，残暴不仁，而支可大曲为蒙蔽。因此，愤怒的民众在包围陈奉公署的时候，也烧毁了支可大的府邸。赵可怀凭借贿赂沈一贯得到这个官职，他代支可大出任巡抚之后，也是对陈奉百般保护，名声败坏，大失民心。万历三十二年（1604年）九月，武昌市民将赵可怀活活打死。

和浙党恰恰相反，东林党从开始就极力反对派矿税监，并且在反矿税监的斗争中始终站在广大民众一边。万历二十五年（1597年），山西巡抚魏允贞（东林党人）上书指出：太监外出管理矿税，残害百姓，百姓早已恨之入骨，恨不得喝其血，食其肉。万历二十七年（1599年），大学士叶向高上书要求罢撤税使、矿监。这一年，吏部侍郎冯琦（东林党人）上书说："自从朝廷派出矿监，荼毒百姓，百姓更是苦不堪言"，"这些税使、矿监的爪牙，烧杀抢掠，无恶不作，其所到之处，不仅贫者断绝生意，富人也蒙受其害，如此下去，一定会引起大乱。"东林党人不但在言论上反对矿税监，而且付诸行动。咸阳知县满朝荐（东林党人）、陕西巡按余懋衡（东林党人）直接参与到陕西反税监梁永的斗争中，市民听闻纷纷拥护。满朝荐因此被逮捕，在大牢中待了六年的时间。襄阳推官何栋如（东林党人）支持并参与市民反税监陈奉的斗争，因此也被逮捕并长期关押。在苏州反抗税监孙隆的织工领袖葛贤出狱之后，文震孟（东林党人）为他亲写碑文，朱国桢（东林党人）为他志铭。

在东林党中，反对矿监税使意志最为坚决、影响最大的当属李三才。李三才，字道甫，顺天府通州（现今北京通县）人，万历二十七年（1599年）以右佥都御史总督漕运、巡抚凤阳诸府。当当时顾宪成正在里居讲学，臧否人物，李三才和他的关系密切，在李三才的管辖区域内，有好几个矿监、税使残害百姓。李三才在万历二十八年（1600年）上书神宗，对此他提出了严厉的批评：

自矿、税更迭以来，百姓失业，朝野嚣然，莫以为计。陛下身为一家之主，不仅不给他们衣食，反倒剥夺他们手中的衣食。征税之吏，残暴不仁；搜刮之令，频频下达。今天某矿得银若干，明天又加派银子若干；今天某处征税若干，明天又加税若干；今天某官因阻挠矿税而被捕押解，明天某官又因忽视矿税而被免职。上下相争，惟利是闻。例如在我管辖的区域内，陈增在徐州抽税，暨禄在仪真征税，鲁保在扬州收盐税，郝隆于沿江征收芦税。千里之地，就设有四道税卡。再加上亡命之徒依附于他们，搜刮抢夺。面对这种情况，陛下又怎么能够心安呢？

紧接着他又将矛头指向了神宗，言辞犀利：

陛下喜欢珠宝，百姓也想要温饱；陛下希望江山万世永固，百姓也留恋妻子儿女。为什么陛下想要积黄金高于北斗，却不让百姓有积北斗的机会呢？为什么陛下想传子孙千万年，却不让百姓有一天的安定呢？从古至今，朝廷之政令、天下之情形已经到了这一地步，没有不发生叛乱的。当今陛下的病源在于溺志货财。臣请陛下罢除天下矿税，然后政事可理。

奏疏上去了，但是一直没有回音。李三才再次上书说：

几个月一来，奏章只要涉及到矿监的事情，统统被束之高阁。我上次所奏非比寻常，而是关系到万年的大计。陛下身为一国之君，应该关心其疾苦。倘若不关心百姓的生死，只凭暴力加以劫夺，这就是在使他人之子成为孤儿，使他人之妻成为寡妇，抢夺他人的财物，挖掘他人的坟墓。这种恶劣的行为，即便是敌国、仇人也是不忍心去做的，更何况是对自己的百姓呢？一旦众叛土崩，百姓成为自己的敌人，反抗之人蜂拥而起，众叛亲离，即便是明珠满屋，又有什么用呢？

李三才的奏疏，一针见血地击中了税使矿监苛政的痛处，犀利地揭露了神宗贪婪的本质，神宗见到这样的奏疏怎会高兴，奏疏同样被石沉大海。但是，李三才还是凭借他有限的职权，为百姓做了很多好事。在他管辖区域内的几个矿监、税使，以驻徐州的陈增最为嚣张。李三才严惩陈增的爪牙，捕杀首恶分子，重重地打击了陈增的嚣张气焰。

　　李三才的言行赢得了朝中正义官员的一致喝彩，有"东南一带长城"之谓。他的名声日盛，官至户部尚书。当时正赶上内阁缺人，东林党人便欲推李三才入阁。齐、楚、浙党一派官员害怕李三才入阁之后会对自己造成威胁，就千方百计地加以阻挠。万历三十七年，浙党邵辅忠首先发难，评论李三才的功过。紧接着，评论之声日盛。而东林党人也纷纷上书驳斥这些谬言，全力保荐李三才。于是双方之争一直延续到万历三十九年（1611年）李三才因为屡遭陷害被迫致仕。这便是当时闹得沸沸扬扬的李三才入阁之争。

　　万历四十八年（1620年）七月，神宗去世。遗诏罢黜所有的税使、矿监，之前因为反对罢黜矿税监而被处分的官员也酌情使用。至此，矿税监之争以东林党人取得一定程度的胜利而最终宣告结束。

阉党与东林党之争

　　神宗驾崩之后，皇太子常洛即位，即光宗。不到两个月，光宗就在"红丸案"事件中驾崩。左光斗、杨涟等一批东林党人，则拥立光宗的儿子朱由校即位，即熹宗。因为拥立有功，东林党人得到了重用。已经辞职回家的叶向高重新出山再任首辅，韩爌与刘一燝担任内阁大学士，赵南星担任吏部尚书，孙慎行担任礼部尚书，邹元标担任左都御史。反对派相形见绌，朝廷中一时出现了"东林独盛"的盛大局面。

　　东林党人的部分政治主张也得以贯彻实施。除了取消税使、矿监之外，他们在北京、天津、保定等地大兴农田，修水利，进行农业建设。为了加强东北的军事力量，以防备满族首领努尔哈赤建立的后金地方政权的进攻，刘一燝极力推荐熊廷弼督师辽东。后来东林党人、内阁大学士孙承宗毛遂自荐到山海关督师，还积极支持袁崇焕驻守宁远。这熊、孙、袁三人就是明末时期抗御后金进攻的三位著名的统帅。邹元标与冯从吾还在北京宣武门创设了首善书院，目的就是想要通过讲学"振奋人心，激发忠义"。

天启三年（1623年），东林党人在癸亥京察过程中大展拳脚。这一年京察的主要负责人是左都御史赵南星、吏部尚书张问达（东林党人）。赵南星虽然已经年过七十，但是锐气尚在。他不顾非议，著《四凶论》，罢斥了万历后期扰乱政局的亓诗教、官应震、吴亮嗣、赵兴邦，对于其他贪官污吏的惩处也不绝不心软，吏部为之一振，一时之间，明廷出现了"中外欣欣望治"的盛世局面。

但是好景不长，东林党人掌权参政好比昙花一现，仅仅维持了很短的时间，随着宦官魏忠贤的势力不断膨胀，以致出现了魏忠贤独掌政权的局面。

反东林党人的很多官员见到魏忠贤大权在握，纷纷投靠到他的门下，试图接势东山再起，将东林党打下去；魏忠贤也积极在内阁、六部以及地方上的总督、巡抚中安插进自己的心腹，遍布眼线。如此，就形成了以魏忠贤一人为首的、被东林党人斥之为"阉党"的政治势力，当时称为"内外大权，一归忠贤"。宫中太监王体乾、王朝辅、孙进、王国泰、梁栋、李朝钦等三十多个人都是他的心腹。外庭的大臣中，吴淳夫、李夔龙、倪文焕、崔呈秀、田吉等文臣都帮他出谋划策，称为"五虎"；孙云鹤、杨寰、崔应元、田尔耕、许显纯等武将称为魏忠贤捕杀异己的凶手，称为"五彪"；太仆少卿曹钦程、吏部尚书周应秋等，称为魏忠贤手下的"十狗"；拜魏忠贤为干爹的李蕃、石三畏、李鲁生等人称为"十孩儿"，拜魏忠贤为干爷爷的广东廉州知府魏豸等人称为"四十孙"。有的朝臣在路上偶遇魏忠贤，便下跪朝拜，高呼"九千岁"。魏忠贤专横跋扈，作恶多端，让朝政在瞬间陷入黑暗，激起了东林党人的强烈愤慨。

东林党人反对阉党的斗争，是从劝谏熹宗不要受到左右宦官的蒙蔽，弹劾追随魏忠贤的朝臣和抓捕其爪牙开始的。魏忠贤十分痛恨那些不依附于自己的东林党人，对他们进行严厉的打压，置之死地而后快。天启二年（1622年），大学士刘一燝、副都御史冯从吾、礼部尚书孙慎行、左都御史邹元标等人被迫辞官还乡。天启四年（1624年），东林党人黄尊素在上书时不指名地斥责魏忠贤将会导致亡国之患，魏忠贤听后大怒，要对黄尊素处以廷杖，幸亏韩爌奋力开脱，改为罚俸一年，才算了结。东林党人李应升上书揭露魏忠贤任用私人，被魏忠贤假借皇上诏旨予以责罚。这一年六月，给事中傅櫆与魏忠贤的外甥傅应星结拜以兄弟相称，向皇上上书污蔑汪文言（东林党人），将他逮捕入狱，并且因此牵引出东林党人左光斗、魏大中，其真正目的就是要扩大冤案，让更多的人被牵连入狱。魏忠贤的种种倒行逆施，让副都御史杨涟（东林党人）大怒。他拍案而起，呈上了著名弹劾魏忠贤二十四条大罪的奏疏，这一封奏疏的出现将东林党与阉党的都长推向了高潮。

　　杨涟在奏疏中揭露了魏忠贤"开始的时候以小忠小信取信于皇上，然后行大奸大恶扰乱朝纲"。其犯下的主要罪状有：魏忠贤在擅权之后，圣旨多由其传达或径自内批，严重破坏了明朝的祖制；不容正色立朝之直臣，只要是对魏忠贤心存不满的朝臣都遭到贬斥；甚至设计陷害死秉性贞静、不肯顺从的妃嫔；在执掌东昌之后，骚乱百姓；对于自家子侄乱加封赏，就连乳臭未干的小儿也加官晋爵；魏忠贤在外出的时候使用皇帝仪仗，俨然是皇上乘坐的轿具；在宫内练兵，招纳亡命之徒等。他指出，所有这些罪行，臣下因畏祸不敢出言揭露，再加上人们的包庇、掩护，才蒙蔽了皇上，魏忠贤的篡权擅政已经达到了这样的地步："宫廷中，只知道有魏忠贤，不知道有陛下；都城之内，也是只知道有魏忠贤，不知道有陛下。"杨涟坚决要求惩罚魏忠贤，"以正国法"。

　　紧接着，包括东林党人李应升、黄尊素、袁化中、魏大中等人在内的很多正直的朝臣，也纷纷响应，上疏弹劾魏忠贤。上疏者前后有七十多人，声势浩大，这可吓坏了魏忠贤。他于是请求大学士韩爌营救他，结果被婉转地拒绝了。他见此招不可行，就赶快跑到熹宗的面前哭诉，其同党王体乾又在旁边为其百般辩解。结果，昏庸的熹宗竟然偏信不疑，下了一道措辞十分严厉的谕旨，极力袒护魏忠贤。有了熹宗的保护和宠信，任何上书都变成了一张废纸，魏忠贤依然可以为所欲为。

依仗着熹宗的保护和宠信，魏忠贤日渐嚣张，企图将所有的异党分子统统除掉。大学士顾秉谦就偷偷地为魏忠贤开了一张黑名单，让魏忠贤分别收拾他们。王体乾还公开扬言要用杖庭来对付那些反对魏忠贤的大臣。不久，工部郎中万璟（东林党人）弹劾魏忠贤，魏忠贤立刻假传圣旨，把万璟使用杖庭击毙。天启四年（1624年）七月，魏忠贤的爪牙，内侍曹大和傅国兴残害人命，索取钱财，在途中发生争斗，被御史林汝翥（东林党人）活活打死。魏忠贤知道这件事之后，立刻下旨逮捕林汝翥，林汝翥仓皇逃往外地。魏忠贤怀疑他是躲藏在内阁首辅叶向高的家中，就派人包围了叶向高的府邸，并且进入大肆搜查，奸淫妇孺。叶向高感到自己受到了莫大的侮辱，对阉党恨得咬牙切齿，自己虽然身为首辅，但是对于阉党的罪恶行为，却无能为力，迫于无奈，辞官还乡。这在魏忠贤专权的道路上，无疑去掉了一大块绊脚石。随后，林汝翥被抓了回来，挨了廷杖，虽然没有被打死，但是也丢了官职。

十月，左都御史高攀龙和吏部尚书赵南星要惩罚犯了贪赃罪的御史崔呈秀。崔呈秀急忙找魏忠贤求救，说："高攀龙、赵南星都是东林党人，如果不除去南星、攀龙，我的小命就要没了。"于是，魏忠贤假传圣旨，极力斥责高攀龙、赵南星二人"朋谋结党"，两个人只好辞官回家。十一月，魏忠贤又无中生有，把杨涟与左光斗免官。在他的压力下，继任首辅的韩爌也上疏辞职了。同月，阉党还想方设法阻止督师山海关的大学士孙承宗进京面见皇上，并且不断地攻击他，孙承宗只好"杜门求罢"，在第二年辞去职位。这样，在阉党的打击下，东林党人纷纷去职，基本上失去了参预朝政的能力。

阉党还为大规模的打击东林党人的势力，他们采取炮制黑名单的方式，中伤诬蔑，无所不至。阉党首先编写了一部《缙绅便览》，将叶向高、韩爌等一百多名东林党人和正直官员称为邪党，而将黄克缵、王永光、徐大化等六十多名阉党人称为正人，以待查证。到此为止，只要是反对阉党的人都被称为东林党。王绍徽还效仿《水浒传》，编了一部东林一百单八位人士的《点将录》，赫然列在首位的就是"天罡星托塔天王李三才"，当然，还有"及时雨叶向高"、"大刀杨涟"等。

经过了这一番精心的筹备，魏忠贤向东林党人举起了大刀，大开杀戒。天启五年（1625年）三月，许显纯对对于那些已经入狱的东林党人汪文言进行严刑拷打，逼迫他诬陷杨涟、左光斗等人在"封疆案"中收受熊廷弼的贿赂。所谓"封疆案"是这样一回事：当时熊廷弼治理辽东，但是朝廷又遣派了一个阉党的草包王化贞担任辽东巡抚。天启二年（1622年），王化贞错误估计形势，贸然出战，导致广宁失守。朝廷判熊、王两人的死罪，但是还没有执行。到此，阉党又将旧事提到桌面上，意在制造冤案，诛杀东林党人。汪文言宁死不屈，他在接受刑罚的时候大声喊着："世界上怎么会有贪官杨大洪（杨涟字大洪）！"许显纯见汪文言不肯听从命令，就将汪文言害死了，然后捏造了汪文言的供词，诬陷杨涟等六人收受贿赂。于是，魏忠贤再一次假借皇上的名义，下旨逮捕杨涟、左光斗、顾大章、袁化中、魏大中、周朝瑞等东林党人（当时称为"六君子"），并且将受到牵连的赵南星等十五人革职，还提问追"赃"。

"六君子"入狱之后，受尽酷刑。锦衣卫都督田尔耕，对他们严刑逼供。旧伤未愈，再增新创。到后来审讯的时候，只能戴着桎梏平躺着。当时还有一个著名的秀才——史可法（明末著名民族英雄），听说老师左光斗接受了炮烙之刑，就花重金买通狱卒，入狱探望，只见左光斗已经面目全非，完全辨认不出，左膝盖以下筋骨全都暴露在外面。左光斗的双眼已经睁不开了，他奋臂用手指拨开眼皮，目光如炬地对学生史可法说："这是什么地方，你怎么可以到这里来？国家已经腐败到这种程度，老夫死不足惜，你不应冒险探监，天下的事谁来支撑！"面对死亡，六君子至死不屈，毫不畏惧。除了顾大章被迫自杀之外，其余的五个人全部被折磨而死。杨涟去世的时候，土囊压身，铁钉贯耳，当时正值盛夏，尸体全部腐烂，等到收敛的时候，仅得血衣数片，残骨数根。魏大中去世之后，陈尸狱中，一直到腐烂发臭，虫蛆遍体的时候才用草席拖出去，其亲属连尸体都没有办法辨认，简直惨不忍睹。

魏忠贤为了将东林党人一网打尽，在天启五年（1625年）十二月，以朝廷的名义，将东林党人的罪行刊刻成书，张榜公布。只要是榜上有名的，生者削职为民，死者追夺官爵。榜中除了东林党人，还有很多是东林党的同情者，和虽然不是东林党但是也反对阉党的正直官员。这一年，在阉党操纵下，朝廷下诏焚毁全国的书院，北京的首善书院与无锡的东林书院首当其冲，东林党人连讲学的权利也被剥夺了。天启六年（1626年）六月，魏忠贤更是用翻历史旧案的方式，令顾秉谦等人主持纂修《三朝要典》，扭曲梃击、红丸、移宫三个案件的事实经过，黑白颠倒，是非混淆，污蔑东林党人凭借这三个案子"快私愤"、"邀功"。《要典》编成之后，以皇帝圣谕的方式面对全国颁布，成为了阉党迫害东林党人的又一工具。

崇祯年间的东林党争

说到底，魏忠贤的所作所为无疑是玩火自焚。他所仰仗的不过是荒嬉度日、懒于政事的熹宗，一旦靠山倒，一定会身败名裂。就在魏忠贤达到权力的巅峰为所欲为的时候，天启七年（1627年）八月二十六日，明熹宗朱由校因为纵欲过度，突然暴病而亡。他没有子嗣，临终遗言立其弟信王朱由检继承皇位，即崇祯皇帝。

熹宗突然去世，魏忠贤如坐针毡，惶惶不可终日。朱由检熟知魏忠贤的罪行，决心将所有的权力都握在自己的手中。敏感的士大夫们在政治空气中嗅出了一丝新的味道，纷纷行动起来。嘉兴贡生钱嘉征首先拍案而起，弹劾魏忠贤的十大罪状：与先帝并列、危害皇后、大搞内操、目无皇祖、扣削藩王封赠、目无圣人、滥收爵位、掩盖边将军功、搜刮百姓、行贿受贿。奏疏上达之后，崇祯皇帝让太监读给魏忠贤听。魏忠贤吓得双腿发软，急忙用重金收买一直侍奉在崇祯皇帝身边的太监徐应元，希望他可以给自己疏通一下。崇祯帝知道这件事情之后，严厉斥责了徐应元，杖一百，发配凤阳，魏忠贤的阴谋没能得逞。

十一月，崇祯帝下旨将魏忠贤发配到凤阳当净军。魏忠贤在前往凤阳的途中，依然贼心不死，率领一伙死党手持刀柄，前呼后拥，招摇过市。崇祯帝听到这件事之后，立刻让锦衣卫派人火速前往将魏忠贤一伙逮捕回京。魏忠贤的死党李永贞得知这个消息之后，连忙赶在锦衣卫之前，向魏忠贤通风报信。这时候，魏忠贤正在和自己的干儿子李朝钦等人在客栈借宿。他知道难逃一死，就和李朝钦一同在客栈上吊自杀。崇祯帝下令将魏忠贤的尸体肢解，把头悬挂在河间府西门示众。

崇祯元年（1628年），崇祯皇帝下令烧毁《三朝要典》，为被陷害的东林党人平冤昭雪，活着的刘一燝恢复了官职，韩爌也恢复首辅的职位，韩爌的门生袁崇焕也被启用，官至兵部尚书。第二年三月，崇祯令大学士韩爌审理了以魏忠贤为首的逆案，并且公布了"钦定逆案"。但是阉党的势力并没有彻底铲除，东林党与它的斗争一直延续到明朝末年。但是这已经是东林党争的余韵了。

第十二章 康熙朝皇子结党争储位

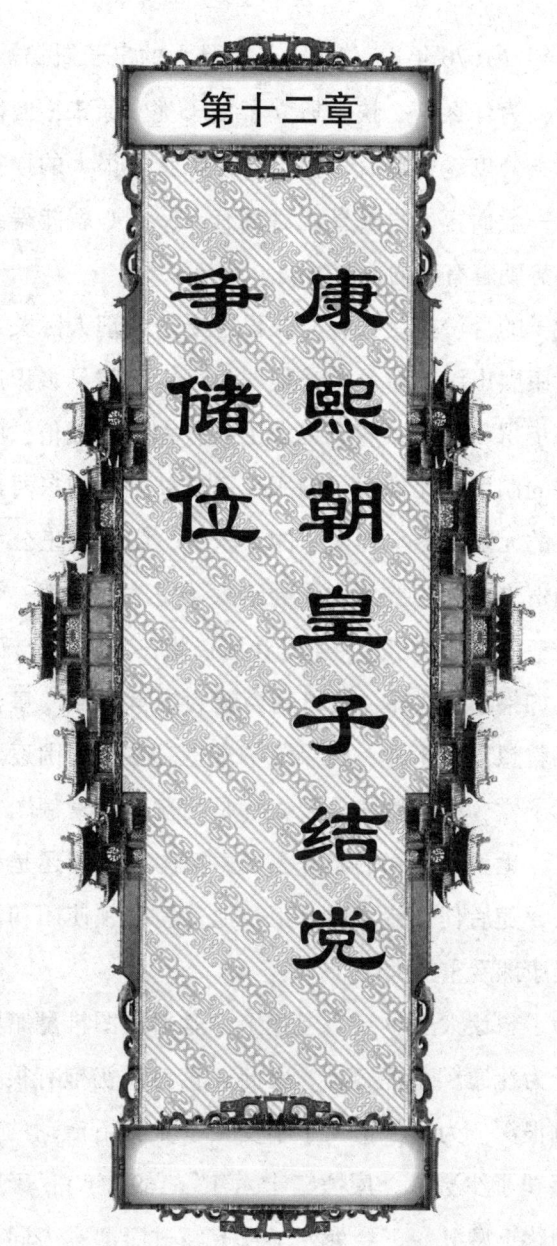

太子两度废立　皇子结党蠢蠢欲动

康熙十五年（1676年），仅仅十八个月大的皇子胤礽被立为皇太子。康熙年轻有为，为什么这么快就册立了太子呢？原来，西部、南部发动叛乱，蒙古的王公也趁机造反，朝廷的军队受了很大的挫折，所以立储的意义重大。一般而言，只要皇位后继有人，人心就能得到安抚。康熙立储之后，局势朝着有利的方向发展。

胤礽以太子的身份接受教育，课程主要是处理人际关系和政事。太子颇有才能，康熙出游的时候带着他，小小年纪就见多识广，在学习处理政事上也进步得很快。康熙认为太子要有太子的威信，所以专门给太子制定了储君的制度，比如太子的服装、仪仗，用的东西也和皇帝的差不多。在每年的元旦、冬至和太子的千秋节，朝廷的王公大臣除了要给皇帝进表、朝贺之外，还要到太子处给太子进表、朝贺，行二跪六叩首礼。康熙曾经三次亲征噶尔丹，都是让胤礽留在京城，全权处理政事。

按理说，如果不出意外，胤礽就会顺利继承康熙的皇位。他身为太子，一些大臣就想依附于他，确保荣华富贵。在他周围逐渐形成了以太子为中心的太子党，太子党的首要人物是索额图。索额图是胤礽生母孝诚皇后的叔父，也就是胤礽的叔外公。索额图在康熙还是少年时就已经担任了大学士，随后任领侍卫内大臣，他曾经率领使团和沙俄签订了尼布楚条约，是康熙看重的大臣。

索额图为了想让太子早日当上皇上，竟然试图推翻康熙的统治，太子党的激进行为让康熙不能容忍。康熙一直对胤礽抱有很大的期望，对太子的感情也很深。为了保护太子不受太子党私下活动的牵连，不让事态扩大，只惩罚了少数人。康熙三十六年（1697年），康熙征讨噶尔丹后在回京师的路上驻扎，下令处死了没有经过康熙本人同意就私自在皇太子处行走的内廷人员。康熙四十二年（1703年），康熙以索额图"议论国事"的罪名，将他囚禁在宗人府，最后饿死了。

那么太子党人到底有没有得到胤礽的许可才敢这么嚣张的活动呢？按理说，皇帝是自己的父亲，皇位迟早是自己的，为什么还这么着急地想要登上帝位呢？大家都知道，康熙在位的时间很长，胤礽也当了三十多年的太子，肯定等得相当着急了，所以对于太子党的活动也是默认的。但是胤礽也冒了很大的政治风险，被父皇康熙知道后，肯定会将父子两人推到对立的位置，康熙对于太子谋求帝位也是不能容忍的。

胤礽年轻的时候还看不出身上有这么多问题，随着时间的推移，康熙也看出了胤礽的人品不好。他的性情暴躁，贪婪爱财，康熙对苦心培养的太子非常失望。康熙认为太子只有具备以下三个条件才能成为一个合格的君主。首先他要效忠父皇，不能结党谋位，一定要学会忍耐。其次要为人仁义，将来才能处理好朝政。第三是要孝友为怀，对父皇一定要孝顺。胤礽显然都不符合这些标准，康熙对是否让胤礽继承自己的皇位存有疑问，如果国家在胤礽的治理下出现纰漏，可是不能挽回的。

康熙四十七年（1708年）九月，康熙带着胤礽、胤禔和几位小皇子从木兰秋狝返回京城，随行的皇十八子胤祄只有7岁，患了重病，胤礽表现得丝毫没有同情心，康熙责备他对弟弟太冷漠，胤礽不以为意，而且态度还很恶劣。随后，胤礽每天晚上都在康熙住的帐篷外活动，暗地里监视康熙的活动，威胁到了康熙的安全。康熙马上拘禁了胤礽。回到京城之后，康熙正式宣布废黜胤礽的太子之位。

康熙让皇长子胤禔保护自己，将胤礽囚禁起来，胤禔主张杀死胤礽，如果皇上不忍心的话，胤禔自告奋勇地说可以亲自下手。康熙听了感到很惊愕，胤禔是庶长子，康熙对他也很是宠爱。他曾经三次带胤禔征讨噶尔丹，让他带兵打仗，立了一些功劳。他的舅舅大学士明珠曾经是康熙的宠臣，明珠支持胤禔，与索额图闹党争，最后被撤职。这件事让胤禔和胤礽的关系恶化。胤禔的周围也集聚着一群贵族大臣，胤礽被废，胤禔高兴地认为自己能够取代胤礽，所以想要杀死胤礽。康熙对胤禔的冷酷非常反感，将他终生圈禁，胤禔的集团也彻底没戏了。

胤禔感到康熙对他的态度发生了很大变化，知道自己没有希望了，就向康熙推荐贝勒胤禩，还说算命的人说胤禩以后肯定能大富大贵。胤礽被废黜后，康熙让胤禩全面打理内务府，他是众位皇子当中年纪最小的贝勒，看来康熙对他很是信任。胤禩一直和胤礽的关系不太好，他看到胤礽被废，胤禔被责备，认为自己是太子的最佳人选。他利用职权，收买官员。康熙对他的行为极其不满，就将他的爵位革除，圈禁了起来。

胤礽的太子之位被废之后，胤禔和胤禩的活动让康熙意识到事情的严重性，当时他有十二位成年的皇子，对皇位都虎视眈眈，为了皇储之位私下活动，结成党派，扰乱皇权。康熙不能容忍儿子们结党谋求储位。他严厉告诫他们不能树党，否则的话就要严加处置。他同时还对满洲贵族宣布，不许他们结交诸皇子。

虽然表面上不准结党，但是私底下皇子之间还是结成党派。因为太子是国家的根本，国家应当有储君，在各方压力之下，康熙也认为要再立太子。后来查明胤禔对胤礽搞厌胜之事后，毕竟胤礽当了这么多年的太子，康熙对他也有很深的感情。当他得知胤礽是被人下蛊才发疯的时候，宣布根据胤礽的病情变化来安排，言外之意就是太子胤礽有可能复立。

左副都御史劳之辨读懂了康熙的心思，抢先上书保荐胤礽，康熙察觉到他想立拥立之功。功没立成，反倒遭到康熙的厌恶，被革职遣回了原籍。胤禔的党人佟国维家族看胤禔没戏之后将赌注押在了胤禩身上，大学士马齐对胤禩也颇为看好。在他们的支持下，大臣们全部向康熙推荐胤禩当太子，这件事惹怒了康熙。因为康熙已经事先声明皇子和大臣不要结党，这不明显着违反皇命嘛。所以马齐被惩治，佟国维遭到谴责。康熙已经下定决心恢复胤礽的太子之位，这场废了又立的风波持续了半年，康熙四十八年（1709年）三月，胤礽再次被立为皇太子。

胤礽复立，体现了康熙对待此事的态度。康熙惩处马齐、劳之辨是为了杀鸡儆猴，意思是不允许朝臣干预立储。如果臣子拥立储君，将来肯定会借此要挟太子，胡作非为，干扰皇权。从清朝的长治久安考虑，康熙认为立太子是皇帝的家事，任何人都不能干预。

康熙已经对胤礽失望过一次，这次的复立，并不是对胤礽的肯定，而是为了遏制诸位皇子的争储斗争，可以说胤礽的地位随时不保。胤礽明白自己的处境，他不仅没有夹着尾巴小心翼翼地做人，反而变本加厉地和大臣勾结，希望能够早日登基。胤礽私下抱怨说，自己都当了四十年的太子了，从古至今有哪位太子当得比他时间长。他的不满日益显现。

他和步军统领托合齐、兵部尚书耿额、刑部尚书齐世武、都统鄂善、迓图、副都统悟礼等人结党，势力越来越大。康熙洞察了太子党的势力之后，指斥胤礽乃是无耻小人，与小人结党，因为胤礽的服御陈设之物比康熙用得还要奢侈豪华，觊觎之心昭然若揭，康熙不再犹豫将他废黜囚禁，处死了步军统领托合齐。胤礽再也没有翻身的机会了，因为结党遭到了康熙皇帝的彻底抛弃。

胤禩党对抗康熙

皇八子胤禩精明能干、八面玲珑，在大臣之间很有口碑。他的处事风格和暴戾的胤礽完全相反，很会为人处事、收买人心。他的人缘很好，兄弟、外戚、满族和汉人大臣，有很多的人拥护他。康熙对他也很是钟爱，注意到胤禩的字写得不好看，就给他找来了当时的著名书法家何焯到胤禩的府中教他书法。胤禩对何焯礼待有加，还托他的弟弟在江南买书，名声传了出去，江南的文人都传言胤禩好学。

胤礽和胤禩、胤禟、胤䄉的关系不好，胤禩他们就组织起来抵制胤礽。胤禩的生母地位卑微，康熙将他送给胤禔的生母惠妃抚养，所以和胤禔的关系比较好，得到胤禔的支持。皇十子胤䄉也支持胤禩。胤禩还有众多支持者，如遏必隆的儿子阿灵阿、康熙的哥哥裕亲王福全，担任领侍卫内大臣、散秩大臣、都统的鄂伦岱。大学士明珠的儿子揆叙、大学士马齐等人聚集到胤禩周围，结为朋党。

康熙四十七年（1708年）十一月，康熙为了试探大臣对立储之事的想法，让大臣自由举荐太子，马齐、鄂伦岱、揆叙等人全部推举胤禩，康熙生气地否决了众人的提议，但也可以看出胤禩是众望所归。康熙已经明令禁止不准大臣结党，追究是谁指使他们的时候，马齐竟然当着康熙的面意气用事，拂袖而去，最后受到了康熙的惩罚。胤礽第二次被废之后，大臣对胤禩的期望更大，只要康熙此时驾鹤西去，大臣们一定会拥立胤禩登基。

康熙不顾众人的想法，复立早已失去人心的胤礽，胤禩肯定不服气。直到胤礽再次被废之后，他认为时机成熟，自己肯定能成为储君，所以希望康熙尊重大家的意见能够立他为太子。胤禩曾经就储君之事试探康熙："我现在该怎么做事？要不就装病卧床，免得大家不知道如何对待我。"康熙看出他觊觎太子之位，立即警告他，让他断去做太子的念头，康熙说："你只是一个贝勒，怎么敢作越分之想！"胤禩听了这话，心灰意冷，对康熙怀恨在心。

五十三年（1714年）冬天，康熙出塞狩猎，正赶上胤禩生母的忌辰所以没有随行，当康熙返回的时候，胤禩派人送去两只快要死去的老鹰。他既没有去迎驾，也没有向康熙请安，表示对父皇康熙的藐视，康熙特别生气。胤禩可谓是八面玲珑的人物，怎么会如此意气用事呢。他肯定对储位抱着极大的希望，本来以为太子之位百分之百是自己的，谁知道父皇的如此狠心，让他太失望了。

康熙斥责胤禩不守本分，妄图谋取皇位，滥施恩惠，笼络人心，结党谋位，比胤礽阴险百倍。康熙对胤禩非常痛恨，还曾经停止了他的俸禄。五十五年（1716年），胤禩生病，一度非常危急，康熙只是表面上表示关心，实际上一点儿也没有表示，可见两父子间结下了很深的怨恨。康熙怨恨胤禩觊觎皇位，胤禩怨恨康熙没有众望所归地册立他为太子。为了权力，父子成仇。康熙绝不能容忍出现第二个权力中心来分割他的权力。

胤禵党争夺储君之位

皇十四子胤禵和胤禛为一母所生，但是他们相差十岁，两兄弟的关系不怎么样。胤禵却和胤禩、胤禟的关系较好。第一次废太子时，胤禵积极地拥护胤禩图谋皇储之位，康熙对他的行为很生气。在乾清宫康熙召见诸位皇子，指责胤禩的时候，胤禵为胤禩辩护，说胤禩没有争夺储位的心思，愿意担保他。康熙听了之后大怒，拔出佩刀就要砍胤禵，胤祺见状，赶紧抱住康熙，康熙才没有酿下大错。诸位皇子一直磕头请求父皇康熙息怒，康熙命人打了胤禵板子，才慢慢消气。

康熙末年，西北的形势严峻，五十七年（1718年），准噶尔部首领策旺阿拉布坦率兵攻入西藏，杀死藏汗和硕特拉，并且囚禁了达赖六世，全面控制西藏。鉴于此种情况，康熙派西安将军额伦特到青海管理西藏事务。九月，额伦特率领的政府军受到准噶尔部队的攻击，全军覆没。可以说西北的形势十分严峻，准噶尔部的势力很大，除了占领新疆、西藏之外，对与之相邻的青海、宁夏等省份影响很大，严重影响了清廷的稳定。

康熙这时也已经年迈，不能御驾亲征。他将前线将领的奏折拿给皇子看，意思是想选一名皇子处理西北的军事。康熙想要派一位皇子担任统帅前去指挥战斗，而这位统帅一定要能干、有威信。最终，康熙选中胤禵出征，命他为抚远大将军，晋封王爵。康熙很看重这次任命，为了能够让胤禵顺利地行使职能，他命胤禵使用只有皇上才能使用的正黄旗旗纛，他的出行采用亲王规格。

在胤禵出发的时候，诸王贵族和二品以上的大臣都到列兵处送行，康熙命令驻防新疆、甘肃、青海的八旗、绿营军全部听从胤禵指挥。康熙还给西北蒙古王公提前下了指示，让他们大小事务都要听从抚远大将军的指挥，就像接受康熙的谕旨一样。这种高规格的待遇说明了康熙对胤禵的重视，可以说是代康熙而出征。

胤禵此次出征全面取得了胜利，立下赫赫战功，于六十年十月（1721年）率部回京述职。第二年四月，康熙命他再次赶赴甘州军营。

胤禵出任抚远大将军之后，在胤禩集团内部，胤禩已经被康熙背弃，那么胤禵得宠，众人非常兴奋，因为胤禵很可能会被立为太子。胤禟对亲信说，他和胤禩、胤禵三人中肯定会有一个人当太子，还说胤禵才德出众，其他的皇子都比不上他，将来肯定大富大贵。皇上很看重胤禵，将来太子之位肯定是他的。

胤禵自己也意识到有可能当上太子，但是他远离京城，而且康熙年纪大了，体弱多病，随时有去世的可能。这样一来，对他争储不利。所以，他要求胤禟一定要及时告知他朝中的信息。他嘱咐胤禟"皇父一有欠安，从速带信给我"。他才能立刻赶回去参与储位之争。胤禵一走，胤禟就四处活动，招揽人才，结交文人，提高声望，为胤禵的皇储之位做准备。

但是康熙为什么没有马上立胤禵为太子呢？康熙对胤禵一开始还是喜爱的、重用的，也刻意培养他，所以胤禵也有成为太子的可能。但胤禵好像又不是最好的人选，况且康熙还有那么多儿子呢。康熙认为他还不成熟，而且还参加过胤禩集团参加储位争夺的历史，所以康熙对他也不能完全信任，一直迟迟没有立他为储的意思。

雍正一党暗中活动

皇四子胤禛，即后来的雍正皇帝，在胤礽第二次被废之后参与了储位之争。胤礽被囚禁之后，胤禔有立储的可能性，接着满朝大臣推荐胤禩为太子，雍正都看在眼中，并没有参与其中。既然现在储位未定，他没有像其他兄弟一样争宠，而是在暗中谋划。

雍正的性格看上去比较冷淡，和谁都不亲近。他和胤礽的关系一般，既不密切，也不对立。胤礽被囚禁之后，康熙任命雍正和胤禔看管，雍正认为康熙并没有真正舍弃胤礽，而是期望过大之后的失望。所以，雍正公正地对待胤礽，维护他应当的利益。康熙曾经不让看守人转胤礽的奏言。胤礽说父皇批评他的话他都能接受，但是说他弑逆实在就冤枉了他。雍正将这话转奏给了康熙，胤礽也得到了公平的对待。在康熙眼中，雍正是个友爱兄弟的好儿子；在胤礽眼中，雍正是讲义气的好兄弟。

雍正对胤禩集团一直保持着不好不坏的关系，万一胤禩被立为太子之后，也能够保全自己。他对父皇康熙可以说是非常孝顺，关心备至，曾经与胤祉一起冒死劝康熙要及时治病。在康熙面前，他为诸兄弟说好话，康熙认为他是一个深明大义的人，雍正逐渐得到了康熙的好感。

雍正周旋在父子、兄弟之间，得到了父皇和兄弟们的肯定，也得到了切实的好处，被康熙晋封为亲王。雍正处事小心翼翼，当康熙说他传达胤礽的话是伟人的行为时，雍正并没有得意忘形，而是否认了。因为胤礽的命运还难以预料，如果承认的话，可能会被康熙误会为太子党人，那还要这种伟人的虚名有什么用呢。雍正实在是一个工于心计的人。他从废太子的事件中吸取教训，在后来的争夺储位的激烈斗争中后来居上。

胤礽再次被废之后，雍正决定参与储位的角逐，他制定了全面的政策，特别是如何处理父子、兄弟、朝臣、藩属等关系。为了扩大势力，以得到各方面的好感，既不能在康熙面前表现得太能干，引起康熙的警觉，也不能表现得太无能，否则英明的康熙肯定看不上自己。雍正认为既要表现出能干的一面，也要适度，不能锋芒毕露。毕竟被排除储位继承权就一切都泡汤了。

雍正对待诸兄弟，要以胤礽为鉴戒，不能表现出暴力的一面，要团结各位兄弟，让没有才能的人依靠自己，有才能的人不嫉妒自己。对百官，他刻意笼络，无论是亲贵、朝官、汉人，对待他们都很亲切，以便他们能在康熙面前为自己制造舆论。他培植能办事的藩邸人员，培养绝对忠于自己的势力。

因为康熙明令严禁皇子结党，雍正的活动都非常隐蔽，小心谨慎。这些方针大部分是他的亲信戴铎提出来的，但是雍正却说："你说的虽然都是对的，但对我来讲没有什么用，因为我不想图大位。"雍正对自己的亲信都没有说实话，可见心机之深。

雍正好几次说对皇位没有什么兴趣，所以从来不收党羽，也没有给人恩惠收买人心，与舅氏家族、妻族，还有姻亲关系都不密切，与满汉大臣、内廷执事人员的关系也很平常，与兄弟之间的关系也很平常。有人要投靠他，还被他严厉拒绝了。实际上，这些都是表面现象。

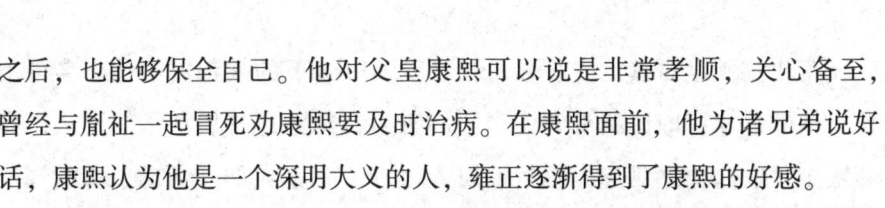

第十二章 康熙朝皇子结党争储位

雍正统领镶白旗，按照清朝制度，镶白旗下的人都属于他，名分上都是他的奴才。即使旗下有人当了高官，实际上还是属于本门主人。雍正决定争取储位之日起，就帮助属人谋官。雍正在朝廷活动，为戴铎的哥哥戴锦谋求了河南开归道的职务，沈廷正由笔帖式任兰州府同知，魏经国为湖广总督，年羹尧为川陕总督。为了谋求争取储位的活动经费，雍正做买卖，比如派人到浙江和英国人交易。

隆科多原来是胤禔党人，后来胤禔没有希望之后，他的家族转而支持胤禩，胤禩没戏之后，隆科多没有再结党，得到了康熙的信任，康熙五十年（1711年）担任了步军统领，五十九年（1722年）兼任理藩院尚书，六十一年十月雍正奉命清查京仓，可能趁这个机会，隆科多成为了雍正党的人。

太子被废之后，雍正和兄弟间的关系并不密切，只有和胤祥来往得比较频繁。胤礽被废后，胤祥也失去了康熙的宠信，两人一直保持统一战线，雍正能跟随康熙巡幸，胤祥则只能留在京城，两人的书信、诗词往来密切。雍正继位之后，胤祥得到重用，说明他们之间的关系早就建立了。

同样是结党，为什么雍正的小集团从来没有被康熙所发现呢？而且最终成功地夺取了皇位。因为雍正在胤礽被废之后，没有像胤禔、胤禩公开争夺储位，集团形成的时间短，集团内部也没有什么重要的官员，人数少，比不上胤禩党。但是雍正将他们安排的职位都能在关键的时候派上用场。活动隐蔽性强，雍正经常派手下人秘密转交礼物。雍正从不在他们面前赤裸裸地表达野心。

雍正的聪明之处是利用和佛徒来往作为掩饰，很难让人察觉到他在结党谋位，而康熙也产生了错觉，认为雍正没有结党，而且对手也被蒙蔽，认为他没有谋位的野心，什么也没做。而当时社会舆论都针对胤禔、胤禩谋求储位的行为，根本就没有人关注雍正的活动。以当时的形势来看，雍正处于不利的地位。实际上，枪打出头鸟，以康熙的个性是不容忍儿子分割自己的权力的。而雍正表面上什么都没做，只是在旁边观察，即使其他人被炒得再火热，他都忍耐下来，一步步地按照计划行事。应证了孟子曾经说过的话：天将降大任于斯人也，必先苦其心志，劳其筋骨，饿其体肤，空乏其身，行拂乱其所为，所以动心忍性，曾益其所不能。雍正正在经历着严酷的考验，康熙的儿子那么多，想要当皇上，必须要经受严酷的磨炼。

康熙曾经说过雍正在幼年的时候喜怒不定，长大之后就很难看出他的心情了，可以说雍正很善于隐藏自己的心情，康熙教诲他遇事的时候"戒急用忍"，也就是说不要着急要忍耐。雍正为了克服毛躁、冲动、感情用事的性格弱点，一直都在磨炼心性。因为如果想当一个皇帝，这对他影响很大，甚至会失去继承的资格。

雍正也意识到问题的严重性，当康熙重新提到自己的性格时，雍正回奏说："经父皇教诲已经改正，而今已过三十岁，这个评语关系重大，请不要记在档案里。"康熙接受了雍正的请求。雍正结党谋位时遇事忍耐，戒急用忍，喜怒都不上脸，所以让人看不出他的心思，他研习禅学，大概也是为了克服这个毛病。他终于得到了康熙的谅解，康熙将他作为继承人来培养。但是雍正登基以后老毛病又犯了，毕竟已经当了皇帝，可以随心所欲了。

康熙和雍正的父子感情也逐渐升温。康熙受到雍正邀请到圆明园和热河狮子园十一次。雍正将自己的儿子弘历，也就是后来的乾隆引荐给康熙，康熙对这个孙子非常宠爱。他们父子的关系越来越好，虽然有些小摩擦，但也没有影响父子间的感情。胤禩失宠后生病，康熙派雍正去探望，雍正以为父亲原谅了胤禩，所以对胤禩很关心，为他召御医医治，康熙表示不满，本来要惩罚雍正。雍正了解了康熙的心意之后，赶紧认罪，康熙原谅了他。

康熙对雍正也倾注了希望，刻意地培养他，皇家有什么丧葬祭祀祝寿的事宜都让他来办，还让他参与管理一些国家事务。只要康熙交代给雍正办的事，无论大小，雍正绝对没有任何借口地执行。在办事过程中，雍正严格地执行大清律例，奖罚分明，对违法者、渎职者从来都不宽容。只要是雍正经手的事，吏治清明，行政效率也很高。康熙对他很是赏识，重要的是他能领会康熙的意思，对父皇又非常孝顺殷勤，按理说符合康熙立太子的条件。

不过，康熙心中至少有两位皇储候选人，雍正只是其中之一。雍正对胤禵也非常重视，所以没有最后决定到底谁是太子。

争议所在

康熙六十一年（1722年），康熙因病去世，直到去世前还没有立太子。大臣隆科多向外宣布康熙遗命，雍正继承皇位。对于这件事，没有确切的说法，史界一直存在争论，主要有两种意见：一是康熙的临终遗诏确实指定雍正为皇位继承人；一说则是雍正和大臣隆科多合谋将康熙的遗诏篡改了，实际上康熙立的是皇十四子胤禵。电视剧里经常上演的就是篡改的版本，所以雍正好像不是名正言顺的皇帝。这两种观点都各有道理。

比较康熙晚年曾经刻意培养这两个皇子，两人虽然都各有优点，但康熙都不认为他们是皇位的最佳人选，直到康熙死的时候可能还在为此纠结，所以直到死也没有再立太子，但帝位肯定是要传给其中的一位，只要临终遗诏揭开，就知道谁是皇位继承人了。但是康熙的临终遗诏的可信度打了折扣，因为遗诏是隆科多口头宣布的，如果康熙的临终遗诏不是雍正而是胤禵，那么宣布雍正为皇帝的遗诏就是假的。

第一种意见是这样说的，为了江山社稷考虑，康熙临终前肯定要指派继承人，因为胤禵当时远在西北，一时赶不回来，所以就立了雍正。第二种意见是康熙立胤禵为继承人，主要根据是雍正在继位之后杀死了拥立他的大功臣隆科多。在康熙临终前，隆科多是守候康熙的唯一重臣，对这件事情知道得最清楚，他手握兵权，是雍正能够顺利即位的重要支持者。但他最后被诛杀了，虽然是其他理由，但也让人怀疑是不是杀人灭口。还有雍正诛杀了康熙的几个得力太监。所以事实的真相到底如何，也没有一个准确的答案。

第十三章

年羹尧与雍正的权力抗衡

雍正登基路上的猛将

年羹尧，汉军旗人，其妹妹为胤禛的侧福晋（也就是偏房妻子），年羹尧在雍正夺位的战争中扮演了很重要的角色。康熙皇帝在世的时候，就对年羹尧非常地欣赏。康熙四十八年（1709年），年羹尧任职四川巡抚，到康熙六十年（1721年）升任为川陕总督，一直在川陕一带担任要职，可以称得上是一位没有名分却有实权的西北王。但一个川陕总督并不是什么尤为厉害的角色，不过在康熙年代后期，连年对西北地区用兵，也致使全国的精兵猛将都集中在西北地区，而年羹尧自然就成了康熙几个儿子争相拉拢的对象。

因为这样，年羹尧的地位也几乎走到了顶峰，而他对于康熙的继承人倒不如其他人那般关心和热衷。当时，他在雍亲王面前也是表现得不卑不亢，不像其他人那样向雍亲王阿谀奉承，即便是在来往的书信中，年羹尧在信的结尾也会署上自己的官职和姓名，而并非是自称为奴才，这让雍亲王很是生气，在信中还大骂年羹尧就是一个无赖恶少。而年少得志的年羹尧，给自己辩解道，现在他不会背叛康熙帝，那么将来也不会对不起雍亲王。这句话却是让雍正抓住了把柄，说年羹尧的这句话暗示着想让他做一些大逆不道的事情，由此还威胁年羹尧，否则的话就要诛灭他全家。除了这件事情外，雍亲王还责令年羹尧把从前他带到任职地去的子弟遣送回北京，十岁以上的儿子都不能够留在身边，以此来作为惩罚（这的确是个惩罚，对于那个时候的官宦子弟来说，如果能够在边疆锻炼几年，那么日后的升迁也就异常容易了）。总的说来，雍亲王还没有做皇帝的时候，虽然他和年羹尧的关系并不如主奴间那般亲密，不过两个人倒是有着姻缘之亲，另一方面两个人也是相互推许，惺惺相惜，不过也正是这种关系，才为雍正登基之后诛杀年羹尧埋下了伏笔。

其实，在雍正继位的过程中，年羹尧的功劳并不像外界传言的那般大，当时九子夺嫡的主要战场是在北京，而年羹尧却是远驻西北，不过，这并不意味着年羹尧在雍正皇帝的人生中扮演着可有可无的角色。雍亲王那个时候的主要竞争对手，皇十四子胤禵在西北驻兵，再加上他是以皇子身份兼任的大将军，为大清朝立下的赫赫战功，备受康熙皇帝的喜爱，他可是皇位竞争的强敌。不过，因为他驻兵的地方就在川陕总督年羹尧的管辖之内，而西安是年羹尧的治所，还是内地通往西北前线的必经之路，胤禵想要和北京及时地联系，其必须要从西安经过。由于年羹尧的从中牵制，使得胤禵在西北即便想要做出什么不安分的举动，也还先考虑一下年羹尧的倾向才行。也正是有了年羹尧的大力支持，不受胤禵的拉拢诱惑，才使得胤禵虽然拥兵十万，但从始至终都没有什么逾越的举动。这也就是说，年羹尧在雍亲王夺位时期，很好地牵制住了十四皇子胤禵的部队，并且很好地稳定了西北局势。

雍正继位之后，对于他的兄弟进行了残忍的打击和报复。这时候，年羹尧也开始不遗余力地帮助雍正清除隐患，并且主动承担起看守胤禵集团的骨干成员胤禟的任务，并且对其百般侵害。每当雍正询问对其兄弟的处置意见的时候，年羹尧比雍正这个当事人还要生气，一直想要杀之而后快。虽然这样，但是雍正对于年羹尧这个人还不是很信任。雍正继位之后，担心他的兄弟会趁着他离京的机会谋反，所以他继位之后，连着取消了秋猎好几年，直到他的兄弟被全部处决为止。甚至在雍正登基之后的前几年里，除了前往东陵为康熙送葬外，竟然一次都没有离开过北京城。他每日忧心忡忡，心想他的兄弟都能够对他父亲做出那般无义的事情，那么对他这个兄弟又有什么舍不得的呢？就算是在这种情况下，雍正在和年羹尧的通信中，还提起北京现在的局势一片大好，他护送康熙灵柩的时候看到京城一片繁荣景象。而雍正这样做的目的，也就是片面地告诉年羹尧，现在京城很平安，你在西北驻守不要起什么歪心思。

雍正即位之后，他和原先拥护他的人也开始发生了冲突。雍正之所以能够登上皇帝之位，有一部分的原因便是他有一个效忠于他个人的小集团，不过他也明白这种小集团对于统治国家的危害。所以，他登基之后，对他集团的人在表彰的同时，还警告他们要安守本分，要以皇上的是非标准为标准，如果私下里有拉帮结派、互相攻击的行为，那么这就是对大清王朝的背叛，将会受到严厉的惩罚。而正是在这个时候，年羹尧犯了雍正的大忌，这在雍正看来是不可饶恕的。

荣宠至极的年羹尧

抚远大将军胤禵在皇位争夺战中失势之后，年羹尧受了雍正的命令，和接管抚远大将军印信的延信一同管理西北军务。仅仅用了半年的时间，年羹尧便在雍正的支持下全面接掌了西北军务的大权，名为川陕总督，实为西北、西南地区的最高军事统帅，他才是真正的抚远大将军。这个时候，延信也就成了一个可有可无的虚壳。为了进一步地稳住年羹尧，雍正在和西北、西南地区的其他官员通信的时候，也会在信中大肆赞扬年羹尧，称他才气声望都出人头地，西北、西南一带的军务，都应该和年羹尧商议之后，才能够做决定。雍正二年（1724年），青海地区发生叛乱，雍正正式任命年羹尧为抚远大将军，带领军队前去讨伐，平定叛乱之后，雍正论功行赏，封年羹尧为一等公。而这时候的年羹尧可以说是威镇西北，后又接管了云南政务，一时间，他的权力几乎爬上了政治生涯的顶峰。

为了表示出对年羹尧的信任，雍正一直鼓励年羹尧要参与朝廷事务，尤其是年羹尧平定青海叛乱之后，从表面上来说，雍正对他更为器重了。雍正让年羹尧参与的朝中事务也比较繁杂，从各地发生的自然灾害再到朝中各个官员的好坏全都包含在内，甚至在修改法令的时候，雍正也会征询一下年羹尧的意见。最为有意思的是，康熙将朱熹列入十大哲人之列，雍正则是还想要把其他几个有声望的大儒一起写入，不过在排名上，雍正和康熙发生了分歧，所以一直犹豫不定，于是让年羹尧详细推敲上报。年羹尧这个人自身就没有太高的文化修养，可是接受了雍正这个命令后，他还是装模作样地推敲了一番，并且说出了自己的一番见解。而雍正也比较重视，还多次对朝中科举出身的重臣们提到年羹尧，赞他读书比较多，什么道理都能够理得清，对于什么事情也都能给出一个合理的意见。更为出格的是，雍正还把翰林院商定后的科举考生试卷秘密交给年羹尧，让年羹尧再行审阅一番后，另作选择，但是又害怕别人知道，所以还在信中刻意叮嘱不要把这件事情告诉其他人。雍正为了表现出对年羹尧的特殊待遇，他还特意在年羹尧进京述职的时候，命令其他地方的官员一起前往京城集会，当时任职四川巡抚的蔡珽因为自身并没有什么特殊的事情需要交代，便提出异议，雍正担心年羹尧会心中不痛快，于是又就此征询年羹尧的看法。年羹尧的行为举止就是其他官员的典范，由此也可以看出雍正将年羹尧摆在了一个很重要的位置，而年羹尧在政治上的见解也是起着某种决定性作用的。

在用人与地方行政方面，不管事情大小，雍正都会和年羹尧商议，而在这种过程中，年羹尧也得到了超出他管辖范围外的权力。在年羹尧的管辖范围内，行政官员从总督、巡抚直到县令，军队官员从提督、总兵一直到把总的提拔、任用等都是年羹尧一个人说了算，就连川陕境外的官员任用，雍正也时常会征求年羹尧的意见。年羹尧参奏了江苏按察使葛继孔，后被雍正降级使用，雍正二年（1724年）二月，李绂任职广西巡抚，他想要借着这个机会带着一个徐姓亲信一同前往，年羹尧便说这个徐姓人士人品不端，不能重用，结果显而易见，这位徐姓人士就这样莫名其妙地倒了霉。

不仅如此，雍正对年羹尧关于官员的评价可谓是言听计从，甚至在很多高级官员的任职上，年羹尧的意见也占了极为重要的一部分。年羹尧参奏直隶巡抚赵之垣为庸俗纨绔，不能担任重任，于是雍正便立刻将赵之垣撤职，并且改用李维钧。李维钧之所以能够成为朝中重臣，很重要的一个原因便是李维钧的妻子是年羹尧家人的干女儿，这件事情之后，雍正还不知道避讳，竟然还告诉李维钧要多与年羹尧走动才行，所以畿辅重臣也就成了年羹尧的人。雍正登基之后的前几年，年羹尧两次进京拜见。年羹尧第一次进京的时候从山西路过，恰逢当地的收成不好，山西巡抚因赈灾问题和年羹尧发生了冲突，最后被就地罢免。

除了让年羹尧参与朝中大事之外，雍正对年羹尧的宠信还体现在其他的方面。年羹尧第二次入京的时候，雍正不知道该以什么样的礼仪来迎接年羹尧，于是便将这件事情交给专门负责各项礼仪的礼部办理。礼部侍郎想尽了千种办法，但还是无法令雍正满意，最后得到了降级的处分。年羹尧在京的这些日子里，雍正让其和其他几个总理事务大臣一起担任宣传上谕的重要使命。在雍正看来，年羹尧除了是四爷集团的人之外，他的记性也是非常好的，写东西也很流畅，让他来转述自己的意思是最适合的了。这个时候的年羹尧就好比总理事务大臣，可以说是春风得意、荣宠至极啊。

上述所讲的还都是一些比较正常的荣宠举动，而在其他方面，雍正简直失了帝王的常态，做出了很多落人话柄的言行举止，这才导致外界还流传着一些两人关系不正常的传闻。雍正初年，他认为国家如果能有几个像年羹尧这样的封疆大吏，也就不愁管理不好国家了。后来，年羹尧带兵平定了青海叛乱后，也部分验证了自己的预言，雍正内心非常兴奋，他将年羹尧看作是自己的"恩人"。他对年羹尧说，如果自己做不了一个好皇帝，那么就对不起年羹尧对自己的一片苦心。做一个好皇帝原本就属于雍正的天职，而他却将其当成报答臣下的礼物，古今中外，雍正可以说是第一人。年羹尧或者是其家人得病，雍正都会详细地询问，赏赐大量珍贵的药品和食物，还派人给年羹尧送去了鲜荔枝，甚至为了荔枝，还不惜动用六百里加急专递，真可谓"将军一笑为荔枝啊"！

除去他们二人的亲密关系不说，在雍正登基之后的前几年，年羹尧可谓是雍正的主要支持者。对于雍正的命令，年羹尧都给予全力支持，并且还帮助其迫害雍正的兄弟，这也致使雍正对年羹尧很是依赖。不过，雍正也并不是完全信任年羹尧，年羹尧任职期间，最大的官衔便是抚远大将军，在朝中没有固定的职务。虽然说抚远大将军一职掌握生杀大权，也干预了很多地方政务，不过他却无法直接施行，只能假手于人，所以也并不能为所欲为。而年羹尧是一个飞扬跋扈之人，在朝中树敌颇多，到了群起而攻之时候，那么雍正就可以像拔小草一样，将年羹尧除去。

尾大不掉

在雍正的纵容下，年羹尧做了很多让朝中大臣都侧目的事情，进而也有让雍正感到不满的事情。年羹尧在朝中飞扬跋扈，但依仗着雍正的宠爱，倒也不会惹来杀身之祸。可是年羹尧却插手官员任免一事，有结党营私的嫌疑，这让雍正起了很大的怀疑。山西按察使曾经对雍正参奏说，年羹尧借着自己的权势排除异己，干扰政府部门的官员任用工作，并且把亲信安插在朝中比较重要的官职上，他的用心可以说是人尽皆知。说的倒也是事实，年羹尧作为抚远大将军，常常以军功推举官员，吏部和兵部因畏惧年羹尧的权势，他们还单独把年羹尧推举的人列出一个名单，称之为"年选"。对于年羹尧所推荐的人，都一并通过，而也让雍正帝想到了平西王吴三桂的"西选"了。

在正常情况下，年羹尧也做了很多违背朝政法律的事情。根据大清律例，奴仆在脱籍之前是不允许做官的，可是年羹尧的家奴却直接论军功任职西安知府，后来又升任直隶道员；为了让李维钧的干岳父魏之耀门当户对，年羹尧还推举其为署理副将。就连和年羹尧有关系的故世之人也能够做官。年羹尧幕僚赵某的弟弟虽然已经去世了，但是年羹尧还专门为其置办了知县官衔以广大门户。此外，年羹尧贪污受贿也一点都不含糊。前面所说被年羹尧参奏的葛继孔，曾经两次给年羹尧送去了大量瓷器、玉器、铜器、字画，年羹尧便答应对他悉心照顾。年羹尧所参奏的前直隶巡抚赵之垣也给他送去了价值十万两银子的珠宝，年羹尧便对雍正说赵之垣是一个大用之才。这样下来，慢慢地也就形成了让雍正最为痛恶的朋党之势。原西安按察使王某经年羹尧的推举任职四川巡抚，之后王氏对年羹尧是百依百顺，甚至还自甘做了年羹尧的干儿子。年羹尧的下人，魏之耀的姻亲黄起宪任职南赣总兵之后，也认了年羹尧为义父，这样一来，在年羹尧的周围也就形成了一个小型的利益集团。

第十三章 年羹尧与雍正的权力抗衡

结党营私会让年羹尧惹来嫌疑，目无王法也让年羹尧惹来了诸多非议。虽然年羹尧任职大将军，但是他的权势却比清朝初期的统兵诸王还要大得多，就连康熙的十四子，雍正的亲弟弟胤禵都比不上他。大学士图海在任职大将军的时候，和其他总督、巡抚通信的时候，都是使用平等相待的咨文，而年羹尧却是上级给下级拟文时才用的令谕。年羹尧在军中，不仅蒙古王爷要对他叩拜，就连驸马、郡王也要一一向他行礼。他进京的时候，都统范时捷、直隶总督李维钧都得跪地迎接，这可是皇帝和亲王才能够享受的待遇。雍正为了荣宠年羹尧，还提议派了若干名御前侍卫在年羹尧的手下当差，年羹尧为了炫耀其权势，竟然让这些人去抬轿子，致使这些人对年羹尧是恨得牙痒痒。在正式场合，年羹尧要大肆炫耀，而在私底下，年羹尧也追求与众不同。给年羹尧送礼称之为"恭进"，年羹尧送人东西则称之为"赐"，下属跪谢称为"谢恩"，吃饭的时候是"用膳"，请客的时候是"排宴"，这些称呼也都犯了雍正的大忌。年羹尧自己行事如此，而他的手下也不知收敛，在同行面前，常常以老大自居。年羹尧路过河南的时候，原本并不是年羹尧下属的怀庆府知府也要对年羹尧的巡捕跪着对话，而巡捕官竟然会坦然接受。不仅如此，即便是年羹尧家的教书先生回乡的时候，乡内大小官员都要出城迎接。对于下属或者是同级官员是这样，而在面对雍正的时候，年羹尧也经常做出失礼的举动。平定青海叛乱后，雍正帝两次对年羹尧下诏书，而年羹尧都没有按照规定办理。年羹尧编写了一本《陆宣公奏议》，将其献给雍正，雍正看后，很是喜欢，并且让年羹尧为其作一篇序，不过年羹尧写了一点后，便找人代写了。年羹尧进京拜见雍正帝时，其坐姿也不按照臣下叩见皇帝的姿势做，有大臣参奏，雍正帝因为年羹尧权势太大，一时间无法除去，最后也只能一笑了之。

树敌太多　四面埋伏

年羹尧举止轻狂，在他看来，只要自己提拔过的人，都要对自己言听计从才可，所以年羹尧也经常提出一些无理的要求。比如，年羹尧因为一些小事情便勒令川北镇总兵王某辞职，而且还要让王某的一个儿子在年羹尧帐下效力，并且说为了替王某还未了的恩情，王某对此自然是百般怨恨；年羹尧推举范时捷担任都统后，进京路过范时捷的管辖地，年羹尧便让他跪地迎接，这也致使范时捷对他深恶痛绝。年羹尧的很多亲信，看其日常的举动，也深知他日后不会有什么好下场，也都忙着寻找靠山、另谋他路。

　　内部都已经成了这样，更不要说是外围了。年羹尧有着很强的嫉妒心，对于雍正所宠信的其他官员，他都愤愤不平，因此也就得罪了朝中多数的大臣。年羹尧的监刑人蔡珽原本是通过年羹尧才任职四川巡抚，不过因为年羹尧想要在四川这个地方开启铸钱事业，而蔡珽则认为四川地区并不出产铅而和年羹尧意见相左，年羹尧般借着蔡珽的手，将重庆知府蒋某逼死，最后导致蔡珽被革职拿问。蔡珽的好友李绂时任吏部右侍郎，在晋升修造营房的有功之臣时，年羹尧的儿子年富原本就是此次晋升的第一名，可是有些吏部官员为了买年羹尧的账，便想要论军功来提拔年富。李绂认为，这么做实在是很过分，而年羹尧则是借题发挥，将吏部大大小小的官员都骂了一个遍，得罪了不少朝中大臣。年羹尧和傅鼐同时都受到雍正的赏识，雍正曾经说年羹尧有才情而傅鼐则是比较忠厚，年羹尧由此心生不满。后来，雍正想要起用傅鼐，却遭到了年羹尧的大力反对。虽然说雍正为了照顾年羹尧的面子，便答应了下来，但是心里却是十分不满。

　　对于朝中受宠官员，年羹尧极力打压，而对于皇亲国戚，年羹尧也没打算放过。雍正登基的另一位重要支持者，也是雍正的舅舅隆科多在年羹尧平定青海叛乱的战争中，拖了年羹尧的后腿，年羹尧对此便怀恨在心，经常对雍正说隆科多没有才学。为了缓和他们二人的关系，雍正可谓是用心良苦。雍正将年羹尧的大儿子过继给隆科多，这样两个人才算是勉强和好。

　　雍正的弟弟怡亲王胤祥担任总理事务王大臣，主要负责宫廷和雍正原先的官邸事务，而且还代表雍正和其他一些无资格上奏的官员联系，也称得上是位高权重。年羹尧由此羡慕不已，可是因为胤祥是一个处事谨慎之人，年羹尧根本就抓不住他的把柄，于是年羹尧便从他的党羽下手，对李维钧步步紧逼，说胤祥的住所看上去宏大，其实里面住的都是草包。住宅外观宏大而内里全是草包，然后得出胤祥为人虚伪的结论。李维钧将这件事情转奏给了雍正，也致使雍正对于年羹尧更加厌恶。年羹尧做事情也从来不给人留后路，给自己树立了不少的敌人。

刚开始对年羹尧发起攻击的是雍正以前的老家人。比如有人参奏年羹尧违例任用家奴为官，来喜则是揭发年羹尧说雍正任人不明等大逆不道的话。而这个时候的雍正，为了政局的稳定，他并没有责备年羹尧，而是狠狠痛斥了参奏者一番。不过，朝中所发生的一切，和年羹尧的所作所为，雍正其实都看在眼里，只要皇位稳固后，便对年羹尧发起全面攻击。

君臣恩怨　过眼云烟

年羹尧的失宠开始于他的第二次进京。年羹尧刚到北京的时候，雍正对其很是热情，不仅让朝中官员学习年羹尧的尽忠体国之精神，而且还让朝中大臣集体商讨如何赏赐年羹尧这个问题。没多久，雍正检阅年羹尧带到北京的平定青海叛乱的军队后，京中传言，雍正阅兵便是出于年羹尧的建议，雍正在政治事务中，可以说是唯年羹尧的话是从。雍正也意识到了这一点，所以在一次朝会中，当着众臣的面，雍正对这种谣言做了澄清，他说："朕已经不是幼齿小儿了，怎么可能事事都需要年羹尧指点，又怎么会因为年羹尧强奏而就应允了他的要求呢？"随后还开玩笑地对年羹尧说："依你的才干做将军总督都不为过，只是要想做天子，还差那么一点点。"接着雍正话锋一转，便又说，他心里明白，市井中的那些流言，无非就是有人想要陷害年羹尧，他对此体察入微。事实上，雍正是明着告诫年羹尧不要肆意妄行，也不要私底下做什么小动作。在年羹尧离京的时候，有人对雍正提议，把年羹尧留在京城，也好控制，雍正再三考虑，认为这还不是动手的最佳时机，所以便没有答应。而年羹尧却一点察觉都没有，依然耀武扬威地回任西安。

年羹尧回任不久，雍正开始对和年羹尧走得比较近的人进行全面的摸查，打探他们的主要立场，以此来摸清年羹尧的支持力量。第一个便是年羹尧自认为是朋友的李维钧，雍正对李维钧说，他心中明白李维钧和年羹尧交往，主要是遵从年羹尧的命令，如今年羹尧已经有不轨的意图，该如何选择要李维钧自己看着办。第二个则是由年羹尧举荐的四川巡抚，雍正在审批其呈递上来的折子时，处处流露出自己对年羹尧此次进京表现的不满，而且还讽刺说，不知道是自己没有搞清楚，还是年羹尧自己没有搞清楚，或者是年羹尧仗着自己劳苦功高才敢这么做的，随后还告诫说虽然你是年羹尧推举的人，但是可不能对他过分地听从，年羹尧也不是要怎么样就怎么样的。安徽巡抚和年羹尧家为世交，雍正便派人对他说，雍正对年羹尧现在的言行很是反感。而在和原本就与年羹尧不和的官员通信中，自己对年羹尧的反感更是表露无疑。在和河北镇总兵纪成斌的通信中，雍正让纪成斌评价年羹尧的为人，纪成斌称年羹尧为"负恩忘国"之人，雍正则讽刺纪成斌还对年羹尧留有余地。随后，他又对河道总督齐苏勒说，年羹尧和隆科多这两个人肯定不会有好下场的，所以便告诫他要疏远他们，而对于云贵总督高其倬又说，自己从前让他多和年羹尧亲近，真是大错特错了。通过和朝中各级官员的联系，雍正把年羹尧很多的亲信都争取过来，并且还引诱他们和年羹尧划清了界限，另一边雍正也了解了他们对年羹尧的态度，有利于分化工作的进一步进行。

年羹尧返回西安之后，雍正便在其来往书信中，对年羹尧施加压力。他说，人臣图功容易，但是要想成功就难了；即便成功了，如何守住这份功劳也是难事；即便守住了这份功劳，想要终身都如此就更难了。借此来告诫年羹尧要做一个守功、终功之人，如果他敢逾越，那么他们二人将会反目成仇。而且还对年羹尧说："朝中有人造谣说你立下了此等功劳，你便说以后朕的话可以不听，为了洗脱你的嫌疑，朕已经把这个人发配边疆了。"如果说上述雍正的所作所为只是表了一个态度，那么不久之后所发生的金南瑛、蔡珽案中，雍正则是正式向朝中大臣表明了自己对年羹尧的态度。

年羹尧回到陕西后，便立刻命令自己的死党胡期恒弹劾陕西驿道金南瑛，这一次雍正竟然没有应准，而且还责备年羹尧、胡期恒二人大搞朋党。而这个时候，因铸钱问题而被关押的蔡珽也被刑部定下了死刑，雍正得知后，立刻召见蔡珽，并且详细询问了事情的有关经过，蔡珽对雍正讲述了年羹尧在外的种种不法行为。最后，雍正对刑部官员说，年羹尧弹劾蔡珽，如果处理蔡珽，难免有唯年之言是听之嫌，所以这件事情应该宽大处理。蔡珽也因祸得福，不仅没有受到处分，而且还被提拔为左都御史，负责监督朝中百官，而这也是雍正为年羹尧所布下的一步大棋。

雍正三年（1725年）二月，出现了"日月合璧，五星联珠"的天文奇观，朝中大小官员都纷纷上书庆贺，在年羹尧的奏折中，则是颂扬了雍正帝为励精图治而朝乾夕惕，不过他却在折子中发生了笔误，将"朝乾夕惕"写成了"夕惕朝乾"，而这也给了雍正借题发挥的机会，他对别人说这是年羹尧在讽刺自己配不上"朝乾夕惕"四个字，而且还说，既然这样，也就不谈年羹尧过去的种种战功了。最后雍正还说，年羹尧仗着自己的战功，不把自己放在眼里，在奏折中的表现绝不是他的失误之笔，到底安得什么心，他要让年羹尧明明白白地说清楚，征讨年羹尧的序幕正式开始。

雍正开始连篇累牍地怒斥年羹尧这个人，而且还清洗了川陕一带的官员，年羹尧的死党甘肃巡抚胡期恒被罢免官职，遗缺则是由和年羹尧同期的另一名将岳钟琪担任，调任四川提督纳秦回京叙职，而派遣銮仪使赵坤前去接任，慢慢地年羹尧的高级亲信都被雍正一个个地换掉了，吏部、兵部将和年羹尧有关的人员全部进行了清洗。对此，雍正帝还表示出了自己的决心，他说："稂莠不除，嘉苗不长，年羹尧之逆党私人，即一员亦不可姑容。"清洗完年羹尧的旧班底后，雍正便直接将矛头对准了年羹尧本人，雍正下定决心把年羹尧调离陕西，并且命令他交出抚远大将军的帅印，前往杭州任职将军。不过，雍正在这件事情上也是有所顾忌的，雍正解释说之所以要把年羹尧调往杭州，主要是因为自己听说杭州要出一个新皇帝的传闻，如果年羹尧想要做皇帝，那么自己是拦不住的，如果年羹尧不想做皇帝，那么在适时的时候，年羹尧还可以带兵镇压。最后，雍正还对年羹尧起誓说："苍天在上，朕如果负了你，天诛地灭，你如果负了朕，就不知道上天要如何惩罚你了。"而年羹尧愿意前往杭州的原因，却不能猜测。一方面是雍正多年来对年羹尧的宠信，让年羹尧失去了戒心，第二则来源于年羹尧对雍正的绝对忠诚。

雍正下达命令后，心里也是忐忑不安，秘密命令沿途的官员一路监视年羹尧的行踪，直到年羹尧到达了上任地，雍正才算是放下心来。年羹尧在前往杭州的时候，心中也意识到了一些问题，但是他却不相信雍正会要了他的命，于是也就坦然赴任了。可是，这一次，年羹尧可大错特错了。年羹尧调任杭州后，全国官员都随着形势，纷纷上书弹劾年羹尧。其中，李维钧接连呈递了三本奏折，弹劾年羹尧任职抚远大将军期间招权纳贿、作威作福、侵吞公库、滥杀无辜、排除异己、残害良民等。雍正把这些折子都一一转给了年羹尧，并且让年羹尧就事论事的给他讲清楚，可怜这年大将军即便全身是嘴，到这个时候也很难说清楚了。

紧接着，雍正又对其亲属和亲信开始了迫害行动。年羹尧的三个儿子：年富、年兴、年逾都被逐一革职查办，四川按察使刘世奇、长芦盐运使宋师曾、南赣总兵黄起宪、鸿胪寺少卿葛继孔（这个人就是年羹尧先弹劾后保举的人）等人也都以年羹尧余党的罪名被革职或者是抄家，桑成鼎、胡期恒、魏之耀等人一一被捕等。不久之后，朝中官员都纷纷上书雍正，希望能够尽快将年羹尧绳之于法，雍正考虑到还没将年羹尧的余党彻底清除，所以在免除他的大将军职务后，并没有下一步的举动。

雍正深知，已经到了处置年羹尧的最后时刻了，可是证据还不足，于是雍正又让朝中大员根据此事发表自己的意见。封疆大吏们也都是见风使舵之人，或公或私给年羹尧安上了一大批的帽子。有人说年羹尧是居心叵测、狂妄自大之人；而有人也说年羹尧大逆不道、法理难容。这些人的目的只有一个，那就是尽快处置掉年羹尧。雍正也正好顺水推舟，以俯从群臣所请为名，于九月将年羹尧逮捕，于同年十一月将年羹尧押解回京。以左都御史蔡珽为首的大小官员给年羹尧罗列出来一大串的罪名：欺君罔上罪、专擅罪、僭越罪、狂悖罪、大逆罪、贪污侵蚀罪等九十二条，并且上书雍正帝要立刻处死年羹尧。而此时的雍正则是做出一副大仁大义的姿态，说这九十二条大罪中应该斩立决的就有三十几条，不过念在年羹尧退敌有功的份上，可以法外开恩，勒令年自裁赎罪，而监刑人员便是蔡珽。蔡珽得此机会怎会放过，他怕雍正会反悔，所以便步步紧逼，直到年羹尧自裁为止。

年羹尧死后，雍正颁布了一系列年羹尧的罪行，其中最为主要的有以下几条：1. 作威作福，欺上瞒下；2. 运用私权，排除异己；3. 贪污受贿，私派官员。这些罪名倒也没有冤枉年羹尧。不过要说起年羹尧真正的死因，还是因为他结党营私的举动犯了雍正皇帝的大忌。

纵观年羹尧的一生，康熙时期，年羹尧就桀骜不驯，雍正继位之后，他又依仗着自己的功劳，排挤其他大臣，四面树敌，不仅把自己推到了孤立的困境中，也就此引来了雍正帝的疑心。雍正继位后，以整顿吏治、打击贪污的基本国策为主，而年羹尧要私下贪污受贿，这两者发生了极大的冲突，这样一来雍正帝肯定会找出一个替罪羊，杀一儆百，而年羹尧无疑就是最适合的一个。此外，要说年羹尧有不轨之心，这可是无中生有的事，虽然说年羹尧平时干预朝政，但是他这么做其实只是为了贪污受贿而已，并没有起兵造反的意图。雍正也从来没有在公开场合表示年羹尧有造反的意向。在雍正几次降诏责年羹尧的时候，便会有人从中提醒雍正，万不可过分刺激年羹尧而致使其称兵作乱，雍正则是对此嗤之以鼻，因为他知道，年羹尧是不可能起兵造反的。由此可见，雍正对年羹尧的了解还真是不浅呢。

第十四章

太平天国内部权力之争

天父、天兄和天王的明争暗斗

洪秀全和杨秀清是太平天国运动的领导者之一，后来因两人意见不同使得矛盾激化进而引发了天京事变这场悲剧。早期，在太平天国核心领导层内部就因为教权、政权的分离与交叉而存在着不可调和的矛盾。而洪秀全和杨秀清二人的关系变化也是需要一个过程的，要想清楚地了解天京事变，那么还得从天父、天兄与天王三者的关系说起。

太平天国起义初期，洪秀全等人便以上帝教的名义来组织人们和腐败的朝廷做斗争。他们称皇上帝为天父，尊耶稣基督为天兄，其下便是老二天王洪秀全，老三是冯云山，杨秀清是老四，韦昌辉则是五兄。道光二十八年（1848年）三月，杨秀清自称为天父下凡。同年九月，萧朝贵则又自称天兄耶稣下凡。杨秀清和萧朝贵的举动，对于当时上帝教中的各路"妖邪鬼怪"来说，是一个沉重的打击，也由此稳住了局势，安抚了民心。通过这一系列的活动，杨秀清和萧朝贵二人在太平天国的地位也越来越优越，天父、天兄、天王之间也就产生了一种非常微妙的关系。不过在太平天国运动初期，洪秀全、杨秀清和萧朝贵等所代表的领导集体是团结的。因为那个时候，拜上帝教是在一个异常艰苦的环境中诞生并发展下来的，所以天王洪秀全为了维护大局，维持内部的稳定，对于杨秀清和萧朝贵的谎言他并没有说穿。而杨秀清和萧朝贵得到了天父、天兄的身份后，他们也并没有对洪秀全做出不敬的举动，亦没有将其取而代之的想法，所以这才促就了太平天国初期和平团结的局面。

不过，在他们三者之间的矛盾是存在已久的，在长时间的相处中，矛盾越来越激化，那么内部动乱也就变成了无法避免的事实。咸丰二年（1852年）九月，萧朝贵在长沙的战役中不幸身亡，与此同时，天兄代言人也从人们的视线中消失。建都天京之后，天父杨秀清与天王洪秀全以及太平天国中的其他核心成员，因为权力分配的问题而出现了分歧，这种分歧越演越烈，已经到了不可收拾的地步。在生活上，内部从上至下都极尽奢华，每日沉迷于享乐之中；而在政治上，他们亦会通过各自的家族、亲戚、朋友等关系，结党营私，想要尽快地扩大和巩固自己在太平天国中的势力范围和地位。

太平天国在天京还没有站稳脚跟，天王洪秀全为了修建自己的天王府，便派遣上万士兵拆毁了一大批民房。天王府占地十几里，墙高数丈，内外两重，都是精雕细琢，精心布置的。洪秀全每天便沉醉于丝竹之声和后妃的倩言巧笑中。他这边在宫中享乐，那边还要想尽一切办法巩固自己的绝对统治地位。咸丰三年（1853年），洪秀全颁布了《十全大吉诗》，他想要给自己的名字添加上神秘的色彩，让他人认为他是遥不可及的，而他的王位更是顺应天意的。后来，洪秀全还颁布了《建天京于金陵论》《诏书盖玺颁行论》和《贬妖穴于罪隶论》三部文集，这三部文集最为主要的作用，就是向天下人宣布洪秀全才是"真命天子"，他想让人们知道，自己才是这万民的主宰，才是这至高无上权力的拥有者。不过，在实际生活中，洪秀全却是不理政事，自从入住天京后，他几乎就没有出过天王府，以至于市井中还出现了这样的流言：洪秀全早就已经战死沙场了，而如今在天王府中的洪秀全，实际上就是一具木偶。不仅如此，就连天父代言人杨秀清想要见洪秀全，都得提前请旨，定好日期后才会接见。由此种种，洪秀全的这种做法，自然会使得洪秀全和其手下产生隔阂的。

按理说，太平天国的最高领导人就是天王洪秀全，东王杨秀清算得上洪秀全的"忠臣良将"。最初，他们都是以拜上帝会的名义号召天下人，借用宗教来维持内部之间的团结，以此来发动革命。因东王杨秀清辅佐政事，劳苦功高，所以洪秀全在东王原有的爵位上又加封为"三师一主"（劝慰师、左辅正军师、禾乃师、赎病主）。洪秀全还根据教义，声称杨秀清是上帝的儿子，并且将杨秀清和自己并列为天国良民之主，由此也可以看出洪秀全对杨秀清的器重。当然，并称为主并不意味着没有君臣之礼。因为这两个人所称的主分别有不同的政治内涵和宗教含义。

洪秀全是为"真主",是顺应天命的天子,是一国之君。杨秀清则是不一样,根据《太平救世歌》中记载:"天命扶主降凡尘,以身赎病救黎民。"意思也就是说,杨秀清只是一个辅臣,用自己的身体来治愈万人的疾病,故称"赎病主"。

杨秀清的阴谋

虽说洪秀全和杨秀清的君臣关系已经明确,尊卑地位也有了定位,可是不要忘了,杨秀清还有一个特殊的身份,那便是天父的代言人。天王洪秀全虽为一国之君,但他又是天父的儿子,教权和政权的冲突,父子关系和君臣关系的混乱,也就造成了无法调节的冲突。建都天京后,杨秀清想要树立个人的权威,做事张扬,不懂得自律。杨秀清所建造的府邸,巧夺天工,在天京城内可是出了名的。曾经有人针对杨秀清府邸还作了一首诗:"制军署作天王府,黄泥冈作东王府,东西对峙相抗衡,不辨谁臣又谁主。"杨秀清仗着劳苦功高,所有的事情都自己做主,天朝中大大小小的事物都必须经过东王杨秀清浏览后,才能够呈递给天王洪秀全,而洪秀全也是全部一一应准。

杨秀清拜见洪秀全的时候,以东王的身份站在阶下,称弟称臣。而洪秀全以天父之子的身份拜见天父的时候,洪秀全就必须恭恭敬敬地跪在杨秀清的面前,听他训导。如果说太平天国初期,杨秀清给自己安上天父的身份,主要是为了应敌需要的话,那么在定都天京后,他的所作所为则完全是为了提高自己在朝中的地位。杨秀清还让当时的文人墨客为他大肆制造舆论。在《行军总要》的序言中,称赞杨秀清为"功烈近乎前人,恩威超乎后世"的超人,而且还把太平天国所有将士们的辛劳全部归结在他一个人身上。在《天情道理书》中,也有称赞杨秀清的片段,杨秀清开东试,甚至竟以"四海之内皆东王"为题。他的参护们曾经当众喊出"护卫东王早作人王"的口号,这些举动,无一不触动着那位在天王府享乐的最高统治者。

第十四章 太平天国内部权力之争

杨秀清做事独断专行，从来不和其他的将领商量，甚至都听不进去其他将领的意见，经常仗着自己位高权重而欺压报复他人。怪不得石达开每一次听到天父下凡的时候，都吓得诚惶诚恐，汗流浃背。光是从咸丰四年（1854年）二月到咸丰六年（1856年）七月，天父下凡的戏码就不下于三十次，被训斥、惩处者在四十人次之上。秋官正丞相陈宗扬，因为和妻子约会，后来又想和其他的姐妹勾结，最后杨秀清将这夫妻二人斩首示众。天官正丞相曾水源以及李寿春听到有人说"如果东王升天了，你们这些做官的都难了"这句话时，并没有告发或者是反驳，最后竟然被双双处死。咸丰四（1854年）年五月，燕王秦日纲的一位牧马人坐在门前，看到杨秀清的同庚叔从门前路过，而并没有起身行礼。这位"同庚叔"心中大为恼怒，命人狠抽了这位牧马人二百鞭子，并且移交到卫天侯黄玉昆（石达开的岳父）那里，让黄玉昆继续杖打牧马人。而黄玉昆认为，既然已经受了鞭刑就能够免去杖刑了，不同意实施杖刑，这位"同庚叔"便对杨秀清哭诉。杨秀清命令石达开将黄玉昆抓起来，黄玉昆听说后，立刻要求辞职。而秦日纲、佐天侯陈承镕听到这个消息后，也先后请求辞职。这下，杨秀清更为生气了，他命令杖责秦日纲一百，杖责陈承镕二百，杖打黄玉昆三百，而那位牧马人则是落了个五马分尸的悲惨下场。黄玉昆最后悲愤万分，投水自杀，后来被人及时救了上来，才保住了性命。总的来说，只要是杨秀清看不顺眼的，不管多大的事情，轻则毒打一顿，重则有可能惹来杀身之祸。

此外，在一些重大问题上，杨秀清便以天父的名义自己做了决定，而不和洪秀全商量。咸丰三年（1853年）十一月二十四日，东王府大殿里从内到外，炮响连连。朝内文武官员都知道，这是天父下凡呢。这个时候，除了在外征战和驻守城市的将士之外，朝中文武百官都要跪在东王府的大殿中，听候"天父"的训示，就连天王洪秀全也不得例外。当时洪秀全正在和人下棋，听到天父号令后，急忙将棋盘一推，就匆忙赶到了东王府。杨秀清谎称是天父附体，对洪秀全直呼其名，还称呼其为

"小子",最后竟然还要当众杖责洪秀全四十大板！而原因竟然是负责在天王府后林苑开挖人工湖的女官因为天气寒冷延误了进程，所以要惩罚洪秀全。杨秀清所作出的这个决定很是出乎所有人的意料，朝中百官都纷纷跪倒，为洪秀全求情，或者是找人代罚，可是却都被杨秀清拒绝了。只见杨秀清怒瞪着双眼，直到看着洪秀全被杖责完毕才肯罢休。后来，洪秀全在金龙殿上摆宴款待杨秀清。席间，洪秀全指桑骂槐，道："从前兄长转天的时候，正值妖魔侵犯天庭，就算是这样天父还能够包容他的过错，并且命令我暂且放过他。更何况今天只是女官犯下了一些小错而已，便命人杖责，气量怎么会变得这般狭小了呢？"杨秀清听出了洪秀全的话外音，于是便委婉地警告说："从古到今，做皇帝的人经常会依着自己的脾性，不听忠臣的谏言，而那些得力的忠臣只要惹君王不高兴，君王就会在一怒之下将他们杀掉，这才使得国政多变，最后后悔都晚了呀。"

咸丰五年（1855年）七月十三日深夜，天父再一次下凡。因为几重朝门都紧闭着，所以洪秀全延迟了迎候的时间，最后惹得"天父"大怒，当众训斥洪秀全说："这么长时间都打不开朝门，真是该打。"洪秀全跪着说道："恳请天父赦免了小子的延迟之罪。"这一次，天父降临并没有什么大事情，仅仅是为了洪秀全的妻子赖氏为其挑选妃子的事情，说起来这杨秀清可真是无理取闹了。同年八月二十二日，"天父"又训斥洪秀全有违孝道，并应该在媳妇等候母亲的时候颁布"天朝严肃地，速来速去"的诏令，训斥一番后，他又对洪秀全示意说："以后如果你有想不到的事情，可以和你的弟弟商议一下。"这也就意味着，杨秀清想要利用天父的权力来干扰君臣之间的关系。比如先前所说的："只有臣错无主错"，后来又改为"皇帝如果有什么不明白的地方，应该听从良臣的意见"。以前都说："生杀大权掌握在天子的手中"，"臣子不敬便是有失君臣之礼"，后来更改为："从今天开始，洪秀全每一件事情都必须和弟弟杨秀清商议，才能够行事。"原先事事袒护天王的天父，已经变成了现在对天王处处挑剔的天父，使得洪秀全在朝中大臣面前颜面尽失。教权干预皇权，也致使"君臣不制"、"东王想要称王"的局面，由此，东王杨秀清和天王洪秀全的矛盾也是愈演愈烈。

　　杨秀清的所作所为也让洪秀全一点点地看清了，而他也想起了当年的一幕幕往事。当初，拜上帝会的主持人冯云山在紫荆山被敌人抓捕，洪秀全那个时候正好前往贵县赐谷村传教，紫荆山的会众没有一个领导者，拜上帝会也面临着全盘崩溃的危险。就在这个时候，"天父"就这样下凡到了杨秀清的身上。他对众人传递天父的旨意，希望大家能够坚持到底，团结努力，这样能够保全拜上帝会。所有的会众都被"天父"感动了，有些还拿出了几百串钱营救冯云山。从那之后，天父下凡也就成了天朝的"爷降节"。在永安，"反骨妖人"周锡能和清军串通，想要谋反。这可是惊天动地的大事情啊，可是却将冯云山、萧朝贵、韦昌辉、石达开等人蒙在鼓里，就连洪秀全自己也不知道。最后还是杨秀清天父附体下凡，当众捉拿了周锡能，破了此案。随后，令洪秀全没有想到的是，这天父竟然会当着众人的面，使得他颜面尽失。那么，如此一来，往后自己的诏谕还有谁会去听呢？凡是天父认可的，那绝对就是对的。虽然洪秀全已经想到了其中的道理，可是已经晚了。

东王、北王之间的恩怨之争

　　咸丰六年（1856年）二月三十日，燕王秦日纲带领太平军打败了清军江北大营，随后又乘胜西上，在天京城外东北角的燕子矶驻扎，等待攻打江南大营的命令。与此同时，石达开和杨秀清二人亦从天京城外攻打江南大营，对江南大营形成合围之势。五月十八日，江南大营被攻破，使得清军江北、江南大营彻底崩溃，也解除了天京被围三年之困，天京城暂时安全了。可是杨秀清却被胜利冲昏了头脑，他认为天京城的祸患已经除去了，而自己也应该加紧步伐，把天朝的最高权力争夺到自己的手中。首先，杨秀清将北、翼、燕三王的军队调离天京，减轻了他夺权路上的威胁：北王韦昌辉前往江西，主持赣省军事；翼王石达开前往湖北，带兵援助武昌；燕王秦日纲则是前往丹阳、金坛督师。随后，七月二十二日，杨秀清借着天父下凡的名义，逼着洪秀全亲自前往他的府上，册封他为万岁。当时，太平天国有两个万岁，一个是天王洪秀全，另一个就是洪秀全的小儿子洪天贵，这虽然是已经打破了历代体制、在朝中有两位万岁之躯，不过，这里所说的万岁，仅限于当时的天王以及他的继承人，别说异姓人不能窥视了，就连天王其他的儿子也不能如此称呼。万岁这个称号，可是意味着太平天国的最高领导人。而册封洪天贵为万岁的目的，也是为了维护"一姓一系"和"嫡长世袭"制，防止下臣篡权。金田起义初期，杨秀清便被册封为九千岁，掌控着太平天国的实权，地位可以说是"一人之下，万人之上"。可是，杨秀清对于他现在的权势并不满足，他想要夺得最高的权力。面对杨秀清的再三逼迫，洪秀全实在是忍无可忍了，他下定决心，一定要把杨秀清除掉。可是兵权政权几乎都在杨秀清的手中，所以洪秀全还需要想出一个比较稳妥的办法来，一方面假装答应了杨秀清的要求，应承在八月二十五日那天，趁着东王举行寿典的时候，进行禅让大典，并且向所有的士兵和民众宣布："嗣后均宜称东王为万岁，其二子亦称万岁。"一边加强了天王府四周的防卫，并且给在江西、湖北的韦昌辉和石达开发布密诏，让他们赶快回京"勤王"，以此协助自己诛杀篡位者。天京内部的斗争也就此拉开了序幕。

　　杨秀清与和韦昌辉原本就有嫌隙，素有矛盾。韦昌辉属于拜上帝教的元勋人物，自从进驻天京后，韦昌辉也一直是太平天国的核心人物，地位仅次于洪秀全和杨秀清，进入天京以后，他始终是核心领导成员，其地位仅次于洪、杨。杨秀清与韦昌辉之间的嫌隙，实际上就是很普遍的矛盾，其实质是权力之争。那个时候，军国大事都由杨秀清、韦昌辉和石达开三个人商量决定的，杨秀清要扩大个人权势，谋取最高领导地位，势必就要打压韦昌辉和石达开两个人。杨秀清利用天父的身份，一直对韦昌辉侮辱戏弄，咄咄逼人，两人的关系也迈入极度了僵持地步。

咸丰三年（1853年）正月，韦昌辉派遣殿前右二承宣张子朋带兵进驻湖北，张子朋为了夺得船只，杖打了很多水营兵士，杨秀清知道这件事情后，亲自前往北王府杖责韦昌辉几百下，杖责张子朋一千，并且趁着这个机会将韦昌辉的爱妾夺走了。咸丰六年（1856年）三月，"天父"杨秀清以借口韦昌辉没能及时传令聚集恭候他的大驾，便杖责了韦昌辉，明眼人都知道，这纯属找岔子，无理取闹。面对杨秀清这般的以势欺人，韦昌辉也只能忍下心中的怒火，对此阿谀奉承、毕恭毕敬，还要装作很虚心的样子。他百般谄媚杨秀清，每次东王驾到，他都毕恭毕敬地迎接，还经常很虚心地向杨秀清请教问题。为了讨好杨秀清，有一次，韦昌辉的哥哥和杨秀清小妾的哥哥因为一栋房产而争吵起来，杨秀清一怒之下，想要杀掉韦昌辉的哥哥，并且让韦昌辉亲自定罪。最后，韦昌辉竟然判了哥哥五马分尸的酷刑，而且还说，如果不这样的话，就不足以警醒世人，由此也可以看出，韦昌辉也是一个残忍至极的人。

韦昌辉对洪秀全竭尽迎合，一直装出一副忠心不二的样子。杨秀清依着天父下凡的机会，杖打洪秀全的时候，韦昌辉哭着为洪秀全求情，并且提出甘愿代洪秀全受罚；洪秀全在众位大臣面前承认了错误，韦昌辉说："二兄并没有什么错误，都是我们这些为人弟的错"；当洪秀全说自己袍服足够了，不用再缝制的时候，韦昌辉又上奏说："二兄是天下万民的主人，四海都是您的，虽然说袍服已经够多了，但是也需要时时缝制的。"在洪秀全看来，真正对自己忠诚的就是韦昌辉了，所以才将他看作是自己的心腹盟弟。虽然杨秀清也知道韦昌辉是一个谨慎小心之人，但是他却不信任韦昌辉。杨秀清被权力熏透了心，他想要一点点地除去那些对自己篡权路上的巨大威胁。而韦昌辉等人的忍耐限度也是有限的。那个时候，就连清朝军队都已经闻到了太平天国内部的火药味，认为用不了多久就能够吞并太平天国了。

自从韦昌辉被杨秀清派往江西战场后，心里一直不高兴。在此后的三年中，杨秀清的飞扬跋扈，也一次次勾起了韦昌辉心中的怒火。在太平军起义之前，韦昌辉虽然出身皂隶，不过后来被捐了监生，家门上也挂起了"登仕郎"的匾额，所以也算是光宗耀祖了，对于杨秀清这个烧炭出身的人，他是从心底瞧不起的。加入拜上帝会后，韦昌辉列清了自己家中的财产，并且全部交给了圣库，家中老小也都进了军营，由此也得到了太平军的尊重。韦昌辉也是一个自恃功高的人，他以开国功臣自命，可是谁想到洪秀全在分封五军主将的时候，杨秀清却是做了中军主将，而自己却屈居右军主将，排行第四。在这五位主将中，冯云山和石达开是他最为佩服的两个人，可是石达开和冯云山屈居于第五和第三的位置，他们对于杨秀清中军主将并没有什么嫉恨之心。于是他也就没有发表任何意见，只是静观待变，等着看杨秀清的笑话。谁知道，杨秀清确实有两把刷子，在他指挥下，攻克了永安，围桂林，占领了岳州，拿下武昌，一路势如破竹，一鼓作气拿下了金陵。这让韦昌辉从心底对这位九千岁也是刮目相看，变得异常恭敬了。

天京事变

进驻天京之后，根据洪秀全的诏旨，凡是军中事物和朝中政事，一律都先禀报北王韦昌辉、翼王石达开，然后再上奏东王杨秀清，东王应准之后，才能够上奏给天王洪秀全。按韦昌辉的想法，杨秀清自己掌控军中大权就行了，至于朝中的政务就应该让他来掌控，可是事情并不是这样，这也致使韦昌辉的心中对杨秀清更加嫉恨了。最惹怒韦昌辉的就是，在张子朋事件中，杨秀清竟然当着几万将士的面，杖刑了自己好几百。轿夫将他送回王府后，他的爱妾红鸾又不见了踪影。这无异于火上浇油，可是却又有苦不能说。虽然说韦昌辉并不会因为一个女人而去得罪东王，可是又实在是咽不下去心中的这口恶气。

随着洪秀全和杨秀清二人矛盾的加剧，韦昌辉就更加关注天京方面的局势变化，时刻准备着和洪秀全联合起来，除去杨秀清。后来，杨秀清命令他和石达开等人出京誓师的时候，韦昌辉的心里就明白了。杨秀清是要将他们几个人全部整出京城，然后好对付洪秀全，伺机篡权。天京城中，只剩下了杨秀清的一干兵马，朝夕之间就能够风云变色。不过，韦昌辉对于杨秀清的安排并没有提出什么异议，因为他知道就算是他留在天京，对自己也是有害而无利，倒不如离开这个是非之地，静观其变的好。韦昌辉出京之后，他还派遣自己的心腹，注意留意东王府和天王府的动静。一旦有什么变故，就可以让人立刻传信给在江西的他。到达江西后，韦昌辉并不着急进攻，只是命令自己的下属要坚守营垒，不要轻举妄动。咸丰六年（1856年）七月，韦昌辉的亲信给他传来了一个消息：杨秀清要接受朝中百官对他的万岁称呼。由此看来，杨秀清是想要篡权夺位啊，可是洪秀全对于这件事情好像还没有察觉一样。韦昌辉听后，又立刻让心腹返回京城，继续观察天京的动静。与此同时，韦昌辉还派遣心腹将佐到鄱阳一带，准备好了两百艘快船，对外界声称装运红粉（火药）、铅码（枪弹）之用，停泊岸边，不能走露消息。

  七月二十二日下午，韦昌辉的密使再一次传来信息，在他离开天京的当天，天父再次下凡，要求洪秀全封杨秀清为万岁，而天王已经当众答应了他这个要求，只等着东王生辰的时候，便会举行禅位大典了。韦昌辉听了这个消息后，当天晚上便带领精兵三千，疾趋鄱阳湖，坐上提前准备好的船只，从湖口入江，顺流而下，直达天京。七月三十一日，韦昌辉收到了洪秀全的密诏，让他立刻带兵进京。两百艘快船趁着月色顺江而下，三千精兵都藏在船舱之中，船头船尾摆放着一些木箱，上面写着"红粉"、"铅码"字样。所过水路关卡，全部都出示押运的"船凭"，所以路上也挺顺利，并没有耽搁时间。其实，不管天朝的局势怎么变，对于韦昌辉都是无害的。如果最后杨秀清登基，那么朝中大臣必有不服之人，那么他就可以躬行讨伐，成为新朝的开国功臣；如果杨秀清失败，那么他也是一个清君侧的功臣；如果杨秀清和洪秀全二人两败俱伤，朝内混战，那么他正好可以坐收渔翁之利。

  八月三日晚上，韦昌辉一行人到达天京城外的江心洲，韦昌辉下令把船只停靠在江心洲东岸，他只是带了二十名亲信侍卫依然扮作采购红粉、铅码的商人，秘密进入天京城内。在北王府，韦昌辉和先前奉旨回京的燕王秦日纲见了一面。从秦日纲那里，他也更进一步的了解了现在天京城内的局势：天王答应将皇位禅让给杨秀清，其实只不过是缓兵之计；为了博得杨秀清的信任，天王已经封存了金玺，而且还命人给杨秀清连夜赶制龙袍，命令绣锦衙修饰天王府大殿，准备禅位；杨秀清也已经任命了东殿六部尚书及属下文武将佐为新朝官员，为他登基大典受玺环节做了充分的准备。秦日纲还说，天王的密诏也发给了石达开，可是不知道为什么，石达开到现在还没有回京。后来，趁着夜深人静的时候，韦昌辉和秦日纲带着自己的亲信，前往天王府，和洪秀全见了面。洪秀全拿出立国之前随身佩带的斩妖剑交给了韦昌辉。韦昌辉立刻调兵遣将，策划诛杀东王杨秀清的行动。三更时分，所有的准备都完成了。

所有的一切，东王杨秀清根本就没有察觉到分毫。自从洪秀全答应禅让一来，他的心情就一直处于飘飘然的状态两个多月，他的心情非常好，经过紧张筹划，登基的准备工作都已就绪。如今，他将自己最主要的精力全部放在了天京以外的调兵遣将方面。朝中大部分的兵力都在他的掌控之中。而对外，在杨秀清的心中，真正称得上有威胁的也只有北、翼、燕、豫四王。而在这四王当中，最让杨秀清担心的就是石达开了。石达开是一个胸怀大志、智勇双全的人，他驰骋疆场，所向披靡，可以说是首义兄弟之一，可是平时和谁的关系都不至于太亲近，很难让人捉摸。虽然杨秀清有意拉拢石达开，但石达开却一直保持着若即若离的态度。所以，两个月前，杨秀清将三王都调离了天京，而还刻意将石达开安排在攻战最频、责任最重、和天京距离最远的湖北战场。他想，如果大事告成，那么他们也就不能做什么反抗了，到时候给他们高官厚禄，如果真不行就以兵镇压，到时候不从也得从。这边杨秀清还做着自己的皇帝梦，可是他却怎么也想不到，天王的斩妖剑已经高高挂在他的头上了。咸丰六年（1856年）八月四日凌晨，韦昌辉和秦日纲二人带兵对东王府发动了突然袭击，打了杨秀清一个措手不及，而杨秀清也被韦昌辉一剑刺死。

如果诛杀杨秀清之后，不把范围扩大，将清洗的范围控制到最小的程度，这样既能够安抚众多的东殿将士，也可以让朝中百官吸取杨氏擅权的严重教训，领导集团就能够构成内外一个坚强的集体结构，充分调动广大军民的积极性，把太平天国的力量全部转移到反清和建设天国的事业上，这样一来，仍然可以保住太平天国的基业。

可是，韦昌辉从诛杀杨秀清这里尝到了权力的甜头，个人心中对权力的渴望达到了极致，他将这一次事件尽可能地扩大化，在天京城内大开杀戒。八月六日，韦昌辉还设下了苦肉计，由洪秀全对外宣布韦昌辉和秦日纲因为杀人太多，超过了洪秀全的旨意，所以鞭刑四百，以此做为惩罚，东殿将士则是一律赦免。在天王府前，韦昌辉和秦日纲两个人装作束手受刑的样子，而杨秀清原部下的五千将士都不知道其中的蹊跷，都奉命前来观看，而被骗卸下武装后，这五千将士全部被杀。他们二人还派人严密封锁了天京的各个城门，其中还派遣一小部分士兵在天京城内挨家挨户地搜索杨秀清的余党。韦昌辉还派出心腹将佐连夜征召他在江西的部属回京。洪秀全自知已经无法掌控韦昌辉，天京城内也处于血雨腥风之中，两万多勇猛的将士们全部死在韦昌辉的屠刀之下。韦昌辉和秦日纲两个人杀红了眼，不仅报了往日的心中仇恨，就连一些无辜的官民和百姓也被他们扣上了东王乱党的帽子，被处死街头。当初杨秀清杀人，最起码还会走走程序，还得请旨洪秀全要不要处决，而现在，韦昌辉根本就看不到洪秀全，就这样，太平天国内部的权力斗争都被韦昌辉等人扩大到了最大化。

八月七日，也就是屠杀工作的第二天，在武昌和清军大战的石达开才收到了洪秀全的密诏。这个时候的石达开根本不了解天京城内的情况，于是他决定自己先前往京师，查探清楚情况后，再想解决的办法。八月中旬，石达开赶到了京城，和洪秀全见了一面。他亲眼目睹了天京的惨

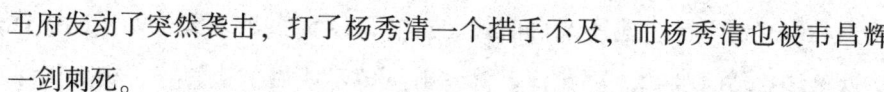
第十四章　太平天国内部权力之争

状，心中悲愤不已，他还亲自前往北王府，斥责韦昌辉滥杀无辜，违背了诛杀杨秀清时的初衷，并且还警告韦昌辉不能做的太过，否则会毁了太平天国的事业。可是，韦昌辉早就被政治野心蒙蔽了心智，早就脱离了洪秀全的掌控，更不是石达开就能够劝阻了的。在韦昌辉看来，石达开和洪秀全已经成了他最大的障碍，他必须要先发制人，逐一歼灭。所以，韦昌辉采用了卑劣手段，暗地里想要杀害石达开。幸好石达开提前有所察觉，才在当天晚上逃离了天京。韦昌辉没能如愿杀了石达开，一怒之下，竟然将石达开在天京的家人全部诛杀。

石达开逃离天京之后，立刻召集自己的士兵，准备起兵对抗韦昌辉。他以对敌斗争为重，并没有大规模地调遣部队，只是撤出了武昌外围的增援将士。他打着为杨秀清报仇的旗号，吸引了不少杨秀清以前的旧部。石达开为了征讨韦昌辉，他驻兵在宁国、芜湖一带，既能够增援皖地，又能够引而不发，对于天京内部构成了极大的军事威胁，也成了洪秀全等人坚实的后盾。韦昌辉并没有意识到自己的艰难处境，最后他竟然带兵围攻天王府，想要杀掉洪秀全，夺得天平天国的统治权力。朝中大臣纷纷响应洪秀全，掀起反韦大潮，附从韦昌辉的人很少，韦昌辉夺权的阴谋并没有得逞。十月五日，洪秀全在天京各将士的帮助下，除掉了韦昌辉，随后又下旨诛杀了秦日纲。这下，血腥恐怖的时代终于结束了，太平天国也恢复了平静。可是，诛杀韦昌辉并没有彻底结束内讧，却又引发了新的冲突点，洪秀全和石达开之间又形成了新一轮权力中心的斗争，这又称得上太平天国的又一出悲剧。

翼王悲剧的落幕

诛杀韦昌辉之后，石达开回到了天京。石达开在朝中大臣心中的威望甚重，再加上其文武全才，所有满朝文武都向洪秀全推荐，要求让石达开协理朝政。那个时候，太平天国因为内部斗争而损失了两万多人，不过元气却没有受到多大的损害，如果太平天国内部的领导人员从此能够同舟共济，团结一心，也能够渡过接下来的困难，重振雄风。可是事与愿违，天京事变对于洪秀全的影响实在是太大了，他害怕太平天国内再出现一个韦昌辉或者是杨秀清，那么到那个时候他又拿什么抵抗呢。所以，自从天京事变之后，洪秀全就变得疑神疑鬼，对石达开更是严加限制和防范。虽然他任命石达开为通军主将，主持军中事务，但是其真正的决策权还是掌握在洪秀全自己手中。此外，还废除了军师的职位，目的就是为了防止石达开利用权势扩张自己的势力。不仅这样，洪秀全还大肆起用亲人，册封两位资质平平的哥哥洪仁发为安王、洪仁达为福王，和石达开一起处理军务，以此来牵制石达开，使得刚刚稳定下来的太平天国再次陷入混乱。

这个决定遭到了朝中百官的强烈不满，对于石达开的命令，大家都是一致执行，而对于他那两位哥哥的命令则是消极怠工。这一种现象顿时引起了洪秀全的猜忌和愤懑，进而变本加厉地加紧对石达开的压制。石达开在军营里面连个军师都没有，如今又要处处受人限制，才智无法发挥，还得听从这两位平庸洪氏兄弟的吩咐，心中也是不满。更何况，杨秀清和韦昌辉被杀的恶例也让石达开怵目惊心，他不能不提高警惕，防止自己成为洪秀全下一个猎杀的对象。

这个时候，摆在石达开面前的只有三条路：第一委曲求全，第二带着自己的部下另辟天地，第三则是取而代之。石达开不愿意忍辱负重，也不愿意效仿杨、韦二人做出大逆不道之事，更不愿意一直生活在这种危机四伏的环境中。所以，他最后决定，他要带着自己的部队另辟出路，开辟自己的山头，创出一片新天地。咸丰七年（1857年）五月十一日，石达开离京出走。他沿途发布告示，述说自己因为受到了迫害而不得不离去的苦衷，让全体军民在他和洪秀全之间作出一个选择。石达开的这般行为引起了军民极大的反响，很多人都同情和支持石达开的决定，因为有十几万的太平精兵都愿意跟随石达开。洪秀全逼走石达开后，朝中百官都纷纷上书批评洪秀全的决定，致使翼殿将士纷纷流失，城池也是相继陷落，清军借此机会步步逼近。洪秀全一下子处于内外交困的境地，最后只好向石达开让步，想要以此力挽狂澜。洪秀全下令削去洪仁发、洪仁达的王号，并且还专门让人刻翼王金牌一道，请石达开回京处理朝政。形势一下子转到了石达开那一方，不管是军中将士还是士兵百姓，人们都希望石达开能够回京主持大计，力挽时艰。可是石达开却辜负了全国军民的期待，他坚持分裂道路，最后既害了整个天国，也葬送了自己的命运。洪秀全的猜忌是石达开出走的主要原因，但是绝不能成为他分裂天国的借口。洪秀全对于石达开的出走，内心也是有所悔悟的，后来还封了军师，给他增加了衔号，让他处于领导集团中的显赫位置，从来没有公开斥责过石达开的任何错误，包括分裂错误。如果石达开那个时候能够放弃分裂，重新和洪秀全联合起来，那么洪秀全和石达开两个人就有可能改正以前的错误，扭转战局，翼王的英名和业绩也一定要比现在的辉煌吧。

石达开不顾太平天国的安危，执意出走，放弃了江西这个重要根据地，避开了清军的主力军，在东西各省中辗转，同治二年（1863年）春，石达开兵分三路，从云贵边界攻打四川。三月二十七日，石达开带领几万大军到达紫打地，想要横渡大渡河，攻打成都。成都四周地势严峻，四面受敌。石达开几次想要组织过河，均都是以失败而告终，伤亡惨重。面对这样的形势，石达开心中也动摇了，其属下将士也动摇了。清军则是趁着这个机会，对其实施诱降策略。在这种情况下，石达开给四川总督骆秉章写了一封信，希望能够以自己的生命为投降条件，请求清政府可以恩待投降的士兵。最后，清军假意答应之后，在一个夜晚对石达开的部队发起突然袭击，很多战士都惨遭毒手。同治二年（1863年）五月十日，石达开在成都地区，被清军处死，当时只有三十三岁。

天京事变和太平天国内部的争斗都给太平天国的革命事业带来了极其不利的后果，这也是太平天国由盛转衰的转折点。因为内乱，太平天国的领导集团被彻底击垮，朝中只剩下了洪秀全这个孤家寡人。虽然，洪秀全做了万般努力，想要改变时局，只可惜大势已过，无论如何都没有回转的余地了。后来，革命形势极剧恶劣，太平军也被迫从战略进攻转为战略防御，太平天国的危机进一步加大。